每个人都在返乡，
诗意语文是我的返乡之旅。

——王崧舟

·教育家成长丛书·

王崧舟
与诗意语文

WANGSONGZHOU YU SHIYI YUWEN

中国教育报刊社·人民教育家研究院 组编

王崧舟 著

北京师范大学出版集团
BEIJING NORMAL UNIVERSITY PUBLISHING GROUP
北京师范大学出版社

图书在版编目（CIP）数据

　王崧舟与诗意语文/王崧舟著；中国教育报刊社人民教育家研究院组编 . —北京：北京师范大学出版社，2016.8（2023.5 重印）
　（教育家成长丛书）
　ISBN 978-7-303-19478-0

　Ⅰ.①王… Ⅱ.①王… ②中… Ⅲ.①小学语文课－教学研究
Ⅳ.①G623.202

中国版本图书馆 CIP 数据核字（2015）第 211482 号

图 书 意 见 反 馈　gaozhifk@bnupg.com　010-58805079
营 销 中 心 电 话　010-58802135　010-58802786
北师大出版社教师教育分社微信公众号　京师教师教育

出版发行：北京师范大学出版社　www. bnup. com
　　　　　北京市西城区新街口外大街 12-3 号
　　　　　邮政编码：100088
印　　刷：唐山玺诚印务有限公司
经　　销：全国新华书店
开　　本：787 mm×1092 mm　1/16
印　　张：20.25
字　　数：330 千字
版　　次：2016 年 8 月第 2 版
印　　次：2023 年 5 月第 8 次印刷
定　　价：65.00 元

策划编辑：倪　花　　　责任编辑：陈佳宵
美术编辑：焦　丽　　　装帧设计：焦　丽
责任校对：陈　民　　　责任印制：马　洁

教育家成长丛书

编委会名单

总　顾　问：柳　斌　顾明远

顾　　　问：叶　澜　田慧生　林崇德　陈玉琨

编委会主任：杨春茂

编　　　委：（按姓氏笔画为序）

于　漪　王瑜琨　方展画　田慧生

成尚荣　任　勇　刘可钦　齐林泉

孙双金　李吉林　杨九俊　杨春茂

吴正宪　汪瑞林　张志勇　张新洲

陈雨亭　郑国民　施久铭　徐启建

唐江澎　陶继新　龚春燕　程红兵

赖配根　鲍东明　窦桂梅　魏书生

主　　　编：张新洲

副　主　编：赖配根　王瑜琨　汪瑞林

总 序

　　教育是国家发展的基石，教师是基石的奠基者。古人云："国将兴，必贵师而重傅。"兴国必先强教，强教必先重师。党中央、国务院高度重视教师队伍建设。2013 年教师节，习近平总书记在给全国广大教师的慰问信中指出："百年大计，教育为本。教师是立教之本、兴教之源，承担着让每个孩子健康成长、办好人民满意教育的重任。"2014 年，在第 30 个教师节前夕，习总书记到北京师范大学视察并发表重要讲话，指出："一个人遇到好老师是人生的幸运，一个学校拥有好老师是学校的光荣，一个民族源源不断涌现出一批又一批好老师则是民族的希望。"《国家中长期教育改革和发展规划纲要（2010—2020 年)》也明确提出，"有好的教师，才有好的教育"，要"努力造就一支师德高尚、业务精湛、结构合理、充满活力的高素质专业化教师队伍"。"倡导教育家办学"，要创造有利条件，鼓励教师和校长在实践中大胆探索，创新教育思想、教育模式和教育方法，形成教学特色和办学风格，造就一批教育家。"两个一百年"奋斗目标的实现、中华民族伟大复兴中国梦的实现，归根结底要靠人才、靠教育，而支撑起教育光荣梦想的，是千百万的教师。

　　时代呼唤好老师。有一流的教师，才有一流的教育；有一流的教育，才有一流的国家。出名师、育英才、成伟业，是时代赋予我们教育战线的神圣使命。"所谓大学者，非谓有大楼之谓也，有大师之谓也。"好学校、好教育的最重要标准，就是要有好老师。一所学校、一个地区，乃至一个国家，如果教师有理想、有爱心、有学识、有高超的教育艺术，那么即使硬件设施有些简陋，家长、学生也会心向往之。教师是中国梦的奠基者。教师的重要使命，就是为每个孩子播种梦想、点燃梦想，并帮助他们实现梦想。每一间平凡的教室，每一节朴实的课，都不仅是知识的传递，而且是人类文明精神的接续、人生梦想的起航。正是有亿万个孩子梦想的放飞、绽放，中国梦才更加光彩夺目。如果说中国梦最坚实的土壤是学校，那么教师就是最伟大的"筑梦师"，他们用默默无闻、孜孜不倦的智慧劳动，让每一颗年轻的心灵都与中国梦激情相拥。

倡导教育家办学，造就一批好老师，首先要尊重、珍惜我们的本土智慧、本土创造。教育家不是凭空产生的，而是扎根于自己的民族文化土壤，同时吸收人类文明成果，从而创造出独特而生动的教育实践、教育智慧和教育文明。五千年源远流长的中华文明，不但形成了有我们民族特色的教育理论体系，而且涌现出了千千万万优秀的教育家，有被推崇为"大成至圣先师""万世师表"的孔子，有"匹夫而为百世师，一言而为天下法"的韩愈，有"捧着一颗心来，不带半根草去"的人民教育家陶行知，等等。改革开放40年来，随着教育改革的不断深入，教育战线涌现出了一大批杰出教师。他们痴情于教育事业，坚守理想信念和教育良知，在三尺讲台上默默耕耘、刻苦钻研，同时以敢为天下先的精神大胆创新，不断进取、不断超越，形成了各具特色的教育思想和教学风格。正是他们的成功探索和实践，创造了具有中国风格的教育经验，丰富了具有中国特色的教育理论宝库。原由教育部师范教育司组织编写，现由中国教育报刊社人民教育家研究院组织编写的"教育家成长丛书"，就是要向这些宝贵的本土创造性的教育经验致敬。

当前，教育领域综合改革正在深入推进，考试招生制度改革的大幕已经拉开，立德树人、培育和践行社会主义核心价值观成为大中小学教育的头等任务。可以预见，中国教育将发生深刻的变革，将从"中国制造"向"中国创造"转变。"没有革命的理论，就没有革命的运动。"没有适合中国土壤、具有中国智慧的教育理论，就不可能为未来的中国教育改革提供有效的指导。我们的教育要向"中国创造"飞跃，

必然要首先创造属于我们自己的教育理论，而不是"言必称希腊"或者老是贩卖欧美的教育理论。170多年前，美国思想家、诗人爱默生发表了著名演说《美国学者》，号召美国知识界："我们依赖旁人的日子，我们师从他国的长期学徒期时代即将结束。在我们周围，有成百上千万的青年正在走向生活，他们不能老是依赖外国学识的残余来获得营养。"由此，美国迈入精神立国阶段。

如今，我们也面临与爱默生同样的情形。随着我国GDP已从世界第二向第一迈进，我们的经济崛起已成为事实，但在道德文明、文化精神等方面，我们还需奋起直追。没有文明的崛起，经济崛起就难以持续。当务之急，是我们需要化解内心深处的文化自卑情结，摆脱对他国文明的精神依附，自觉养成强烈的"中国意识"，独立的中国文化品格，并由此去环视世界，去改造本土实践，去创造属于我们自己的精神养料——这在教育界显得尤为紧迫。"教育家成长丛书"，旨在把我们本土教育实践中蕴含的中国智慧提炼出来，从而形成具有时代意义的中国特色的教育话语体系，再以此去观照、引领、改造中国的教育实践，为伟大的教育改革提供经验、理论支持，也为未来的教育家提供丰富、可资借鉴的精神养料。

让我们为中国教育的伟大未来一起努力吧！

程成连

2018年3月9日

前　言

　　见证着中国基础教育半个世纪的春华秋实，代表着中国基础教育教学成果的最高成就——"首届基础教育国家级教学成果奖"，闪耀着李吉林、窦桂梅、吴正宪、张思明、洪宗礼、唐江澎、邱学华、于永正、孙双金、薄俊生、龚春燕等一大批优秀教师的名字。而上述这些教师杰出代表恰恰都是《人民教育》"名师人生"栏目中最受读者喜爱的名师，都是"教育家成长丛书"的作者。

　　"教育家成长丛书"（以下简称"丛书"），是在第20个教师节前夕，为了研究、总结、宣传和推广我国众多优秀中小学教师的先进教育思想和鲜活的宝贵的教育教学经验，培养造就一大批德才兼备的优秀教师和杰出的教育家，促进教师队伍整体素质的提高，根据教育部党组安排，由师范教育司组织编写的一套凝聚着一大批教育家成长智慧的大型教育丛书。

　　"丛书"自2006年问世以来，不但得到国务院和教育部领导同志的高度重视，而且先后印刷多次尚不能满足广大读者的需求。这其中的奥秘何在？

　　当你翻开"丛书"，每一部著作都讲述着一位教育家成长的故事。这些著作主要从"成长历程""思想概述""课堂实录"和"社会反响"等方面全景式反映其教育思想、教育智慧、专业精神和专业人格的形成过程与教学实践过程。这是教育家成长的基本素质所在。

　　当你沿着教育家成长的足迹走近他们的时候，你会融入这些带有"草根色彩",扎根中华教育实践大地,充满田野芳香的真实感人的教育故事中。

当你从"丛书"中,从这些当年和自己一样的普通教师,成长为今天受人尊敬的教育家的成长过程中受到启迪,当你触摸着自己的心,把学生的成长和祖国的未来紧紧连在一起的时候,你会真切地感受到教育家离我们并不遥远。

当你用整个身心蘸着自己的生活积累去品味"丛书"中的每一部著作的"成长历程"时,在一位位名师不断学习、不断超越自我、不断超越学科教学的求索足迹中,你会读懂"教育是事业,其意义在于奉献"的丰富内涵。

当你研读"丛书"中的每一部著作的"思想概述",和每一位名师展开心灵对话的时候,都会深深地感受到,一名教师对教育独立的理解与执着的追求有多么重要。从一名普通的教师成长为受人尊敬的教育家的过程中,你会读懂"教育是科学,其价值在于求真"的深刻含义。透过"丛书",你会看到一代代教师用爱与智慧塑造民族未来的教育理想。

随着我们从"知识核心时代"走向"核心素养时代",教师教育教学活动的视野已拓展到人的生存与发展的方方面面。教师要结合自己的教学实践去感悟"教育理念是指导教育行为的思想观念和精神追求",应该把爱化为自己的教育行为,让爱充盈课堂,触摸到一个个灵动的生命,让爱产生智慧,让爱与智慧在学生心中留下岁月抹不去的美好回忆,让教育者和受教育者都感受到教育的幸福。这是"丛书"给我们的启示,也是每位教师应有的胸怀和视野。

时代呼唤教育家。为了进一步把我们本土教育实践中蕴含的中国智慧提炼出来,从而形成具有时代意义的中国特色的教育话语体系,以此去观照、引领、创新中国的教育实践并在更大范围加以推广,"丛书"将由中国教育报刊社人民教育家研究院继续组织编写,希望能够在更广大教师的心田中播种教育家成长的智慧,从而出更多的名师,育更多的英才,成就中华民族复兴的伟业。这是时代赋予广大教育工作者的神圣使命。如果广大教师能在每位教育家成长、探索教育智慧的过程中受到启迪,形成自己的教育智慧,则实现了我们编辑这套"丛书"的初衷。

"教育家成长丛书"
编 委 会
2018 年 3 月

目录
CONTENTS
王崧舟与诗意语文

诗意守望
——我的社会反响

诗意行吟

——我的成长之路

我属马，1966 年 10 月 30 日出生于浙江上虞章家埠。那里是东汉思想家王充的故地，东晋大诗人谢灵运曾在此筑园隐居，并留下传世名篇《山居赋》。我的祖籍在绍兴王坛，父亲王庆贤，系东晋大书法家王羲之的第五十三世孙（据《永思堂绍兴王坛上王王氏宗谱》记载），母亲周玲娣。

如果说在教育上我还有一点点天赋的话，那是我的父亲母亲给予的。如果说在语文上我还有一点点成就的话，那是我的祖上尤其是我的父母庇荫的。没有他们，我什么都不是。

一、亦剑亦气，剑气合一

父母不仅给了我肉体的生命，也给我的精神生命奠定了独一无二的基础。母亲以她的善良、柔弱以及对我无微不至的尊重和肯定，给我的精神生命以"上善若水"的濡染；父亲以他的克勤克俭、多才多艺以及对我严格的、近乎严厉的管束，给我的精神生命以"刚健如山"的熏陶。

人的一生，不过是他童年记忆的全息展延；人的童年，不过是他对父母精神的无意识熏习。不管你愿不愿意、承不承认，在意识深处，父母其实是我们一生的精神导师。

（一）唯知音者倾听

2006 年，距我父亲去世正好 20 周年。那一年，我以一课《二泉映月》向我的父亲、祖父致以我最深切的缅怀。为此，我曾写下过这样一篇文字：

如风的《二泉映月》，摇动着我，留下长长的一声叹息。

江南，雨巷，青石板磨光岁月的棱角。一个孤独的身影，在凄迷的暮色中踽踽独行。驼着背，弯成一把不愿沉默的弓。双目失明，不愿再睹世间太多的苦难。

那身影不是阿炳，是我爷爷。

爷爷九岁因天花而致眼盲，终身不复见光明，以后只好以算命为业。爷爷能拉二胡，为的是招徕生意。我没亲耳听爷爷拉过二胡，因为我懵懂记事的年齿，爷爷已跟跄踏过古稀的门槛。不过，爷爷带过四个徒弟，个个能拉二胡，最小的那位因

王崧舟与父母在一起（前排左一为作者、后排为作者父亲、母亲）

拉得一手好二胡破例入了地方越剧团。

我不知爷爷听过《二泉映月》没有，也许没有，没有又如何。爷爷一生，以他的坎坷和不屈，抒写了一曲《二泉映月》般的传奇。这传奇，不是哭，不是泣，只是亲历苦难之后寂然地低诉，低诉他用心在黑暗中见到的光。

一声叹息，再回首，物是人非。

在父亲周年祭的那个夜晚，我以《二泉映月》为伴。清绝的音声穿向未知的遥远，悲从我的灵魂深处慢慢溢出，涌向全身的每一根神经，在无限的虚空中战栗。一曲终了，泪流满面。从此，这曲成了我缅怀父亲的一炷心香。

我父亲一定是受了我爷爷的熏染，又加上自己的一点天分，吹、拉、弹、唱样样出得了手。父亲的三弦和板胡在当地属于头魁首的，镇上的社戏，红、白喜事都有他的份儿。我第一次听到《二泉映月》，就在父亲那儿，不过，彼时年纪尚小，父亲也是乘着兴致信手拉来，并不专为要教教儿女的，所以，我不知那就是《二泉映月》。直到读初中时，我伯父送了我家一台老式的晶体管收音机，我才第一次正儿八经地听到了闵惠芬拉的《二泉映月》。那旋律，如此耳熟，我猛然忆起，这正是几年前父亲拉给我们的曲子。

父亲走后的一年，我梦见他三次，每次醒来都泪湿枕边、哽噎无语。其中一次的梦境我还依稀记得，他在晒谷场上拉二胡，观者无数，我却被挡在外面无法近身。这一梦境，大概是人天相隔的一个隐喻吧。如今，斯人已逝，长乐未央。通灵的《二泉映月》会在某个瞬间雕刻出父亲俊朗倜傥的身影，那一刻，我会如此真切地随了父亲。或在庭院，或在桥畔，或在清明，或在深秋，当然还有落月正明、暗泉甚远的时候。

就这样，《二泉映月》宿命般地随着我，挥之不去。

父亲拉得一手好二胡，但并不刻意要我学他。那时，我的心思都在学画上，拉

王崧舟的故乡——浙江上虞章家埠

二胡纯粹是兴头上闹着玩，烂是不消说的了。比较正规的学二胡，是在进入师范之后。这一半是因为原来的兴趣，一半是因为学校的规定。学到第二年，我成了校民乐队的二胡手，彼时我已能将二胡拉到第三把，换把和音准都没有问题，就是揉弦的力道稍稍弱了些。那时学《二泉映月》，尽管整首曲子拉不下来，但感觉已经不同。

参加工作的头几年，我一直住校。遇百无聊赖或寂寞无助时，我会独自一人走进教室，关好所有的门和窗，猛拉《二泉映月》《良宵》《光明行》等。因为教室的空旷和封闭，有回声，曲子的效果出奇得好。我太太说，有一次夜色阑珊、万籁俱寂，她路过校园，隐隐传出《二泉映月》的旋律，就循着音声在教室窗外看到了我低头弓背、如痴如醉的那个剪影。她说，她有点心动。那时，我们还没有恋爱。以后听《二泉映月》，便有了些许温润的味道。

2006 年，我在无锡上语文课《二泉映月》。暇间，我去了惠山、看了二泉，在阿炳的墓前逡巡良久。其时，火一样的太阳直直地晒着坟头、晒着山道、晒着不远处的半截残垣。山腰寂寞无人，只有悠悠风来，吹动路旁的樟树。

我有一种冲动，我想坐在阿炳的墓旁，一如坐在爷爷的墓旁、父亲的墓旁。看

王崧舟在无锡执教《二泉映月》（摄于 2007 年）

他们斜拉琴弦，听他们重诉生命中的沧桑、孤独和高贵。是的，我一直相信《二泉映月》中有着孤独的高贵、高贵的孤独，在经历了世态炎凉，经历了跌宕起伏的人间沧桑之后。

王安忆在《交响乐〈地平线〉听后》中写道："一种俯视苦难、超拔苦难的高贵气息，令人战栗又令人沉迷，令人感动凄婉又令人向往……"

说得真好！一生苦难，终成天籁，华枝春满，天心月圆。

（二）从安身到立命

就这样，我安身于祖父、父亲的这一泓生命之泉，在孤独和苦难中驾一叶扁舟，向着语文教育的大河一路驶来。

记得浙江外国语学院的卢真金教授在研究教师的专业成长时，提出过一个颇有意味的模型。这是一个用普通三角形撑起的关系式，底边被称为教师发展的"立足边"，两腰则分别冠名为"理论边"和"实践边"。卢教授认为，当新教师走过职业适应期之后，通常会沿着两种路径继续发展。一种是由理论边出发，逐渐走向实践边，他管这种路径叫"气宗"；另一种则反其道而行之，他管这叫"剑宗"。当然，也有极少数教师例外，走的是中间道路，即"亦剑亦气、剑气合一"之路。

　　我是 1984 年参加工作的，那年刚满 18 岁。回想一下，在专业成长方面，我究竟走的是什么路？如果用卢教授的那个模型来解读的话，我想我没有单独走"剑宗"，也不是"气宗"，我走的大概是"亦剑亦气，剑气合一"的路子。

　　回忆自己从教的 30 来年，粗粗分一下，大致可以分成四个阶段。

　　第一个阶段算是"崭露头角"。我毕业分配到上虞师范附小，第二年就评上了绍兴市教坛新秀，是所有新秀中年龄最小的一个。第三年，组织调动我去上虞实验小学担任教导主任。三年后，又任命我为上虞百官小学副校长，那年我才 23 岁。少年得志、平步青云，看起来一切都很顺。为什么？依我看，最主要的因素是机遇。实际上，我这种情况不是个例，全省都这样。全省普师毕业的头三届，1984 届，1985 届，1986 届，这批人普遍发展得都很顺，也很好。那么，是不是以后毕业的就不行呢？不是这样。说实话，我们只是抢占了先机而已，这是机遇，没办法，谁叫你不早生三年呢？那个时候，我们前面的多数是民办教师甚至是代课教师，"文化大革命"十年，耽误了

王崧舟师范毕业证件照
（摄于 1984 年）

几代人，却也给了我们这几届毕业生非常好的机遇。师范三年，我非常荣幸，诸暨师范几乎把当时最好、最优秀的老师都安排在我们这一届。我们被这些好老师熏了整整三年，近朱者赤，我们当然都成了"红人"。毕业时，各界都在抢这批人。拿我来说，一没背景，二没靠山，居然被分到了县城的师范附小。这是机遇。1985 年全省第一次评教坛新秀，被我赶上了。第二年我到实验小学做教导主任，有人不服，王崧舟是谁呀？这么年轻就当教导主任？他有什么背景？什么能耐？我心说，我就是没背景、没能耐，我就是机会好，看你咋的？实际上，我是被硬拉着去做教导主任的。机会来了，想推都推不掉。

　　当然，话又说回来，这跟自己的勤奋也不无关系。俗话说，机遇往往垂青于那些有准备的头脑。我一踏上工作岗位，就养成了阅读理论书刊的习惯。印象中，我步入教坛读到的第一篇理论文章，出自周一贯先生（全国著名特级教师、时任绍兴县教研室小学语文教研员）的手笔。那是 1984 年，文章刊发在《教学月刊》上，题目叫《用"提纲法"教〈王小二〉》。后来，我还在《小学教学参考》上读到周先生

所写的一组关于阅读教学法的文章，题目叫《阅读教学法纵谈》，一共有 10 篇。我将这 10 篇文章一一复印、装订成册、爱不释手。第二年参评教坛新秀，我就拿周先生文章中介绍的阅读教学法——"直奔中心法"，执教《我的伯父鲁迅先生》，结果大获成功、拔得头筹。后来我领悟到，一个教师的成长，是可以超越时间和经验积累的，这种超越的力量就来自理论、来自学习。

　　第二个阶段则变得"孤独沉潜"。大概从 1989 年开始，我的专业成长进入了相对低迷、相对沉潜的状态。那个阶段，我翻开自己的档案，发现除了埋头教书，埋头研究，埋头帮助别的老师，自己几乎没有任何获奖、没有任何公开课、没有任何荣誉，甚至连外出参加教坛新秀培训班的机会都轮不上。我的人生好像从踌躇满志的春天突然跌入到萧瑟凋零的晚秋，夏的辉煌不见了。有那么一两年，因为家庭经济的原因，我甚至动过弃教从政、弃教经商的念头。什么原因？一个字，穷！但是后来作罢了，机缘不到。当然，这段时间我也在成长，也在发展，一种常态的、顺其自然的发展。这时期，起主导作用的是什么呢？志趣。我的志趣全在读书二字。

诸暨师范八一（4）班毕业照（第三排右四系作者 摄于 1984 年）

也许是失之东隅、收之桑榆吧，这个阶段我读了大量的书，没有干扰，没有诱惑，心静下来，只要自己感兴趣的书都读。读书的动机非常单纯，不是为了考试，也不是为了文凭，读书只是为了读书。有人说，伏天读书如饮甘露，冬日读书如偎暖炉；花前读书俨然仙翁，月下读书如温旧梦；雾重重时读书开人茅塞，雨敲窗时读书驱人寂寥；春风得意时读书平心静气，坎坷失意时读书淬砺心志；多姿多彩的日子读书以助雅兴，平淡无奇的日子读书以添风骚。那时读书，我真有这种感觉。

　　我读什么书？读宗教类的书，读哲学类的书，读文学类的书，读美学类的书，读"老三论新三论"的书。可能现在的年轻教师不一定知道"老三论新三论"，可在那个时候，"老三论新三论"是最时髦的理论书籍。老三论就是系统论、控制论、信息论，新三论就是耗散结构论、协同论、突变论。我还读人物传记类的书，读红学方面的书，甚至读中国古代术数类的书，什么周易占卜、三命通会、邵子神数、奇门遁甲……什么书我都读，只要有感觉，只要有兴趣。有人说，读诗如饮酒，读散文如品茶，读小说如享佳肴，读历史如聆听沧桑老人漫话如烟往事，读哲学如对视一双深邃的眼睛，目光如炬，烛照灵魂。我感觉，确实是这样。

　　这个阶段我还听了大量的课，各种各样的课，每年累计不少于200节，可以说绝大多数的课我都做到有记录有反思，是职务所逼，也是求完美的个性使然。我是教导主任，你去听人家的课自然不能没有反馈。既然要反馈，总得说出点道道来让人信服。我现在有个习惯，就是一边听一边写反思，听完了马上就跟老师交流意见，甚至连梳理一下思路的工夫都不用。这个习惯，就是那个时候养成的。我听课，爱琢磨，爱问个究竟，有时还爱钻牛角尖。包括听名师的课，我也不喜欢跟风，人家说好，我不一定说好；人家说坏，我也不一定说坏。我比较尊重自己的内心感受和想法，无论多么稚嫩多么肤浅，我都会记下来。于是，我开始对课堂教学进行微格研究，没有人逼，纯粹是自己喜欢。研究导入、研究点拨、研究表达、研究训练、研究结课，这些研究结果当时就陆陆续续发表在《浙江教育》上。所以，那个阶段的沉潜，肚子里装了上百本书、上千堂课，慢慢发酵，慢慢酝酿，慢慢融入你身体中的每一根血管、每一个细胞。表面的确很平静，没有一次抛头露面，没有谁来关注你，但是在平静的底下，生命的能量却不断在贯注，不断在膨胀。现在回想起来，如果没有这几年的沉潜，就不可能有后面的一鸣惊人。

　　接踵而来的就是"一鸣惊人"阶段。1996年，在阮珠美老师（时任上虞市教研

在"王崧舟语文教学艺术展示周"上执教《黄继光》（摄于 1996 年）

室小学语文教研员）的撺掇下，上虞市教研室破天荒地为我个人举办了"王崧舟语文教学艺术展示周"活动，活动引起了浙江省教育厅的关注。1998 年，又在张化万先生（全国著名特级教师、时任浙江省第九届特级教师小学评审组组长）的力荐下，32 岁的我破格成了全省最年轻的特级教师，还上了《中国教育报》。同年，应浙江大学薛志才先生的邀请，我在"西湖之秋"全国小学语文特级教师公开教学展示会上执教《万里长城》，一炮走红，声名远播，当时就有桂林、广州的老师来邀请我前去讲课，平生第一次体会到了什么叫欣喜若狂、受宠若惊。应该说，这样的"一鸣惊人"，既有机遇的因素更有才情的因素。我这个人生性孤独，但我喜欢孤独。孤独这个词拆开了，就是孤高、独特，我做事追求极致，也喜欢与众不同，这是骨子里的东西，父母给的。所以，上《万里长城》，我前前后后改了不下 12 次，有推倒重来的、有局部调整的、有为了一个细节反复打磨的、有想出几个设计然后换来换去七上八下的。我总是自己和自己较劲儿，自己和自己过不去，我的语文教学艺术就这样不断地自我超越着，从《万里长城》到《威尼斯的小艇》，从《鸬鹚》到《我的战友邱少云》，从《荷花》到《草船借箭》，从《小珊迪》到《只有一个地球》，不断出新、不断出奇、不断出彩。

发展的结果就是迈向"开创流派"阶段。2001年，通过钱正权先生（全国著名特级教师、时任杭州市教研室副主任）的引荐，我由上虞调至杭州市拱宸桥小学。杭州市拱墅区这方教育热土，给了我的专业发展以巨大的自由，我的人生步入了黄金时代。这个阶段，除了西藏，我跑遍了全国所有省份。大大小小开过观摩课1100多节次、讲座650多场次，逐渐形成了"精致、和谐、大气、开放"的杭派语文教学风格。2004年9月18日，以

王崧舟和著名特级教师钱正权先生在一起（前排居中系钱正权先生）

执教《一夜的工作》为标志，我正式在中国小语界扯起了"诗意语文"这面大旗，2006年我们举办了"全国第一届诗意语文教学观摩研讨会"。仿佛是天意，那一年我遇见了福建师大的潘新和先生，遇见了之后被我誉为诗意语文"圣经"的《语文：表现与存在》（潘新和著）。从此，诗意语文在潘新和先生"言语生命动力学"的指引下，从骆驼态的谦卑越过文化的戈壁，成长为狮子态的唯我独尊；又从狮子态的狂妄复归于全新的婴儿，清远，宁静。这个阶段，机遇已经不再重要，因为机遇实在太多，我都开始害怕机遇光顾我了。我想，这个阶段主导因素就是两个字——使命。我对语文教育曾经发过这样的感言：在流转不息的生命之轮中，我为语文而来！是语文滋润我粗糙的感觉，是语文放飞我稚嫩的幻想，是语文点燃我喷涌的激情，是语文唤醒我沉醉的智慧。我平庸的生命，因为语文而精彩！这种使命，有来自外界的期待、赏识和苛求，更有来自内在的热情、抱负和感恩。我把"使命"拆成八个字，就是：追求理想，实现自我。所以，从此往后，我对语文有了庄重的承诺，有了道义的担当，有了价值的坚守，更有了充满诗意的浪漫追寻。

（三）做面壁参禅的行者

这样一个成长过程，很难说究竟是"剑宗"还是"气宗"。因为"剑宗"是偏于技巧、偏于招式、偏于实用的，而"气宗"是偏于内功、偏于底蕴、偏于无为的。

所以我说，自己走的应该是一条"亦剑亦气、剑气合一"的路子。当然，话又说回来，修剑宗也罢，修气宗也罢，路数还是不一样的。关键是要修真功夫，少学、最好不学那些花拳绣腿。与其坐而论道，不如面壁参禅。事实上，在我们的教师队伍中，有不少才情郁勃、悟性锐敏的青年才俊。可惜，一晃几年甚至十几年过去了，在他们身上，才俊的风度和气质已经不多见了。为什么会这样？在我看来，他们曾经有过太多的思想、太多的创意、太多的高见、太多的愿景，但是，很遗憾，他们却少有踏踏实实、扎扎实实、老老实实的行动！最近，我重读李卓吾点评的《西游记》，突然对"行者"这个法号有了一种敞亮的感悟：你要悟道、你要成就无上正等正觉，你就必须是一个行者。西方有一句谚语，什么人离上帝最近？行动着的人！尼采也告诫大众："我们当思：一日不舞，即是光阴虚度。"关于"剑宗"，我常常是这么修炼的——

第一招，"实录还原"。我喜欢收集课堂教学实录，特别是名师的实录、有代表性的实录。收集了干什么？把实录还原成教学设计，必须整体观照实录，抽象提炼实录，很吃功夫。然后进一步，把教学设计还原成教学理念，很累，但是非常管用。

王崧舟和潘新和先生在一起

这是一种逆向修炼的过程，跟禅宗里修白骨观想法有点相似。然后再往回走，你走得进去，还得走得出来呀，不然就会走火入魔。把理念再还原成设计，把设计再还原成实录。就这样折腾来折腾去，知我者谓我心忧，不知我者谓我何求。这样一个来回还原的过程，对于修炼自己在课堂教学中"上得了天"——就是有思想，"下得了地"——就是有技术，帮助真是很大很大。

　　第二招，"情境填空"。这里的情境，还是来自课堂实录。所不同的是，对实录的研究需要留出空白，留给研究者以教学想象的空间。我研究过于永正先生的《新型玻璃》，其中有这样一个细节：

师：课文向我们介绍了哪几种新型玻璃？谁来说一说。

生：课文一共介绍了五种新型玻璃。第一种是"夹丝网防盗玻璃"，第二种是"夹丝玻璃"，第三种是"变色玻璃"，第四种是"吸热玻璃"，第五种是"吃音玻璃"。

师：说得多清楚，多有条理！不过，能说得再简洁一些吗？请你考虑一下。（这个学生面有难色，想坐下去。）

　　好，到了这个地方，你就得打住了，你不能再往下看了，你要做情境填空了。假如你是于老师，你怎么做？如果你遇到了这样的情境，你怎么办？带着这样的想法看那个实录和光盘，缺什么补什么。

　　对于课堂上的突发事件，于永正先生是怎么做的呢？

师：你先别坐下去，请你沉着冷静地想一想，我看你有这个能力。我们再好好想想，我们不着急。

　　"我看你有这个能力"这句话很重要。什么是罗森塔尔效应？这个就是。但是叫我来个应急处理，我肯定到不了这个层次。这么一比，就比出差距来了。

生：（想了一会儿）课文一共介绍了五种新型玻璃，它们分别是："夹丝网防盗玻璃""夹丝玻璃""变色玻璃""吸热玻璃""吃音玻璃"。

　　好，赶紧打住，不看了，情境填空，你什么反应？在这里定格，你想：如果是我，你什么反应？看实录最怕无所用心、一泻千里。

师：（竖起大拇指）说得妙，妙就妙在"分别是"三个字上。有了它，你可以少说整整十五个字，下面只说名称就行了。你真了不起啊！如果刚才你坐下了，不就失去了一次显示自己的机会吗？孩子，这样的机会可不多啊。

王崧舟和于永正先生在毛主席故居

这就是大师！他的课堂实录，就是我做"情境填空"的素材。机智、通变、敏锐，就是这样炼出来的。这一招，帮助我积累了大量经典的"课像"。课像是什么？课像就是教学具象和教学抽象的统一体，是教学经验和教学思想的统一体，是教学细节和教学范式的统一体。按"情境填空"的套路，练个三年五载的，胸中装了成百上千个经典课像，你想不成功都困难。

第三招，"微格剖象"。就是将课堂环节切分成最小的运作单位，譬如：导入，提问，理答，板书，文本细读，小组讨论，主题探究，资源拓展等，做一番细致入微、敲骨吸髓的研究。就拿诗意语文来说，有人觉得诗意语文太玄，我怎么看？第一，玄没什么不好，老子说，玄之又玄，众妙之门。玄是众妙之门，有什么不好？我们有些老师的课不能抓住学生的心，不能吊起学生的胃口，就跟他们不会冥思、

不会玄想有关。第二，诗意语文其实并不玄，它有很多实打实的招，只是你看不出来罢了。比如，课的复沓，就是很管用的招数。诗意语文的课堂气场，往往通过复沓来营造。比如，课的层递，课怎么一层一层推进，形成某种峰回路转、直插云霄的境界，层递就是挺管用的招数。再比如，课的语境置换，将同一段文字置于若干不同语境中，产生某种出乎意料的张力，对于深化文本意蕴的解读就非常有效。诸如此类，不一而足。这些诗意语文的招数，其实就是一层窗户纸，不捅破你不知道，一捅破，哦，原来如此。

第四招，"课感积淀"。学音乐的人要有乐感，学美术要有美感，打球要有球感，学语文要有语感，上课要有课感。我觉得，课感应该是剑宗修炼的最高境界。什么是课感？就是对教学现场的一种直觉、一种当下的把握、一种敏锐而别出心裁的驾驭。在教学过程中，对于那些突如其来的偶发事件，你能不假思索地、迅速地、果断地做出反应，而且这样的反应是高效的、巧妙的，这就是课感好的表现。上《二泉映月》，听完二胡曲《二泉映月》，我让孩子们谈谈感受。一个说，太悲伤了；一个说，太可怜了；一个说，太美妙了。课感不好的老师会说："不会吧，我怎么就没有感觉到美妙呢？"弄得那个孩子下不了台。我说："你能从悲伤和可怜中听出美妙来，这是一种很高的境界啊！"这就是课感。第一，化解了课堂氛围上的不协调；第二，小心翼翼地保护了孩子的尊严；第三，把这样的感觉整合到了其他孩子的感觉中，丰富了乐曲的内涵。这叫课的协调感。还有很多，比如课的节奏感、课的情味感、课的层次感、课的风趣感、课的风格感，都需要去修炼。我总结了修炼课感的"五句诀"：关注学生，触发课感；品味得失，领悟课感；反复实践，习得课感；积累经验，培养课感；精益求精，升华课感。

（四）无墙便是门

如果说"面壁参禅"还是侧重于剑宗的修炼，那么，与此同时，我从未放弃过气宗的修行。技进于道，方为究竟。剑宗贵入格，气宗就必须破格。一句话，东门南门西门北门，无墙就是门。破格就不是一个招数问题，而是一个能量问题。炼气宗，就是炼自己的内功、炼自己精神能量，它的根本途径只有一条——读书。如果当初自己仅仅痴迷于剑宗的修炼，以为那能立竿见影，而忘了对气宗的修持，那么，我想自己是走不远的。因为，最终成就自己的一定是底蕴，是气宗。

王崧舟和著名特级教师张化万先生在一起

　　什么是底蕴？打个比方，有点像水库蓄水。千岛湖，在杭州，一个著名的风景点，蓄水量是180亿立方米，比西湖大3000多倍，够可以的了；三峡呢，那就更不得了，390亿立方米的蓄水量，比两个千岛湖还要大。这就是底蕴，蓄水量越大，底蕴越深、越厚。水库蓄的是水，其实蓄的还是能量。闸门一开，那水，哗，就冲下去了，干什么？发电！能量转换。在我看来，人的底蕴就是人的精神能量、文化能量、高级的生命能量。没有底蕴，底蕴不厚实，哪怕你学会了全套的降龙十八掌，那也还是花拳绣腿，中看不中用。因为你能量不够，你发的招没有杀伤力、没有战斗力啊！

　　有些人课可以上得很漂亮，一片锦绣，万般风情，现场能把你唬得晕头转向、不思不想。但是，过阵子你再这么一回味，一咀嚼，你就会发现，这个课经不起推敲，花样繁多，漏洞百出，真正留下来的东西，就像孔乙己数茴香豆，多乎哉，不多也！他的问题，不是出在技巧本身，他的技巧可以玩得非常娴熟；他的问题也不是出在设计和构架上，他的设计和构架可以说是别出心裁，很有创意。那么，问题出在哪儿呢？依我看，还是底蕴不够，能量太小。语文课，在很大程度上教的不是知识、不是技能甚至不是课程，而是底蕴。

　　底蕴是书堆起来的。"堆书"是一个相当漫长的过程，有点像广东人煲靓汤，那是需要用文火慢慢熬的，急不得、停不得。"堆书"又有点像冰山，冰山的高度其实取决于它的底座。底座越庞大，那么露出水面的冰山就越高。而要成就冰山庞大的底座，绝非一日之寒。所以范文澜先生一再强调做学问非下"坐冷板凳"的功夫不可。"板凳要坐十年冷"，甚至不止十年，二十年、三十年、五十年，也许是一辈子。活到老，读到老。说得诗意一点，那就是生命不息，读书不止。

　　读书贵在养气。气宗修持对一个人的影响是全方位的，所以中国古人常常将"读书"和"水"这个意象联系起来。比如说"虚心涵泳"，比如说"浸润"，比如说"耳濡目染"。这些词语都在形容一个现象：我们读书就像是投到水里面，它是全方位的浸润，全方位的感染，全方位的陶冶。它改变人的思想，人的灵魂，人的精神，人的内在心性。读书既改变这些形而上的东西，也改变那些形而下的东西。比如你的举手投足、气质，也包括你的语言、你的谈吐。所以黄庭坚说过："士大夫一日不读书，则尘俗生其间；三日不读书，对镜则面目可憎，对人则语言乏味。"这说明书对一个人的影响和改变确实是全方位的。

　　炼气宗当取法乎上。读书一定要读最好的。吾生也有涯，而知也无涯，时间永远是个常量，而人类的文化积淀则浩如烟海，是一个无限的海量。所以，我们读书，面对的第一个问题不是怎么读，而是读什么。经典，就是被历史和时间证明了的最好的书。从经济学的角度看，读经典最划算，性价比最高。现代人喜欢猎奇、喜欢时尚、喜欢创新，其实，在人类的文化长河中，有一类书是长青的，它们一旦问世，便充满永恒的生命力，永远不会过时，永远不会陈腐。《论语》、《周易》、《诗经》、《老子》哪一部不是长青的？因为这些书揭示的是生命实相、宇宙实相，也就是我们所说的真理。真理是永恒的，揭示真理的经典则是长青的。所谓最好的

王崧舟和著名特级教师支玉恒先生在一起

书，我想首先就是指这样的书。

当然，所谓"最好"也是一个比较的结果。因此，更多的"最好的书"是一个相对的历史语境中的产物。比如我是教语文的，搁在十年前，我会认为叶老的语文教育论著是最好的。但是，现在我的看法就改变了，我力挺潘新和先生的《语文：表现与存在》，我觉得这才是我们这个时代最好的语文论著。我甚至断言，再过五十年，它也是最好的。而且，会有越来越多的人认可这部书，奉行这部书，从这部书中汲取营养、获得启示。

气宗的修持要直抵智慧。智慧其实没办法教，智慧是心性之光的自然呈现。古人读书的最高境界，就是求道、悟道、传道。儒、释、道三家之所以能会通成一体，就是因为它们最终都指向于"道"。关于"道"，我的理解就是生命的实相，也就是宇宙的实相，其实生命的实相就是宇宙的实相。孔子说"朝闻道，夕死可矣"，说明这个"道"对于读书人的意义是何等重要。生命诚可贵，爱情价更高。若为悟道故，两者皆可抛。这已经上升到某种宗教的情怀了。

真正的智慧来自哪里呢？来自于你求道、悟道的这个过程。这个过程，就是气宗的修持过程。也许我们毕其一生，都不一定能悟道，但我觉得这个过程本身就是一种开启智慧的过程。哲学就是爱智慧，当我表现出爱智慧的时候，我觉得智慧这个种子已经在里面了，至于种子能否开花、何时结果，那要看各自的造化和机缘了。

剑宗、气宗，这是分而言之，方便的说法。事实上，剑宗和气宗总是纠缠在一起的，你要将两者打通，就像练气功的人要努力将任、督二脉打通一样。打通了，你就得大神通了，你就能照见色不异空、空不异色了。这是《心经》里的话，我套用他的话叫做剑不异气、气不异剑。

在全国首届中华经典诗文诵读观摩研讨会上，我作课《长相思》，引起全场的热烈反响。这一课被人们誉为诗意语文的经典之作、当代小学语文古诗文教学的又一座高峰。其实，我在上课之前，连教案都还没有写好，更别说下水试教了。而为了这一课的设计，我曾经苦苦琢磨了三个月之久。我一直试图在古诗文教学上有一突破，但始终找不到灵感。那个痛苦，就甭提了，跟难产的母亲生不出孩子一样。我为这一课做了大量的案头工作，写了文本细读，研究了纳兰性德生平，查找了大量的参考资料，比较研读了朱光潜先生的《诗论》和朱自清先生的《论诗》，到后来感觉材料很多、想法很多、创意很多，但就是苦苦梳理不出一个清晰可行的思路来。

王崧舟和著名特级教师贾志敏先生在一起

第二天，在尚未形成完整、连贯、一气呵成的思路的尴尬中，我执教《长相思》。主持人说，下面有请全国著名特级教师王崧舟为大家作课。我就硬着头皮、腆着肚子走上舞台。没想到，就在课的行进过程中，思路竟然自然而然地在课中流淌出来。这一次奇妙的教学体验，让我一下子体悟到很多东西。我惊喜地发现，我的课堂教学正在从必然王国走向自由王国。我清晰地看见，我过去许多刻意的、需要用强有力的意志去驾驭的教学行为、教学策略已经内化为自己深层的、潜意识的、融入生命中的自然行为了。

　　这个时候我意识到，语文已经不再外在于我的生命。而是把语文和生命、职业和生命融为一体，打成一片。这种境界，就是"色不异空、空不异色"的境界，就是"亦剑亦气、剑气合一"的境界。禅宗将修行分为三个境界。第一境界是"落叶满空山，何处寻芳迹"；第二境界是"空山无人，水流花开"；第三境界是"万古长空，一朝风月"。第一境界中的"寻"，是对生命究竟的寻根；第二境界中的"无"，表明人从自然中剥离出来，与外在的"水流花开"自成一独立世界；第三境界中的"万古"与"一朝"融为一体，确证了人对有限时空的超越，进入了天人合一的境界。

　　这是事业的最高境界，也是人生的最高境界，我把这种境界叫做生命的觉着，一个人只有深深觉着的时候，生命才能全然敞开，才能率性自在，才能不断获得自我实现的高峰体验，才能进入内在的澄明之境，才能深深体认到生命的"在场"。

王崧舟代表绍兴参加浙江省首届小学语文青年教师阅读教学观摩会
（第二排左一系作者　摄于 1995 年）

二、修身为本，率性是道

　　《中庸》开篇三句话：第一句，天命之谓性；第二句，率性之谓道；第三句，修道之谓教。我回头看，做老师，特别是做语文老师，绝对是我的天命，我认命。这是个人成长的历史逻辑，或者说这是一种理性的宿命，你想抗争也抗争不了。教语文对我的诱惑力太大，一开始，我跟语文谈恋爱，后来是语文跟我谈恋爱，现在咱俩紧紧地缠在一起，想离也离不了。《红楼梦》里这样说：莫失莫忘，仙寿恒昌；不离不弃，芳龄永继。我跟语文，大概就是这个样子。

每个人的成长，都是一个过程。浑然不觉的时候，它是连续的；但当你突然警觉的时候，它又是断开的、当下的。你不能说哪个阶段不重要，也不能说哪个阶段最重要，因为在我看来，生命就像是一条河。这话，好像冰心老人说过，作家梁晓声先生也说过，我估计还有不少人也说过。那么，这条生命之河，它上游的一切都会逻辑而内在地流到中游，而上游、中游的一切又都会逻辑而内在地流到下游。所以我说，截取你生命当中的任何一瓢水，都会是你生命的全息镜像。一粒沙子一世界，一朵野花一天堂。

生命是有节律的，就像花开花谢、潮起潮落一样。所以，人对生命的感知就有两种状态，第一种是渐进的状态，第二种是突变的状态。所谓渐进的状态，那是一种人不需要有意识去对待调整自己的生命状态，不需要你充分升起意识和警觉来，这是很自然的过程，渐进的状态是平稳的、平淡的、平常的，所以常常被我们熟视无睹，我们并不感到我们在变化，但是事实上在变化，诸行无常嘛。有个著名的心理学实验，就是科学家把青蛙放在水里煮，慢慢煮，等到青蛙感觉热得受不了了，想跳出来了，但是已经来不及了，因为身体已经不听使唤了，等待它的只有死路一条。换一种方法，把青蛙放在烧开的水里，青蛙就"嘣"地一下跳了出来，尽管烫得不轻，但毕竟捡了一条命回来。前面一个就是渐进状态，渐进状态中的人最容易

王崧舟指导少先队活动在县里获奖（摄于1985年）

麻木，最容易无明，最容易在生命场当中不出场。而后面的突变状态，因为突如其来，突飞猛进，突出重围，所以常常让人产生刻骨铭心的感觉。就专业成长而言，突变状态往往是非常关键的，真正的修行，就是让自己常常处于这样一种警觉、清明的状态。

（一）触及灵魂的阐释

我原来是不相信命运的。但是，后来对命运这件事变得确信无疑。因为在我的生命成长中，发生了一件事，这件事带给我的震撼可以说是翻天覆地的，从此，我的人生观、命运观发生了巨大的改变。

这件事发生在1986年，我参加工作的第三个年头，那年九月，我父亲突然去世。从发病到去世，前后不过三个月的工夫，一个极健壮的中年男人突然就走了，谁接受得了?! 在家里，母亲没有工作，我是长子，下面还有两个妹妹一个弟弟，我一下子就被推到长子如父的位置，那种焦虑、那种压力根本无法诉诸语言。父亲走后的第二年清明，我回老家扫墓，"清明时节雨纷纷，路上行人欲断魂"。直到那一天，我才第一次真真切切地体认到这两句诗的人生况味。扫完墓，我就要回县城上班。临行前，母亲跟我说了一件事情，当时就把我惊得目瞪口呆。

事情是这样，清明前两天，我们家请了一位算命先生。在我老家，算命先生分两种，一种是坐堂的，坐在自己的家里给人算命，通常水平都比较高；另一种是行脚的，都是盲人。他们通常一边探着小竹杖，一边敲着小铜锣，一路行来一路找生意做。那一次，我母亲请的就是一位行脚的算命先生。

为什么要特意强调是行脚的先生？因为他们都是外地人，一定不会知道我们家发生的情况，这是前提，非常重要。母亲请先生来到家里，想给父亲算个命。何年何月何日何时生，母亲一一告知先生。结果，意想不到的事情发生了，那位先生突然站起来说："这个人已经不在了，我是不算的。"原来，算命这一行有所谓的"三不算"：第一，死去的人不算；第二，自己的亲人不算；第三，出家人不算。据说，给死去的人算命是犯忌了，尤其是刚刚过世的人。

见算命先生起身要走，围观的邻居赶紧打圆场说"这个人还是好好的"。谁知算命先生听了，应声答道："这个人要是还在的话，肯定是你们把生辰八字搞错了。"众人顿时无语，母亲无奈，给了先生钱，把他送出家门外。

听着母亲一五一十跟我说事情的来龙去脉，吓得我毛骨悚然。过去常听人说"生死由命，富贵在天"，那只是听说而已。现在，它们竟然如此真切、如此不容置疑地出现在我的生命里，这种震动，绝对是刻骨铭心的。

如果说，父亲的突然离世，加速了我的生命成长，对家庭的责任和担当成了我以后相当长时间的人生主题；那么，给父亲算命，则完全改变了我的人生观和价值观。这个事件后，"顺应天命"成了我人生的基本信条。我相信：命里有的终须有，命里无的莫强求。

也许有人会说这个观点比较消极，比较宿命。我说不一定，为什么？因为事实上我并不宿命，第一，我不会算命，根本不清楚未来人生的走势和轨迹，不知道自己的命里到底会有什么、不会有什么；第二，该努力的我依然努力，该拼搏的我依然拼搏，该奋斗的我依然奋斗，因为我知道不努力、不拼搏、不奋斗，你永远没法知道自己的命里到底会有什么、不会有什么。

所以，这样的人生观事实上不该叫"宿命观"，我称之为"顺命观"。它给了自己的人生以一种形而上的归因阐释：在你努力、拼搏和奋斗之后，你依然没有成功、没有得到，也不会怨天尤人，因为你知道那才是你的人生走势和轨迹。于是，得之坦然，失之泰然，争之必然，顺其自然。

（二）生命是一场永恒的修行

1994年初冬，绍兴市小学语文教学研究会在上虞举行年会，我应邀在会上执教公开课《我的战友邱少云》。

这堂课的准备时间不算长。那时我正全力以赴忙于省立项课题《电化教学和小学生语感培养》的结题工作，况且通知我上公开课也不过是在一个星期之前。

我熬了一个通宵，完成了教学设计。熬通宵倒不是因为时间局促，而是设计灵感如滔滔江水一泻千里无法截流，仿佛那堂课早已存在，我要做的不过是如实记录并如实演绎而已。但记录不是记忆，之后的几天时间，我备课更多的是记忆那个神来之案，走路背、骑车背、吃饭背、睡前背，总之，凡是能挤出来的时间统统用于背教案，一直背到滚瓜烂熟、了然于心。其间偶有恶心的感觉，晚上也常有噩梦来袭，但创作的激情和执教的压力显然遮蔽了身体的不适。

公开课上得出奇的好，全场200多位参会代表听得鸦雀无声。时任绍兴市小学

王崧舟在绍兴市小学语文教学年会上执教《我的战友邱少云》（摄于 1994 年）

语文研究会会长的周一贯先生当着众人的面，用"炉火纯青、浑然一体"夸赞这堂课。而我，课后几近虚脱。当晚，我便呕吐不止，浑身犹如针刺一般。举手抬脚间，沉沉如灌了铅。整个人仿佛一叶苇草在海中漂荡。第二天，我便住进了医院，然后就是昏睡迷糊，直到两天后才清醒过来。

医院一住就是三个月。来探望我的人都不敢相信，怎么昨天还在舞台上意气风发、激情澎湃的人，转眼就变得这般憔悴和屡弱，连我自己也毫无心理准备。起先，我极度恐惧，以为自己将不久于人世。但身体的极度虚弱却无法源源不断地向极度恐惧提供活动的能量。于是，整个人又跌入了万念俱灰的深谷，"世界黯淡下去，众神逃遁，大地解体"（海德格尔语）。我躺在病床上，看窗帘慢慢拉下来，房间升起黑暗的浓雾，将我包围，只有一丝微弱的呼吸尚可证明自己还在尘世间活着，其余的什么都不知道。我"存在着却没有了世界"（余德慧语）。那阵子，什么课题、什么公开课、什么学生家长同事学校、什么父母兄弟恋人朋友……一切的一切都变得毫无意义。过去繁花绿叶，万般想法纷飞，突然间这些东西都破碎了，不愿意再去想了，甚至连"不愿意再去想了"的念头都接近破碎了。

王崧舟和著名特级教师周一贯先生在一起（摄于 2015 年）

活着，再无奢求，如此而已。

以后，随着时间的慢慢推移，我的病情开始稳定，恶心消失了，体能增强了，下床活动时，人也精神了许多，我终究没有跌落到生命的底部，世界又向我敞开了它的万丈红尘。

犹记除夕之夜，偌大一幢住院楼，上下两层四五十个病房，只我一人独自待着。南面的天空在焰火的升腾中烧成一片绯红，夹杂着此起彼伏的密集而响亮的鞭炮声，世界是如此闹猛、如此繁华，但我知道那不是我的世界。北面则是一湾黑黝黝的龙山，斑驳的树影峭愣愣如鬼一般，依稀中，还能望见星星点点的坟包。我靠在床上，无思无想地看着这个真实而虚幻的世界。

那一夜，我梦见自己全身长着鲤鱼一样的鳞片，却不能像鲤鱼一样翕张呼吸。有菩萨显身，暗示我将鳞片拔去。我问，痛吗？菩萨微笑。我低头看时，身上的鳞片早已全部消失，那个沉重的肉身也不复存在。"我"已无处可找，但我（不知是哪个"我"）分明体验到了一种不可思议的感觉，我真真切切地化作了山河大地、清风朗月，我栖身在世界的每一处风景，我却不再拥有"我的世界"。在梦中，一股巨大而温柔的慈悲直抵我的灵魂。

醒来已是农历 1995 年的正月初一。

世界很美，活着真好。

我突然对自己的疾病充满深深的感恩。

这场大病，以直刺骨髓的痛感将活着的意义之问抛向了毫无防备的我。这不是一个可以用头脑来思辨的问题，这是一个只能用置身"实感"的生命去探寻的问题。在没有苦难当头的时候，回答这个问题易如反掌，却毫无意义。唯有大难突降的生死关头，活着的意义才能被彻底擦亮。

感谢这场大病，正是"苦难使得意识回归到它本身。一个不曾认识痛苦的人或许能够知道他做什么想什么，但是并不是真正知道他所做的所想的。他思想，但是他不认为他在思想，而他的思想就好像根本不属于他所有。甚至他也不确切地拥有自己。因为唯有痛苦、唯有渴望不死的激情的渴望，才能使人类的精神成为它自己的主宰"。（乌纳穆诺《生命的悲剧意识》）

一个星期后，我就出院了。

从此，我的生命踏上了修行之路。梦毕竟只是梦，梦中的体验也许算是一种开悟，但也不过是昙花一现、转瞬即逝。无常才是生命的究竟。这样，对世事的认真中就会含着根本的不认真。即便如自己最为切近的肉身，我知道，执着于健康也是一种不健康。

在以后的生活中，我不停地在"入世"和"出世"的两端游走，保持一种双重的存在。入世为"心"，出世为"灵"，既不走纯"心"，也不走纯"灵"，也就是说，对生命的观照保持两种态度：一是承认生命根本上的断裂，一是活在暂时构筑的世界里。

不久，因为机缘巧合，我开始习禅。

再往后，我接触南怀瑾、接触净空老和尚、接触克里希那穆提、接触海灵格、接触张德芬、接触欧林、接触奇迹课程、接触与神对话、接触西藏生死书……

这样，我的心便慢慢安顿下来。

因为，我"知道你自己就是光。甚至大过，呼吸。甚至大过，整体。甚至比拥抱你的宁静，更静"。（埃姆·克莱尔诗句）

现在想来，大病一场也许是我生命成长中最为关键的一个事件。我不敢说这场大病让我"蒙尘尽除、灵魂净生"，但至少，我已照见自己的灵魂，并踏上了安顿

的路。

（三）人生四境界

做学问有境界。王国维先生在《人间词话》中说，古今之成大事与大学问者，无不经过三种之境界：昨夜西风凋碧树，独上高楼，望尽天涯路，此第一境也；衣带渐宽终不悔，为伊消得人憔悴，此第二境也；众里寻他千百度，蓦然回首，那人却在灯火阑珊处，此第三境也。修道修行也有境界。禅宗讲修行有三重境界：第一重境界，"看山是山，看水是水"。物我不分，人我合一。但是这种物我不分，人我合一是一种朦胧的、低级的、无意识的状态，你看，动物都是这样的；通过修行以后进入第二重境界，"看山不是山，看水不是水。"物我分开了，我是我，物是物，我在观照物，于是山不再是山，水不再是水，这个时候，境界上去了，但是这不是终极之境，不是解脱之境，你还要继续修炼，修炼到更高一个境界，"看山还是山，看水还是水"。肯定，否定，否定之否定，但不是一个简单的回归，而是一种螺旋式的上升。什么是禅？吃饭的时候吃饭，睡觉的时候睡觉，拉屎的时候拉屎，骂娘的时候骂娘！这是一种真正的天人合一的境界，真正的物我两忘的境界。"相看两不厌，只有敬亭山。""我见青山多妩媚，料青山见我应如是。"进入这样的境界后，人生就得到了大智慧，就能够大解脱，就能够大自在。

上课也有境界。有一回，我在克拉玛依讲课，上《鱼游到了纸上》，上完两节课，又做了一个报告，弄得一身臭汗。一个老师很关心我，悄悄地问了一句，王老师，您累不累啊？我说不累。他说我看您满头大汗的，我说真的不累。为什么不累啊？境界不同！

境界不同，对职业和人生意义的体验和解释也就不同。从生理层面看，人与人之间的差异可以小到百分之一、千分之一、万分之一甚至忽略不计。但是，从精神层面看，人与人之间的差异可以大到百分之九十九、千分之九百九十九、万分之九千九百九十九甚至无法估计。精神层面的东西，在很大程度上取决于一个人的境界。我觉得，一个人对待职业、对待自己的人生大概有这样四重不同的境界：

第一重境界，叫功利境界。什么是功利境界？比如说，一月工资2500块，我一个月上50节课，我每节课挣多少钱？50块钱，我上一节课就是50块钱，我拿这些钱去养家糊口，去消费休闲，对上赡养父母，对下抚育孩子，剩下的还得老老实实地交太太。我通过教书、通过上课来赚钱，这是功利境界。这有没有错啊？没错，我一没去偷，二没去抢，我用自己的劳动、自己的精力赚钱，我赚得正大光明，是不是？在功利境界的人看来，教书就是我的饭碗。我好好教书，就是为了捧住这个饭碗，尽管这个饭碗不是金子也不是银子，但好歹它还能让我们吃饱了穿暖了，还略略能有点结余。但是，话又说回来，刚刚踏上三尺讲台，你对职业停留在功利境界上，这无伤大雅。但是，假如您教了一辈子的书、上了一辈子的课、带了一辈子的学生，到老了还是这么一个境界，那我只能抱歉地告诉您，老师啊！您是要了一辈子的饭啊！所以，你得提升自己的境界，为自己的职业人生赋予一种新的意义和解释。

王崧舟和著名特级教师靳家彦先生在一起

于是，你就进入了第二重境界——道德境界。什么是道德境界呢？你看，我一个班 50 多个孩子，这一节课下来，孩子掌握了哪些知识、哪些技能？这 50 多个孩子后面是什么？是 50 多个家庭啊，他们有父母，有爷爷，有奶奶，他们的希望都寄托在这 50 多的孩子的身上。我得认真地上好每一堂课，我得认真地教好每一个孩子，我得认真地教每一节课，这就是道德境界。道德境界归结到一个词语，叫"责任"，这也是师德一再对我们提出的要求。道德境界比功利境界要高了，很多

优秀的老师，很多有理想的老师，就处在这样的道德境界中，他们为了教育、为了事业、为了孩子，兢兢业业、无私奉献，恪尽职守、教书育人。但是，老师们，如果我们的一生都处在道德境界当中，您会发现，您活得太累，您会发现你不是为自己活着，你是为学生活着，为学生的家长活着，为社会活着，为领导活着，为校长活着，没意思，没劲儿！你得超越，你得继续提升自己的境界。人，不能总是为他人活着。

再上去，就是第三重境界——科学境界。从这重境界开始，职业的异化被你转过来了。这个时候，你不是为他人活着，你是为什么活着？你是为学问活着。我今天有一个设想，我备了课，我进入课堂后要试一试，我这个思想到底灵不灵、好不好，到底有没有效果？于是，你怀着一种憧憬、一种期待、一种惊奇进入了课堂。于是，你在课堂上的精神状态就发生了变化。这就是科学的境界。你为学问而来，你纯粹是为学问在上课，你在试验你的思想，你在考量你的做法。这个时候，你会发现，职业还是很有趣味的，还是很有些味道的。于是，你会突然发现，原来麻木不仁的课，原来单调乏味的课，在你面前呈现出另外一种面貌，尽日寻春不见春，春在枝头已十分。你会体验到另一番职业的味道，山重水复疑无路，柳暗花明又一村。科学境界，使你在职业中重新发现了自己、发现了做学问的趣味，这是比较高的境界了。

但是还有更高的境界，这就是第四重境界——生命境界。什么是生命境界？只有当你进入生命境界之后，你才会真正意识到，所有的上课都是在为我自己。为什么？因为大家都很清楚，每上一节课你付出的是什么？是时间。时间是什么？时间是生命的唯一矢量。时间就是生命。所以，你的每一次上课，迎来的是又一次生命与生命的交流，生命与生命的沟通，生命与生命的美丽邂逅！我支付的是生命，结缘的是生命，最后收获的还是生命。在生命境界中，你会对自己的每一个当下、每一个时刻负起责任；你会深深地体认到，我的人生是怎么来的。我的人生就是由一节一节的课组成的；我人生的意义就是由一节一节的课的意义赋予的。

在这重境界里，你不是在上课，是在享受上课。上课是一种境界，享受上课是另一种境界。上课的老师，他的每一个意念都活在下一刻，所以他焦虑，担忧，等待。

一次，我应邀借班上《我的战友邱少云》一课。在学到"为了整个班，为了整个潜伏部队，为了这次战斗的胜利，邱少云像千斤巨石一般趴在火堆里一动也不动，烈火在他身上烧了半个多钟头才渐渐熄灭。这位伟大的战士，直到最后一息也没挪动一寸地方、没发出一声呻吟"时，我执行了这样一个教学预设：

播放《打击侵略者》中"邱少云被烈火烧身"的视频剪辑，随着画面的呈现和音乐的响起，我充满深情地为视频剪辑配着旁白：

"同学们，看呐！这就是邱少云，这就是烈火烧身的邱少云，这就是纹丝不动的邱少云，这就是千斤巨石一般的邱少云，这就是趴在火堆里一动也不动的邱少云，这就是直到最后一息也没挪动一寸地方、没发出一声呻吟的邱少云。你们看他的眼睛，你们看他的嘴唇，你们看他抠着泥土的双手。你们，谁也无法想象、无法体会此时此刻他所承受的巨大痛苦、巨大煎熬、巨大折磨。面对这样一位战士，你有什么话想对他说吗？"

对于这个预设，课前我是充满期待的，我期待着一种感动于英雄壮举的情感表达，期待着一种崇敬于视死如归、意志如钢的态度认同，期待着一种直面死亡、超越死亡、在死亡中实现精神永恒的思想提升。

连着叫了三位学生发言，个个精彩。自然，这所谓的精彩，无非是一种预约的精彩。他们的发言，要感情有感情、要态度有态度、要思想有思想。正在我期待着新的精彩进一步到来之际，一个男孩站起来发言了，他的原话是：

"邱少云，你真是一个傻瓜。"

我愕然！学生愕然！全场一片愕然！连这位刚刚还因自己的这番惊人之语得意得连北都找不到的男孩，竟然也被这一片愕然给愕住了！全场气氛顿时凝固，所有人的目光都齐刷刷地聚焦到我的身上。

你必须马上、立刻、迅速地做出反应，这就是课堂生成的硬尺度、铁规则。但是，我的思维显然不在这个当下，强烈而执着的期待让我的生命一直处于对下一刻的等待和等待中的焦虑。

"傻瓜？你才是傻瓜！坐下！"

这就是我的瞬间反应、本能行为。这一瞬间反应，瞬间就成为整个课堂教学的分水岭，本已推向高潮的课堂进程突然一落千丈、一蹶不振。在怒不可遏又不得不遏的尴尬中，我的课草草收场。

这就是上课，我永远焦虑，永远矛盾，永远活在下一刻。我根本不可能体认到

课的每一个当下对生命的价值和意义究竟在哪儿。什么是享受上课？享受上课就是彻底打开，就是全然进入，让自己的精神生命永远活在每一个当下，永远去体认每一个当下对你的意义和价值究竟是什么。

不久，也是机缘巧合，又有人约请我上《我的战友邱少云》。对于上一次的"傻瓜事件"，我早已做过痛定思痛的反省。智慧蒙尘是一个方面，境界滞塞又是一个方面。于是，我对此课的流程预设不再作任何调整和修改，我以一种高度开放、全然敞开的心态直面这次崭新的课堂经历。

课进展得非常顺利，正一步一步向着"傻瓜事件"的那个拐点逼近，此前，没有任何迹象表明类似的"傻瓜事件"将在这堂课上、将在这个班级再度发生，因为，学生的表现近乎"完美"——没有发生任何游离出我的教学预设的行为，没有留给我一丝施展课堂机智的空隙。

就在这时，一个小个子男生站了起来，面对《打击侵略者》的视频剪辑，铿锵有力地说道："邱少云，假如我是你，我就打几个滚先将火灭了，说不定这个时候山上的敌人正在睡觉呢。"

全场一片愕然！气氛顿时凝固，所有人的目光都齐刷刷地聚焦到我的身上。"傻瓜"又出现了！一样的语出惊人，一样的全场愕然。而唯一不再轮回的自然是我，因为此刻的我俨然已是一个"苦海无边、回头是岸"的觉者。我清楚地觉知到，这个当下是课堂赐予我的重要礼物。

在全场的一片寂静中，我不露声色地沉默了足足十秒钟。这十秒钟，我是用来掌控课堂情绪的节奏，也是借以调整自己行将面对学生的精神状态。我清了清嗓子，开始了两个灵魂之间的第一次话语接触：

"孩子，你不希望邱少云死，是吗？"我的声音缓慢而低沉，但字字灌注着我的全部声气。男孩郑重其事地点了点头。

"我理解你的心情，将心比心，谁想死啊？谁不希望自己能好好地活着，是吧？"男孩再次点头，脸上泛起一层被人理解的幸福和得意。

"这样的希望，不光你有，大家也有。不光大家有，我相信，在邱少云的内心深处也一定有——我要活下去。"男孩目光炯炯地对视着我，看得出，他的情感之门正在敞开，他正在小心却又大方地拆除着最后一道心灵的壁障并将我悦纳。

一个富有机智的人能够表现得具有良好的分寸和尺度感，因而能够本能地知道应该进入情境多深和在具体的情境中保持多大的距离。此刻，我发现自己已经完全找到了这种感觉。于是，我话锋一转，说道：

"但是，作为一名军人，一名以服从命令为天职的军人，此时此刻，面对残酷的战斗形势，面对自己的危险处境，我相信，一定还会有另一种声音在他的内心深处响起。大家听，另一种更加强烈、更加坚定的声音在对他说……"一次短暂而又漫长地等待，班上陆续有学生举起手来，三个，五个，九个，马上形成了如林的局面。

"我听到有声音这样对邱少云说，邱少云，你可不能动啊！你一动，身后的整个班、整个潜伏部队都将被敌人发现，战友们将会遭受重大伤亡，如果一个人的牺牲能够换来战友们的平安，死也是值得的。"这是一个长得特别灵秀的女孩的发言，听课席中开始有了些微的议论，直觉告诉我，现场的这一效果正在被理解、被认同，形成共鸣。

"我听到有声音这样说，邱少云，战友们在望着你，朝鲜人民在望着你，祖国人民在望着你，你是好样的，你一定能够坚持住的。"我有理由相信，以前学过的《黄继光》这一课对他的影响颇为深刻。这孩子，在为邱少云的壮举赋予一种更为宏阔的精神背景和力量源泉。

"我还听到有一种声音在这样对邱少云说，邱少云啊邱少云，你不是希望自己成为一个真正的钢铁战士吗？烈火可以烧毁你的身体，但烈火永远烧不毁你坚强的意志和伟大的精神，你将在烈火中得到永生！"

"哗！"台下一片掌声，热烈而持久。我兴奋得再也按捺不住了，一脸阳光地握住了那个孩子的手！此刻，任何夸赞、任何评价似乎都是多余的，甚至苍白的，唯有这不言之言、不赞之赞才是高山流水、直抵心灵的美妙对话。

这就是享受上课的境界。每一个当下、每一个存在对老师对学生来说都具有生命本体的意义。我读冯友兰先生的《一种人生哲学》。他讲得很深刻。什么是人生？没有一种抽象的人生。吃饭是人生，睡觉是人生，讲课是人生，写作是人生，人生就是每一种具体的表现，所有具体表现的综合就是人生。不是说人生之上还有另一种人生。什么是生命？这就是生命。一举手一投足是生命，跟孩子们眼神的交流是生命，静静地期待是生命。当然，你焦虑是生命，你烦恼是生命，你痛苦也是生命。那么老师们，你愿意选择怎么样的生命状态呢？积极心理学的奠基人弗兰克说过一

句名言：即使是在极端恶劣的环境里，人们也会拥有一种最后的自由，那就是选择自己态度的自由。更何况我们所处的环境是相当温润、相当自由的环境呢？黎巴嫩的文学大师纪伯伦对生命境界悟得极为透彻，他说，工作是看得见的爱，通过工作来爱生命，你就领悟了生命的深刻秘密。

冯友兰先生在临终的时候，曾经书写过北宋大儒张载的四句偈："为天地立心，为生民立命，为往圣继绝学，为万世开太平。"这四句话，道尽了古今知识分子所追慕的人生的最高境界。冯先生在后面又加了一句："虽不能至，然心向往之。"也许，这样的醇境、化境、终极之境，只是一个彼岸的理想，也许终身不能至，但是，即便终身不能至，我依然终身向往之！

三、随性而读，超以象外

季羡林先生对年轻人讲，你们做学问，要达到三个贯通。第一是中西贯通，第二是古今贯通，第三是文理贯通。做到了这三个贯通，你文化底蕴的基座就像金字塔的底座那样，会非常宽厚，非常坚实。在这样的基础上，你的金字塔才会做得高。文化底蕴怎么修？我说，很简单，又很难。说它简单，因为只有一条路。说它很难，因为这条路要坚持走下去，非常困难。这条路是什么？这条路就是读书。我的一个基本看法是，底蕴是靠书堆起来的。书读得多，不一定底蕴就深厚；但是，不读书、少读书，是一定没有底蕴的。

我爱读书。有人问：王老师，读书是不是您的业余爱好？我说，错了！应该把"业余"二字去掉。读书是我的爱好，读书是我可以全身心投入的爱好。读书跟我吃饭一样，呼吸一样，在我的生活中是非常自然的。

（一）从为己读书开始

夫子在《论语》里说过，有两种学问，一种叫为己的学问，一种叫为人的学问。他认为古之学者为己，今之学者为人。一开始我听不明白，后来一看人家的解读我懂了。原来夫子认为，古时候的君子读书是为了自己，为了修炼自己的身心，为了充实自己的精神能量，为了提升、为了超越、为了让自己活得更好，所以他才读书，他才做学问、做研究。这一切的一切都是为了自己。所以，儒家之学，你不要把它看得很高深、很神圣，其实，儒家之学是为己之学，道不远人嘛！

我们读书为什么？为自己，不是为别人，为别人读书的人时刻想着，我今天读了一本书，明天我在人前炫耀一下。为了炫耀，为了显示自己有学问，或是为了外在的一些目标，如我要做一个课题，我要拿一张文凭，于是我不得不去读书。这样的读书，跟生活、跟生命是相脱离的。用王国维的话来说，处于一种"隔"的状态，是两张皮。而我认为，真正的读书完全为自己，就像吃饭。你为什么要吃饭？我要活着呀。你为什么要呼吸？我要活着呀！你为什么要读书呀？我要活着呀。道理就这么简单！

王崧舟在母校上虞章镇小学（摄于 1995 年）

对此，我曾经跟教育名家陶继新先生有过这样一番对话：

王：真正的阅读就是一种修行。修行过程一定是悟行合一的，读书要悟，但读书更要行。我的解读是这样，最终能够让自己的生命走向自由、走向幸福，一定是悟中有行，行中有悟，悟行不二。这和王阳明先生所讲的"知行不二"的道理是一样的：知而不行非真知，行而不知非真行。我发现真正的源头活水、真正的"道"还是在我们的文化当中。我们很多老师为什么读

书不快乐，因为他没有落实在修行上。

中国文化有一个比较好的传统，一直强调不但要开悟，而且要活出来，活出来就是践行。你博学也好，审问也好，慎思也好，明辨也好，最终的落脚点是笃行。为什么要笃行，因为只有笃行才能解决自己生命的问题，否则只是思辨，只是大脑在玩游戏而已。

陶：读书需要坚持。谁都知道读书好，也有不少人知道读好书好，但是真正一以贯之读下来的人太少太少了。不仅读书，做任何事情都一样，坚持太重要了。我们可以给自己锁定一个很好的目标，但是在抵达目标的过程当中会遭遇各种困难、波折，更多的人在困难和波折面前裹足不前，结果前功尽弃，无法抵达成功的彼岸。只有极少数人，再困难也矢志不渝。虽然这个过程很艰难，但是因为能够抵达目标，所以在艰难当中有一种特殊的幸福感。读书就是这样，一次又一次地这样做，就形成习惯了。

比如说，我在济南整整 29 年，每一年除夕的上午都是在编辑部度过的，每一年春节下午也是在编辑部度过。这些时间我都在读书、写作。这二三十年，除了休息、睡觉、锻炼身体以外，我全部是在读书、写作。所以我说，再笨的陶继新也得结点小果，就这么简单。

王：您拒绝这种无谓的应酬，其实就是一种底气，而这个底气很显然来自您的底蕴。因为，您读书完完全全、彻彻底底是为了自己，每有会意、欣然忘食也好，满腹疑云、权且放过也罢，那都是自己在生命上的切入，如水在口、冷暖自知。

稻盛和夫先生在《六项精进》里面谈到的第一项就是"要付出不亚于任何人的努力"，他说除了拼命工作之外，世界上不存在更高明的经营诀窍。这话也可以说，除了拼命读书之外，世界上也不存在更高明的读书诀窍。只要你喜欢读书，再努力再拼命也不会觉得辛苦的。

陶：是的，这就是读书的最高境界——审美。孔子看《周易》看到什么程度，"韦编三绝"，就是竹简断了三次，还乐此不疲。一般人肯定很烦，但孔子怎么说呢？他说："是故君子所居而安者，《易》之序也；所乐而玩者，爻之辞也。是故君子居则观其象而玩其辞，动则观其变而玩其占。"好几个

"乐"，好几个"玩"，这就是进入神迷状态了。因此我感到，读书如果能进入到神迷状态，就能改变自己了。与之相关的，你的行动、思想、思维，你的外在表现，也都变了。

王：读书的审美状态，就是物我两忘、天人合一的境界。在那种境界里，你在读书，你又在享受读书。你活在每一行文字里，活在每一本书里。你已经不存在了，就是我们常说的"忘我"、"无我"了，因为那个读书的"我"已经完全融化在书的字里行间了。这种美妙的境界，如果不是自己亲身经历过、体验过，的确是"不可言传"的。读书会上瘾，这个"瘾"，其实就是欲罢不能、人书合一的审美境界。也正是从这个意义上讲，曹文轩先生将阅读视为一种宗教。

（二）每天读一点

因为你是为己读书的，读书要解决的是你的精神能量问题，所以你只能天天读书，就像吃饭一样。人有三个生命：生理生命，社会生命，精神生命。生理生命主要通过吃饭和呼吸来解决。社会生命主要通过交往来解决。而精神生命主要通过什么来解决呢？读书！所以你得天天读书。黄庭坚说过这样的话："士大夫一日不读书，则尘俗生其间。三日不读书，对镜则面目可憎，对人则语言乏味。"三日不读书，面目是否可憎，语言是否乏味，这个难说。但我相信，一日不读书，尘俗一定生其间。你胸中装的，要么是诗书，要么就是尘俗。诗书多了，书卷气就强了；尘俗多了，市侩气就盛了。一个老师，尤其是一个语文老师，在他的举手投足之间，在他的音容笑貌之间，能不能少一点市侩气，能不能多一点书卷气，在很大程度上取决于你能否做到天天读书。这一点，我做到了。

不仅我自己做到了，我还希望有更多的人能够逐渐养成天天读书的习惯。于是，从 2001 年由上虞调至杭州起，我就一直致力于阅读推广活动。

2001 年

我组织全校教师开展"名著细读"活动。以学期为单位，全校教师每学期共读一部经典名著，通过"名著概述"、"且读且思"、"学用合一"等环节，深入推广经典名著阅读。迄今已坚持 14 年，从未间断。

同年，在"全国小学语文创新教学观摩研讨会"上，我推出观摩课《荷花》，现

场听众达 1200 余位。自此，我先后应邀赴全国 200 多个城市开设观摩课 1100 多节次、讲座 650 多场次。据不完全统计，迄今全国已有近 120 多万中小学教师在现场听过我的公开课和讲座。有数以万计的一线语文教师因为听了我的语文课、教学讲座，或者因为读了我的教学论著、学术文章而爱上阅读。

2002 年

中国教育电视台"名师讲坛"栏目播出了我执教的《荷花》、《我的战友邱少云》等阅读课。这些课的教学，已经不再囿于课文本身，而是引入、链接了相关的阅读资料和信息，开始彰显"大阅读"观念。

2003 年

浙江卫视面向东南亚地区同步直播了我在京杭大运河最南端的标志性建筑"拱宸桥"上执教的语文综合实践课《相约拱宸桥》。据不完全统计，收看直播、重播和录播的观众超过 1000 万人次。此课将实地考察、文献搜集、现场创作、古迹探究等融为一体，充分体现了语文综合性学习的"大阅读观"。同年《人民教育》以《天地一课堂》为题对此课做了深度报道。

王崧舟带学生在拱宸桥上上课（摄于 2003 年教师节）

2004 年

我首创《小学生课外阅读考级体系》，根据学生的心理认知特征和语文课程标准的学段目标，将小学生的课外阅读水平评估分为"赤橙黄绿青蓝紫"七级，分别拟定相应等级的必读书目、推荐书目、考级书目及考级标准和办法。该"体系"通过《小学语文教师》和《语文教学通讯》在全国推广，迄今已有超过 370 多所学校在学习借鉴这一阅读推广策略，收到了明显效果。

2005 年

我出版学术专著《王崧舟教学思想与经典课堂》。书中有专门章节论述语文教师的阅读素养问题。

2006 年

杭州市拱墅区教育局成立"王崧舟名师工作室"，迄今该工作室已面向全国培训语文骨干教师 189 位，其中 12 位被评上特级教师。与此同时，"王崧舟名师工作室"还与国内 15 家"名师工作室"开展学术联谊活动 20 余次，参与学员 2600 余名。"专业阅读"、"文化素养"、"人文情怀"是学术联谊活动的重要议题。

2007 年

中央电视台"实话实说"栏目播出我执教的作文课《亲情测试》，并进行深度访谈。这是迄今为止央视播出过的唯一一堂小学语文课，此课播出后在全国引起强烈反响，引发了一场关于"生命教育"的大讨论。

同年，我出版学术专著《王崧舟讲语文》。其中，《"读"行天下，有境界则自成高格》一讲专门谈论我的阅读体验和思考。

2008 年

浙江省教育厅成立"王崧舟特级教师网络工作室"，迄今该工作室已吸纳来自全国各地的骨干语文教师 1348 位、提供各类网络资源 8176 个、网上访问量超过 155 万人次。"王崧舟特级教师网络工作室"设有"名师书斋"栏目，用于传播和推广教师的专业阅读。

同年，我出版学术专著《王崧舟语文教育七讲》。

2009 年

山东济南师范学校成立"全国诗意语文研究与发展中心"，融阅读推广于诗意语文教学流派的传播之中。迄今该中心已编发相关简报 12 期，发展"诗意语文"基地

教育的慈悲情怀（王崧舟工作室）

学校 57 所，"诗意语文部落"已拥有研究粉丝 27000 余名。

2010 年

我出版学术专著《听王崧舟老师评课》。

2011 年

我出版学术专著《诗意语文课谱》。

2012 年

我所在的学校创建了国内首家"儿童国学馆"，馆藏包括《文津阁版四库全书》在内的国内外经典名著 5 万多册。国学馆先后接待了包括教育部副部长杜占元在内的各级各类参观者 1800 余位。

2013 年

以"我的文化三课"为标志（《孔子游春》渗透儒家文化、《桃花心木》渗透佛家文化、《天籁》渗透道家文化），我开始在语文教学中积极倡导"大文化意识"。

2014 年

我与陶继新先生合著《语文的文化品格》。书中有超过一半的篇幅是围绕"读书"问题与陶先生展开的深度对话和交流。

同年，我主编《中小学中华优秀传统文化系列读本》，双册发行量超过 10 万册。我所在的学校承办"全国首届小学中华优秀传统文化教育高峰论坛"，论坛就"中华优秀传统文化教育的儿童本位观"、"中华优秀传统文化教育的课程序列观"、"中华优秀传统文化教育的教学模式观"等展开了多层次对话，与会代表达 700 余位。

（三）只想随性而读

我读书，漫无目的。钱钟书先生的夫人杨绛先生在回忆钱钟书读书生涯的时候，说过这样一句话，"钟书自从摆脱了读学位的羁束，就肆意读书"甚至"随遇而读"。那是一种多么迷人的境界——随性读书。

我的藏书量没精确统计过，大概有一万多册吧。我有一间书房，顶天立地都是书。书房的窗台两侧，悬挂着我自己拟写的一副对联，上联是：明月一帘无心照。因为我书房窗外是一片开阔的地带，有小河，有廊桥，流水淙淙，杨柳依依，风景这边独好，晚上能看到月亮从东边升起来。下联是：诗书半斋随意读。

我爱逛书店。拿到书，我看一下目录，或者章节，只要有感觉，就买下来，一定读。我读书没有计划，很随意，很随便，比如——

流行的书，我读。于丹的《论语心得》，读！易中天的《品三国》，读！刘心武的《揭秘红楼梦》，已经出到第四部了，读！全都读过！很多人骂于丹，说人家是化腐朽为神奇，于丹是化神奇为腐朽。我是喜欢于丹的，我觉得于丹讲得不错。她很聪明，她讲的是"于丹论语心得"——我讲的是我自己读《论语》的心得，这有什么不可以呢？解构主义的哈罗德·布鲁姆不是这样讲过，一切阅读皆"误读"。我就是这样理解论语的，为什么就不能把我的心得跟大家交流呢？

不流行的书，我也读。汪荣祖的《史学九章》卖不动呀，滞销的书，也读；钱穆的《晚学盲言》，是晚年在双目失明的情况下，由他自己口述，他的夫人、弟子帮他整理的一本书，写得好！核心内容谈中西文化传统的异同，你想把握国学的精要，可能这是一本非常好的入门书。杨成寅的《太极哲学》很难懂，说老实话，我到现在还读不懂，但我爱读，没办法，越是读不懂就越是想读下去，一种好奇的欲望吧。

入世的书，帮助我更好地活在俗世的书，我读。比如，台湾傅佩荣的《哲学人生》，这书写得好，是写给大学生的。哲学与人生课在台湾大学是最受欢迎的一门

课，他是根据他的讲课内容写下来的，讲得深入浅出。早几年卡耐基的《积极的人生》，帮助我克服了自己的焦虑，帮助我看到了自己人性上的弱点。彼得·圣吉的《第五项修炼》，早几年红遍大江南北、长城内外，什么系统思考啊、共同愿景啊、自我超越啊、心智模式啊、团队学习啊，很难读，没办法，就是爱读。他和南怀瑾先生学过禅，但目的不是出世，而是更好地入世，他说坐禅进入定境之后，自己的头就能跟身体分开，连风吹过脖子底下的感觉都有，这境界已经相当了得。

出世的书我也读。六祖慧能的《坛经》，我读过很多遍，每读一遍都有新的感悟、新的味道。菩提本无树，明镜亦非台，本来无一物，何处惹尘埃？南怀瑾先生的《如何修证佛法》，这本书真好，是过来人对修行的切身之谈。你要坐禅，你要修行佛法，你要开悟、解脱，最好的入门书就是南先生的《如何修证佛法》。索甲仁波切的《西藏生死书》，好！临终关怀，全都实实在在地写在里面了，告诉你怎么走得坦然、走得从容。这不是开玩笑，演员傅彪是得肝癌死的，肝癌临死前是非常痛苦的，但是他走得非常平静，一点痛苦的迹象都没有，为什么？他妻子说，两本书给了他临终关怀，其中一本就是《西藏生死书》。人生最大的两门学问，一门是出生的学问，一门是死亡的学问，这本书专讲死亡的学问，科学很少研究，宗教在研究。人啊，到这个世界上来走一遭不容易，什么叫善始善终？我们不能善始，出生很痛苦，个个都是哭着降生的，你见过笑着来的吗？走的时候能不能不再痛苦、能不能善终？

教育类的书，我读。苏霍姆林斯基的《怎样培养真正的人》，写得真好！我推荐给我们学校的老师。我到拱宸桥小学当校长，给老师的见面礼就是人手一本书，这书就是苏霍姆林斯基的《给老师的一百条建议》，我们读了一个学期。田正平先生的《中国教育经典解读》，一册在手，中国教育的经典思想、经典理论全部都在里面了。石中英写的《教育学的文化性格》，视野宏阔，学养深厚，是迄今为止我读到过的最有文化底蕴的教育类专著。

非教育类的书，我也读。范曾的《吟赏风雅》，写得洒脱，雅致！老头儿的书画在中国当代算是一绝，"中国银行"四个字就是他写的。王小波《我的精神家园》，一边读你就一边偷着乐，那种无处不在的黑色幽默，是从他心里流出来的，挡都挡不住！刘小枫的《沉重的肉身》，试图回答困扰所有当代人的一个重大问题——性伦理问题，尽管读得艰涩、读得云里雾里的，但还是读着，因为我依然困惑。

语文课程类的书我读。王尚文先生的《语感论》，写得好！我的语文教育思想一多半受他老人家的影响。潘新和先生的《语文：表现与存在》，上、下两册，洋洋洒洒一百多万字，这是我所看到的迄今为止中国当代语文课程理论方面最有建树、最有见地的一本书。搞诗意语文的，这本书必须作为必读书。王荣生先生的《语文科课程论基础》，那叫真做学问，那种理论的涵养、那个思辨的功底，真叫过硬，确确实实是科班出身。

非语文课程类的书也读。比如兰色姆的《新批评》，我建议语文老师都能够学会文本细读，这"文本细读"的理论和技术就是新批评学派提出来的。韦勒克的《文学理论》，美国人写的，搞文学理论的人都知道，在全球范围内，这是一本非常经典的文学理论教材。汪曾祺先生的《人间草木》，真好！我最爱他的文字，第一是干净，没一个废字；第二是天真，一片烂漫，不藏机心；第三，就是那个长长短短、错落有致的语感，他老人家的文字，行云流水中自有一种生命的节律，功夫已经到了出神入化的地步。史铁生的《务虚笔记》，半自传体的小说，史铁生小说的核心思想深受刘小枫先生神学思想的影响，你要读懂史铁生，你就要读懂刘小枫。

学术类的书，我读。比如朱光潜先生的《诗论》，太好了！我教《长相思》，在这个课里面，最核心的教学思想就是受了朱光潜先生《诗论》的启示，朱先生认为诗是不可解的。诗最重要的是一个"见"字，你只有"见"到它，才能深得诗之三昧。你可以把《红楼梦》和《诗论》对照起来读，形成一种互文式的"参读"，就能更好地体会朱先生的观点。

《红楼梦》里有个语文特级教师——林黛玉。其实，黛玉比我们这些特级还特级！她教香菱作诗，绝对是一流的教学水平。香菱初学诗时，喜欢陆游的诗，黛玉对她说："取法乎上，仅得其中；取法乎中，仅得其次。"你一开始一定要读最经典的：老杜的诗读他一百首，青莲的诗读他一百首，摩诘的诗读他一百首，这三个人，一个是诗圣，一个是诗仙，一个是诗佛。你看黛玉教香菱的方法就是"先学后导"。果然有一天，香菱来找黛玉，汇报读书心得。她说，诗的好处就是想来你有嘴上说不出的，但闭上眼睛一想，好像这个景就在眼前似的。想来这个地方似乎没有什么道理，但你倘若要找一个别的什么字来代替，却不行。她说这就是诗的好处。比如王维的《塞上》，"大漠孤烟直，长河落日圆"。想来这个烟怎么会直呢？可闭上眼睛，仿佛这景就真的在眼前，想来这个落日自然是圆的，这个"圆"字似乎用得太俗，想找个字来换，可再怎么找也找不出比圆字更恰当的字。刚好这个时候贾宝玉

来了，听了香菱的话，就说，既然这样，也用不着看诗了，会心处不在多，听你说了这两句，可知"三昧"你已得了。这就是朱光潜先生讲的，读诗最重要的是一个字：见。你看，林老师的教学效果多好！

王元化先生的《文心雕龙讲疏》，厉害，是极品。朱良志的《中国美学十五讲》，看得我三月不知肉味，好书！

国学经典类的书，我读。王阳明的《传习录》，心学的经典之作，相当于一本《论语》，是王阳明传心法给弟子们的各种言说，由弟子记录下来的。阳明的学问是致良知的学问。他认为，无善无恶，心之体。有善有恶，意之用。心念一动，就有善有恶了。知善知恶、为善去恶，这就叫致良知了。他认定每个人都有良知，这个良知让人做善事，但是有人不信他那一套。一次，他的一个弟子碰到一件事，挺有意思的。那事发生在一年夏天，天很热，弟子在家里，半夜来了一小偷，被他家人发现后抓了起来。因为他是王阳明的弟子，所以他没有动粗，既不用家法，也不搞人身攻击，用咱的行话来说，就是既不体罚，也不变相体罚，只跟小偷讲道理。你不对啊，怎么可以偷呢？你有手有脚有力气，得用自己的力气去干活去挣钱去养家糊口啊，你这样偷是不对的。小偷说，我就爱偷，看你能咋的。那弟子就继续开导小偷，其实，你是被蒙蔽了，我知道你是不想偷的，你心里肯定有一种不想偷的想法。是不是？那小偷说，胡说，我就是想偷，我从没想过不偷，我偷出瘾来了，一天不偷就难受。任那弟子怎么循循善诱、怎么诲人不倦，一句话——全是白搭！那弟子心说，我老师跟我说过，人都是有良知的，怎么这小偷一点良知都没有呢？突然，他灵机一动，说，这样吧，今天天很热，你看你都赤了膊了还是汗流浃背的。要不，你把裤子也脱了？这下那小偷急了，连连摇头说不行不行！怎么能脱裤子呢？那多丢人啊！你瞧，这是什么？这就是良知。良知从羞耻心开始，一个人只要还有那么一点点羞耻感，那就是他的良知所在。他就能变好，就能改邪归正、弃恶从善。从此，那弟子对王阳明的致良知笃信不疑、身体力行。

再比如熊十力的《体用论》。熊先生原来是学佛的，学唯识宗的，唯识宗是玄奘法师，就是我们通常讲的唐僧创立的。汉传佛教有八宗，其中一宗学的人不多，难学，就是唯识宗，因为学唯识宗的人逻辑思维要非常强。后来熊十力不再学佛，他认为佛学并未找到生命的究竟，转而一心向儒，成就卓著，成了中国新儒学的代表人物之一。再比如牟宗三先生的《中国哲学十九讲》，牟先生也是新儒学的代表人物之一，那也是非常厉害的。

西方经典的书，我也读。比如：尼采的《人性的，太人性的》，尼采的哲学有很多可取的地方，他的哲学是一种超人的哲学、强力的哲学。他强调人是唯一一种需要超越自身的动物。天地万物当中，只有人会不断地超越自己。不断地超越自己，就是不断地超越人性，不断地向神性抵达的过程。再比如海德格尔的《存在与时间》，说老实话这本书我读不懂，读得我头都大了，还是读不懂，但我有种瘾，想读下去的瘾，这种瘾，可能比读得懂更过瘾。汉默顿的《思想的盛宴》，把西方两千多年来最伟大的思想家、哲学家、宗教家、科学家、文学家的代表思想都汇编在这本书里，值得一读。

儿童的书，我也读。比如《小王子》，比如《爱的教育》，再比如塞林格的《麦田里的守望者》，里面粗话、脏话多得很，但很有味道，我一边读就一边笑。

显学的书，是用于管理的，用于治人的书，我读。比如曾仕强的《管理思维》，余世维的《赢在执行》，曼狄诺的《羊皮卷》，这些书我都读。

潜学的书，就是不能在桌面上摊开来的，不能谈的一些书，我也读。《了凡四训》，有净空大和尚的讲解，比较容易看得懂。这书讲什么呢？讲命运的改造。它跟现在市面上流行的那些励志的书、成功学的书、心理治疗的书不同，尽管那些书也教你改变心态、改造命运，但都是浅层次的。《了凡四训》不一样，那是深层次的，是直入究竟、直入根本的命运改造。胡兰成的《禅是一枝花》，我喜欢读。胡兰成是张爱玲的前夫，和周作人一样，在日本人统治中国的时候出来做官，是个汉奸。但汉奸归汉奸，这个人的学问、文字功夫还是一流的。《禅是一枝花》，还有《今生今世》，都写得非常好。再比如邵伟华的《四柱预测学》，我也认真读过，这是算命的书。中国数术有很多门类，什么测字呀、占卜呀、周公解梦呀、诸葛神数呀，什么六壬呀、奇门遁甲呀、麻衣神相呀、风水呀，等等，精华和糟粕并存，不能简单地说都是迷信。四柱是其中的一种，就是农村里讲的"算八字"，读读有好处。

我始终觉得，对人的精神生活影响最为深远的莫过于读书，一个人的心灵结构在很大程度上取决于他所读的书的结构，一个人的思想境界从根本上说就是他的读书境界。这样读书，改变的不仅仅是我的生存方式和生活方式，同时也深刻地改变了我的思维方式、情感方式甚至精神存在方式。一字一世界，一书一天堂。无意证菩提，随性见慧光。

诗意拓荒

——我的教育思想

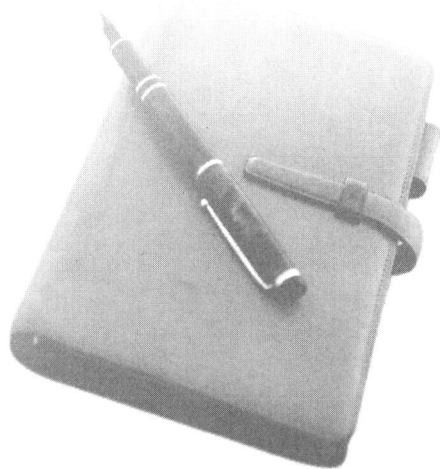

语文是什么？

我曾经这样千百次地问过自己。

曾经以为，语文就是教学生读好课本中的一篇篇文章；

曾经以为，语文就是围绕课文读读、议议、写写、练练；

曾经以为，语文就是训练学生会听、会说、会读、会写；

曾经以为，语文就是培养学生爱语文的感情、用语文的习惯；

曾经以为，语文就是让学生学习语言、掌握语用、积淀语感。

……

一、诗意语文的理想和信念

是啊！语文是什么？或许，有一千个语文教师就会有一千种关于语文是什么的答案；或许，昨天的语文有着昨天的答案，今天的语文又有今天的答案，明天的语文也将会有明天的答案。这是一个不太可能有最终答案的问题，但却是每个语文教师必须面对、必须思考，并且必须最终做出自己回答的问题。不管你是否意识到，每个语文教师的教学实践都在有意无意地对语文是什么做着属于他自己的诠释和演绎。

（一）诗意语文的旨归：精神的语文

语文是人的主观感受的表达，是内心情感的流露，是个人见解和智慧的展现。语文教育的真正价值在于引领学生获取这种感受、体验这种情感、理解这种见解、转化这种智慧、积淀这种文化，最终形成自己丰富的精神世界。因此，语文教育的过程，是学生精神享受的过程，是为学生的精神生命铺垫底蕴的过程。

（1）语文是人的精神家园

语文课程具有丰富的人文内涵。从课程广度看，上自天文，下至地理，古今中外，无所不包；从课程深度看，或赏心悦目，或回味无穷，或动人心魄，或刻骨铭心；从课程效度看，可提升道德境界，可培养审美情趣，可启迪人生智慧，可丰富文化底蕴。

　　李白眼中"飞流直下三千尺，疑是银河落九天"的庐山瀑布是那样壮美；杜甫笔下"窗含西岭千秋雪，门泊东吴万里船"的草堂春景是那样明丽；老舍的猫，乖巧、淘气、古怪、温柔，是那样的惹人怜爱；郑振铎的燕子，活泼、轻盈、俊俏、机灵，是那样的赏心悦目；精卫填海、愚公移山，彰显的正是知其不可为而为之的不屈意志；赤壁之战、草船借箭，闪耀的正是运筹于帷幄之中、决胜于千里之外的惊人智慧；船长威尔逊的处变不惊、从容面对、置生死于度外，邱少云的烈火烧身、坚如磐石、勇于自我牺牲，昭示的是超越肉体、超越生死的永恒信念；在金色的阳光中走向天国的卖火柴的小女孩、毅然决然地抱养邻居家的两个孤儿的穷人妻子，展现的是仁者爱人、悲天悯人的博大情怀……

　　这就是我们的语文，一个蕴藏着精神的无限自由和生命的无量丰妙的语文。学生徜徉其间、浸润其中，以情悟情、将心契心，在语文对话中得到精神的滋养、享受生命的愉悦。

　　（2）语文教育必须重视精神熏陶

　　谢慧英先生说得好："母语的学习必然承载着这些历史的、人文的复合因素，深刻地影响着学生的精神世界。因此，从长远看，语文教育必须超越实用主义的局限，从精神的拓展、从人的发展的高度去把握，才能领会语文所包蕴的丰富的内涵。"所以，语文教育不能不重视熏陶感染、潜移默化的作用。

　　重视语文的熏陶感染作用，就是要通过优秀作品的耳濡目染、潜移默化，对学生的精神领域产生影响。这种影响往往是隐性的、长效的、综合的，而且常常是"有意栽花花不发，无心插柳柳成荫"。因而，语文的熏陶感染作用不能指望立竿见影、一蹴而就。

　　重视语文的熏陶感染作用，就是要清楚地意识到教学内容的价值取向，把时代和民族倡导、尊崇的主流价值观贯穿于语文教学的全过程。学生学习语文的过程，就是接触大量的语文材料的过程，也是自主建构文化意义的过程。这种接触和建构，对学生精神领域的影响往往是终身的。因此，语文课程应该从对人的终身发展、对民族的未来负责的高度来选择教学内容。

　　重视语文的熏陶感染作用，就是要发挥语文课程以情感人、以美育人的独特功能，使学生在感受语文材料、感悟语文底蕴的过程中，受到心灵的感动、人格的感化。语文课程与科学课程迥然不同，科学课程以理性著称，语文课程则以感性见长。

语文课程中大量的是形象鲜活、感情强烈、个人主观色彩浓厚的教学内容，这样的教学内容，必须十分注意形象的感悟、情境的感染、审美的感化，心灵的感动，从而使语文的熏陶感染作用得到充分发挥。

重视语文的熏陶感染作用，就是要发挥语文教师独特的人格魅力，用教师自身的人文精神去滋润、去涵养、去提升学生的人文素养和品位。语文课程，要使学生有感悟，教师首先要有感悟；要使学生能体验，教师首先要能体验；要使学生受感动，教师首先要受感动。只有当教师深情投入、真情流露、热情洋溢、激情四射的时候，学生才能受到真正的熏陶和感染。从这个意义上说，语文教师本身就是一种重要的课程资源。

正如王丽在《我的教育梦》一文中所指的那样，语文课的意义绝不仅仅在于教给学生某种知识和技能，更重要的是，它通过一篇篇凝聚着作家灵感、激情和思想的文字，潜移默化地影响学生的情感、情趣和情操，影响学生对世界的感受、思考及表达方式，并最终积淀成为价值观和人生观。

（3）让学生在学习语文过程中受到精神滋养

让学生受到精神的熏陶感染，决不能游离于语文之外。王尚文先生指出："具体到语文课程，它正是通过如何运用语言文字这一有别于其他课程的特殊途径使其成为'人的灵魂的教育'的。在20世纪很长一段时间里，我们舍人文而求语文，那当然是缘木求鱼。因为语言文字的运用绝不仅仅是个语文的知识、技能、技巧的问题，而是和思想、情感、个性等人文因素密不可分的。语文素养和人文素养具有深刻的相关性。但矫枉不能过正，舍语文而求人文，同样也有语文、人文两失的危险。语文以人文为灵魂，失去了人文这一灵魂，语文必将成为行尸走肉；但人文只能包括而不能取代语文，人文毕竟并不等同于语文。"

"扬科听村子里的演奏，这是最后一次了。"作者为什么不写成"扬科是最后一次听村子里的演奏了"？为什么不写成"扬科听村子里的演奏是最后一次了"？显然，在"最后一次"之前稍加停顿，将"最后一次"置于最后，有着表情达意上的特殊用意和特殊效果。是的，扬科听燕子的唱歌，这是最后一次了，奄奄一息的扬科，他是多么想再听一听燕子那动听的歌声啊，但是，这是最后一次了；是的，扬科听姑娘们的歌声，这是最后一次了，酷爱音乐的扬科，他是多么想再听一听姑娘们那美妙的歌声啊，但是，这是最后一次了；是的，扬科听笛子的演奏，这是最后一次了，生于浊世运偏消的扬科，他是多么想再听一听笛子那嘹亮的演奏啊，但是，这是最后一次了。稍加停顿、置于句末的"这是最后一次了"，仿佛一声声凄厉的哭泣，追诉着扬科对音乐的无限热爱和痴迷；仿佛一遍遍无奈的呼唤，祈求着人们对扬科的怜悯和同情；仿佛一次次悲愤的呐喊，向苍天、向世人喊出心中无限的不平和冤屈。因为言语形式的不同，句子负载的人文内涵也大有不同。如果不能准确、细腻、深入地把握这种语文的不同，就不可能有学生对这种怜悯之心、悲愤之情的准确、细腻、深入的体验。因为言语内容生成于言语形式，言语形式实现了言语内容。学生只有在这样的语文过程中，才能受到不折不扣的、原汁原味的精神熏陶。

（二）诗意语文的路径：感性的语文

语文不是知识体，不是按照概念、判断、推理的逻辑序列展开其内容的。语文不用概念和命题说话。语文用形象作词，用感情谱曲。语文看上去是一幅幅多姿多彩、形象鲜明的画，读出来是一首首情真意切、感人肺腑的歌。

（1）语文是一种感性的存在

"千山鸟飞绝，万径人踪灭；孤舟蓑笠翁，独钓寒江雪。"那是一幅晶莹洁白、宁静悠远的寒江独钓图。

"为了整个班，为了整个潜伏部队，为了这次战斗的胜利，邱少云像千斤巨石一般，趴在火堆里一动也不动。烈火在他身上烧了半个多钟头才渐渐地熄灭。这位伟大的战士，直到最后一息，也没挪动一寸地方，没发出一声呻吟。"那是一幅惊天动地、气壮山河的烈火金刚图。

"雾来时，风起浪涌；雾去时，飘飘悠悠。雾浓时，像帷幕遮住了万般秀色；雾稀时，像轻纱给山川披上了一层飘逸的外衣。"那是一幅瞬息万变、趣味无穷的庐山云雾图。

"这庄严的宣告，这雄伟的声音，使全场 30 万人一齐欢呼起来。这庄严的宣告，这雄伟的声音，经过无线电的广播，传到长城内外，传到天山南北，传到白山黑水之间，传到大河长江之南，使全国人民的心一齐欢跃起来。"那是一首高亢激越、催人奋进的歌。

"再见了，亲人！再见了，亲爱的土地！列车呀，请开得慢一点儿，让我们再看一眼朝鲜的亲人，让我们在这曾经洒过鲜血的土地上再停留片刻。再见了，亲人！

我们的心永远跟你们在一起。"那是一首情深意长、依依惜别的歌。

"扬科躺在长凳上。屋子前边有一棵樱桃树，燕子正在树上唱歌。姑娘们从地里回来，一路唱着：'啊，在碧绿的草地上……'从小溪那边传来笛子的声音。扬科听村子里的演奏，这是最后一次了。树皮做的小提琴还躺在他的身边。"那是一首无限凄凉、满腔悲愤的歌。

……

这里没有严密的知识体系，没有种差加上属概念式的科学定义，没有大前提、小前提、结论的三段式推理。这里有的是一个个活灵活现的人物形象、一幕幕色彩缤纷的生活场景、一回回波澜起伏的故事情节、一幅幅情景交融的审美意境。这就是语文的存在。

（2）学生是以感性的方式掌握语文的

小学阶段的学生，其精神的发展正处于感性时期。他们大多是形象长于抽象演绎，情感体验胜于理性把握，直觉顿悟优于逻辑分析，想象再现强于实证推理。这一时期的学生，是在大量接触感性的语文材料、参加感性的语文实践活动中掌握语文的。说白了，他们是在读书中学会阅读的，是在习作中学会作文的，是在口语交际中学会听说的。靠传授大量抽象的语文知识，是决计培养不出良好的语文素养的。

《我的伯父鲁迅先生》写到鲁迅救助一位受伤的车夫时，对车夫的外貌描写用到了"饱经风霜"这个词。学生是怎样掌握这个词的呢？靠背词语解释"饱经风霜是形容一个人经历了很多的艰辛和磨难"，显然不行。这种纯理性的识记，除了应付考试，对学生语文素养的发展没有作用。切实有效的办法是，引导学生用感性的方式去掌握它。

老师先请学生回忆在生活中有没有看到过饱经风霜的脸，再请学生用自己的语言描述一下这位车夫的脸。对此，学生的反应相当活跃。有的说：车夫的额头上布满了一道又一道的皱纹，眼眶深深地陷进去，颧骨高高地突出来。有的说：车夫的脸蜡黄蜡黄，他实际上只有三十来岁，但是看上去却已经五十开外了。有的说：车夫的头发乱得像一堆稻草，脸色灰黑、脸颊精瘦，明显的营养不良。

老师进一步启发学生，从这张饱经风霜的脸上还能看出些别的什么来？学生反应更热烈了，有的说："我看出车夫干活肯定非常累，不管是烈日酷暑，还是暴风骤雨，为了家庭生活，他都要拼命地拉车。"有的说："我看出车夫的家里肯定很穷，吃了上顿就没了下顿。"有的说："我看出车夫的身体肯定不好，他因为身体有病、营养不良、干活又累，所以他的健康状况肯定很糟糕。"

这时候，老师动情地说："是呀！就是这样一个车夫，那么冷的天，还赤着脚在拉黄包车。现在，他的脚被玻璃片刺破了，深深地嵌入了脚掌，地上淌了一摊血，他躺在地上痛苦地呻吟，他想站起来但又起不来。同学们，如果当时你就在现场，你会怎么做？"学生也跟着动了感情。一个说："我一定会用黄包车把他拉到医院去。"一个说："我一定会把身上所有的钱都掏出来给他。"一个说："我一定马上打电话给我爸爸，我爸爸是个医生。"

王崧舟在"千课万人"执教《孔子游春》

学生正是通过这种感性的学习方式，读出了"饱经风霜"这个词的形象、情味和意蕴，也正是通过这样的感性方式，"饱经风霜"这个词融化为学生的血肉，深入到学生的骨髓，成为学生精神世界中的又一个鲜活的元素。

（3）语文教育是感性教育

因为语文本身是一种感性的存在，学生又是以感性的方式掌握语文的，这就决定了语文教育本质上是一种感性教育。而大量的语文教育却是理性泛滥，含义解释、

情节分析、要点归纳、主题概括、文法梳通、语料记忆、机械练习，凡此种种，不胜枚举。教师纯理性地教语文，学生纯理性地学语文。其结果是：语文的形象被淡化、语文的情感被稀释、语文的直觉被斩断、语文的想象被禁锢、语文的灵性被扼杀。一言以蔽之，感性干涸。

对理性和感性，我们通常只是从哲学认识论的角度去把握它。的确，人的认识总是从感性认识上升到理性认识的。从这个意义上讲，感性是低级的，理性是高级的。但是，从人学的角度看，作为一个完整的生命，它总是由感性生命和理性生命组成的。理智、逻辑、抽象、意志、知性等构成人的理性生命，情感、直觉、形象、想象、灵性等构成人的感性生命。感性和理性，对一个完整的生命体而言，无所谓高级和低级。只有感性生命与理性生命和谐发展，才称得上是一个健全的人、完善的人。

学生是一个完整的生命体。他不仅具有理性生命，也同样具有感性生命。语文是一个完整的生命体。他不仅是作者理性的独白，也是作者感性的挥洒。课堂是一个完整的生命体。他不仅需要理性的启发和诱导，也需要感性的点燃和熏陶。在理性泛滥的语文教育中，感性的勃发和张扬显得尤为迫切、尤为重要。

感性教育是一种形象化的教育，它要求我们还语文以画面，还语文以旋律，还语文以意象；感性教育是一种情感体验的教育，语文是最需要倾注情感的学科，"缀文者情动而辞发，观文者披文以入情"；感性教育是一种个性化的教育，语文是"艺术的空壳"，所谓"有一千个读者就有一千个哈姆雷特"，因此它要求尊重个体、张扬个性，尊重学生对文本的独特体验；感性教育是一种激发生命活力的教育，它视语文为一种独特的生命现象，学生的言语过程就是释放生命潜能、展现生命活力的过程；感性教育是一种以感性形式对学生的精神产生持久影响的教育，它认为语文的形象意义远远大于语文的概念意义，语文的经典作品是常读常新的，"少年读书，如隙中窥月；中年读书，如庭中望月；老年读书，如台上玩月"。

（三）诗意语文的主体：儿童的语文

儿童就是儿童，他们既不是缩小的成人，也不是成人的预备。儿童是一个在思想上、精神上、人格上独立的人。儿童是天生的学习者，是天生的幻想家，是天生的诗人。

（1）儿童是语文学习的主人

郑振铎先生说："对于儿童，旧式的教育家视之无殊成人，取用的方法，也全是施之于成人的，不过程度略略浅些而已。他们要将儿童变成了'小大人'。那种'小大人'，正像我们在新年的时候在街上看见走过的那些头戴瓜皮帽，身穿长袍马褂，足登薄底缎鞋的，缩小的成人型的儿童一般无二。"在这种儿童观的驱使下，我们的语文教育往往以成人心理取代儿童心理，以成人意志左右儿童意志，以成人文化代替儿童文化，以成人的阅读经验支配儿童的阅读经验，最终倒霉的只能是儿童。其结果，往往使儿童在不知不觉之中，丧失了自己，丧失了个性，丧失了纯净的童心，丧失了属于儿童时代的幻想世界和精神乐园。

语文是儿童的，语文是为了儿童的，语文只有融入儿童的精神世界才是有意义的。因此，语文必须从成人霸权中走出来，还儿童以发展语文素养的自主权。语文教师的任务，主要不是教导学生、控制学生，而是通过课文向学生提供一个更活跃、更开阔的语文实践平台。在"还"的过程中，语文教师应该自始至终、自觉自愿地成为学生语文实践的组织者、服务者和帮助者。一位优秀的语文教师，必须真正尊重学生的主体地位，激发学生的阅读愿望和激情，洞见学生在语文实践过程中可能遇到的困难和障碍，诱发学生作为一名读者的发现和创见。他应是一位带领者，带领学生经由课文走向一片新的语文天地。他应该深知，语文素养本身是不能通过诸如告诉、教导、训诫等手段而获得的，只能提供言语对象，引发学生作为语文学习的主人去感觉、去领悟、去精思、去玩味。而更重要也更艰难的是，他必须启发学生去感觉和反思自己的语感，使学生凭借对新的言语作品的感觉或对言语作品新的感觉去发现和体悟自身语感的缺失和浅陋，进而发现和体悟新的语感的充实和丰满，从而享受这种语感。

（2）尊重儿童的语文世界

语文教育要重视精神的熏陶感染。但熏陶感染不是强行灌输，而是要唤醒、激励和鼓舞学生去自信地学、自主地学、自觉地学。情要自己在读中感，理要自己在读中悟，法要自己在读中明。作者的语言以及语言要传递的内容，自会调动学生已有的生活积累和情感体验。在学生与文本的对话过程中，学生通过读书，与作者相逢于案前灯下，视通万里，思接千载，对作者的认识、思想、情感、追求、人格、志趣、品位等，或认同，或发问，或共鸣，或陶醉，这都是生命与生命之间的平等

交流。

有老师上《秦始皇兵马俑》一课时，向学生提了这样一个问题：面对这雄伟壮丽的秦始皇兵马俑，你觉得最应该感谢的是谁？

第一个学生说："我认为最应该感谢的是秦始皇。"

第二个学生说："我认为最应该感谢的是第一个发现秦始皇兵马俑陶片的农民。"

第三个学生说："我认为最应该感谢的是写这篇文章的作者。"

第四个学生说："我认为最应该感谢的是古代那些建造秦始皇兵马俑的劳动人民。"

对前三个学生的发言，这位老师或是当堂否定，或是不置可否，对第四个学生的发言，老师则是笑逐颜开、大加赞赏。为什么？因为在老师的心中有且只有一个标准答案："是古代劳动人民的血汗和智慧，才筑就了被誉为世界第八大奇迹的秦始皇兵马俑，最应该感谢的只能是这些劳动人民。"

这是教育的悲哀！语文的悲哀！更是生命的悲哀！谁都清楚，对于这个标准答案本身的记忆，也许一年、一月，甚至一周之后就可能被学生淡忘。但是，由此导致的对于自由精神的禁锢、对于独特个性的压抑、对于创新思维的摧残，却会影响人的一生。语文教育的过程，应该是学生感悟自由精神的过程。因为，语文本身就是自由精神的载体。一部"红楼"，写尽风流。单是命意，就因读者的眼光而有种种：经学家看见《易》，道学家看见淫，才子看见缠绵，革命家看见排满，流言家看见宫闱秘事。语文教育的过程，应该是学生舒展自由精神的过程。儿童自有儿童的感动，儿童自有儿童的诠释，儿童自有儿童的情怀，儿童自有儿童的梦想。语文的主人是儿童，儿童的语文世界必须得到尊重。

（四）诗意语文的根系：民族的语文

语文是人类文化的重要组成部分，其中蕴涵着厚重的民族精神，民族文化。要充分发挥语文课程弘扬祖国优秀文化和吸纳人类进步文化的基础作用，使学生从小扎下优秀民族文化的根。同时又要使语文学习具有先进、开放、多元的文化精神。

（1）语文是民族文化之珠

让学生在语文学习中体味历史的浓郁芬芳、现代的流光溢彩；体味中国语言的丰富和多彩，体味中国人思想的广博与深邃，体味民族精神的深邃与永恒。我们称屈原为中国第一位伟大的爱国诗人，杜甫的诗作是"史诗"，鲁迅是"民族魂"，就因为在他们身上及其作品里有着中华民族深厚的文化历史积淀。屈原的虽九死而不悔的精神，杜甫的"吾庐独破受冻死亦足"的胸襟和"语不惊人死不休"的追求，鲁迅至死"一个都不饶"的硬骨头，都是源自民族文化熏陶，最终又成为民族文化的一个部分。他们是我们民族的骄傲，他们的作品是我们民族的瑰宝，他们的作品表现了民族特有的风骨和美感。语文是五千年中华传统文化大海中的一滴水珠，应该从这一滴小水珠中，使学生体悟到中华文化的博大与精深，于己打好人生的底色，于国传承和光大民族优秀的文化传统。

　　语文素养与民族文化密不可分。语言文字是民族文化的地质层，积淀着民族文化的精粹。语言和思想、感情，是同时发生的，它不仅仅是载体，实质上它就是意识、思维、心灵、人格的组成部分。我们教学生学习语文，也就是同时在用中华民族的精神文明，用中华优秀文化的乳汁哺育着学生的成长，提高他们对自然、对社会、对人生的认识。语文是我们的母语，我们的语文教育是母语教育。《我的中国心》的歌词中写道："我的祖先早已把我的一切烙上了中国印。"这一印记是如何烙上的？靠的是母语教育。母语教育是作为学生生存环境中最重要的成分而深深印入其脑海的，母语教育对学生的影响是无论怎么形容也不为过的。母语教育、母语文化、母语人文情怀、母语思维方式、母语审美特点，等等，这些对学生的影响是终身的，是永远的烙印。

王崧舟在山西晋祠王氏始祖子乔祠（摄于 2003 年）

对此，余秋雨先生说得好："谁都知道，文艺复兴运动就是从一批大师重新挖掘和阐释古代经典作品开始的。在欧洲，作为古代经典最显目的标志，是一尊尊名扬天下的雕塑和一座座屹立千百年的建筑。中国历史上毁灭性的战乱太多，只有一种难于烧毁的经典保存完好，那就是古代诗文经典。这些诗文是蕴藏在无数中国人心中的雕塑和建筑，而一代接一代传递性的诵读，便是这些经典绵延不绝的长廊。欧洲经典的长廊安静肃穆，中国经典的长廊书声琅琅。在孩子们还不具备对古诗文经典的充分理解力的时候，就把经典交给他们，乍一看莽撞，实际上却是文明传代的绝佳措施。幼小的心灵纯净空廓，由经典奠基可以激发起他们一生的文化向往。我本人 10 岁左右时背诵了不少诗文，直到 40 多岁能够较深刻地回味这些诗文的含义时，禁不住以万里漫游来寻找这些诗文的描述实地和写作实地，真是感受无限。我把这些感受写出来告诉读者，居然立即引起了海内外华人的热烈反应。可见他们也有过早期诵读，也有过成年后反复重温的欲望。这种诵读和重温，在一定程度上决定了我们是文化意义上的中国人。"

王崧舟与著名作家余秋雨先生在一起

　　（2）意合是语文的最大特点

　　我们的语文是汉语。汉语最根本的特点在于缺少形态变化，词与词、句与句、段与段之间的组合主要靠意会。从本质上说，汉语是一种意合的语言。学外语的人都知道，俄语、英语等语文有着丰富的词形变化，性、数、格、时、体、态这些语法范畴都可以靠词形变化来表示。而汉语则缺少形态变化，是一种"孤立语"。"鸟飞"、"飞鸟"中的"鸟"和"飞"尽管语法功能各不相同，但词形却没有任何变化。汉语主要的语法手段是词序和虚词。"老师问学生"和"学生问老师"意义不一样，因为词序不同。"父亲的母亲"与"父亲和母亲"意义不一样，因为虚词不同。汉语中词的语法功能比较宽泛。名词不仅可以作主语、宾语，也可以作谓语；动词不仅可以作谓语，也可以作主语、宾语；形容词不仅可以作定语，也可以作状语。汉语词的兼类是重要的语法现象。"在"既是动词，又是介词，也是副词。汉语词类活用现象较多。"春风又绿江南岸"之类的句子几乎随处可见。所以王力先生说，西语是法治的语言，汉语是人治的语言。

　　汉语的上述特点要求我们的语文教育必须注重培养学生的语感。因为，这一特点使得语法规则的强制性相对较小而语言组合的灵活性较大。表达式的选择，在很大程度上依靠经验，依靠语感。而在阅读中，感悟的意义则更大。语感的培养，必须通过多读。多读有两方面的含义。一是接触大量的语言材料。只有大量阅读语言材料，才能充分了解语词的"分布"，才能学习更多的表达式，才能更好地比较和区别各种表达式的表达意义，才能了解不同表达式的不同语境。二是反复诵读名篇佳作。只有反复诵读，才能更好地体悟作品的情感和思想，并反过来体悟某些表达式的特殊意义和特殊价值，才能从语音、词汇、语法的不同角度综合地体悟语言运用的奥妙和规律。所谓"书读百遍，其义自见"，其中也应当包含这样一个语言学习的基本规律。

　　汉语的另一个特点是有着很强的历史继承性。现代汉语中活跃着大量古代汉语的因素。不必说句法结构的基本格式"主—谓"和"动—宾"贯穿古今，也不必说"天""地""山""水""生""死""上""下"这些基本词汇活跃始终，单是具体的表达方式就很多。现在常用的"瓜分""血祭"和古代汉语"一狼犬坐于前""寨中人又鹜伏矣"中的"犬坐""鹜伏"都是名词作状语，"发扬光大""严肃党纪国法"中的"光大""严肃"是古汉语中形容词用作动词这种表达方式的继承，"天地之间"

"为语言的纯洁而斗争"中"之""而"的意义和用法与古代汉语完全一致。就连作为现代汉语一般词汇的大量双音词，其词素也基本上是古代汉语的词汇。

这就要求我们的语文教育必须重视古诗文的教学。古诗文教学的意义不仅在于培养和提高学生阅读浅易古诗文的能力，而且在于提高他们的现代汉语水平。学生在古诗文学习中可以了解灿烂的古代文化，而这种文化积淀又可以成为他们运用现代汉语时的宏观语境。那些古诗文读得多学得好的人，在运用现代汉语时，也往往多一份雅致和凝重，少一份苍白和飘浮；多一份精练和轻灵，少一份芜杂和笨拙。教材的选文，如果说现代文应当多选优秀时文，那么古诗文则应当多选传统名篇。古诗文的教学更应提倡诵读，让学生在诵读中体验"明月松间照，清泉石上流"的自然境界、"三军可夺帅也，匹夫不可夺志也"的精神境界，领悟孔孟的庄重与热烈、老庄的智慧与洒脱、墨家的思辨与求实。

（五）诗意语文的场域：生活的语文

语文与生活是天然联系在一起的，语文是反映生活又反过来服务于生活的一种工具。对学生而言，语文本身就是一种特殊的生活。

（1）语文即生活

课本即生活的记录。《凡卡》记录了一个9岁儿童从农村来到莫斯科做学徒的痛苦生活；《养花》展示了老舍先生精心侍弄花草的生活情趣；《火烧云》让我们明了了这样一个朴素的道理：美是到处都有的，对于我们的生活，不是缺少美，而是缺少发现；而《只有一个地球》却给我们提出了一个极为沉重的当代生存难题……古今中外，天文地理，人世沧桑，世态变迁，都能从语文课本里找到历史足迹。可以说，语文课本中的佳作，是富含生活浓汁的蜜，越品越有味，越钻研越能领悟到生活的真谛。

教学即生活的阐释。课堂学习是学生生活的一部分，学生要在这里体会生活的苦与乐，感受生活的悲与喜，从中获得生活的间接经验和直接经验。教师的课堂教学，既是对课本所记录的生活进行阐释，也是对自身的生活经历进行阐释。师生交流不是空洞的说教，而是心与心的交流，是情与情的互融。

阅读即生活的体验。阅读书本，就是阅读生活。读《背影》，就要读出浓浓的父子之情，读出尊老爱幼的传统美德，读懂生活中的亲情和友情，从而读到情感世界的净化。当然，课堂中的阅读是极为有限的，必须向生活延伸。大量的课外书籍以及标语、广告、产品说明等，都可以从中读到语文知识，读到生活的经验，读到人生的哲理。教师在课堂阅读教学中的方法指导，就必须尊重学生的生活实际，尊重学生对生活的各种体验。

作文即生活的再现。作文就是学生真实生活的再现，是学生审视人生、审视生活所产生的新奇和敏感的真实写照。写作来自生活的需要，是有话要说、有情要抒、有事要叙、有理要讲。当前作文的最大弊病就是脱离了学生的自我需要，脱离了学生内心真实的感受，造成学生言不由衷、词不达意，不是千篇一律，就是废话连篇，用文字反映生活的能力，自然得不到有效的培养。

语文教育不能脱离社会生活，生活的需要应成为提高学生语文素养的主要目标；同样，语文学习也不能离开生活实践，生活是语文学习的源头活水，不到生活的源头活水中去学语文，不为生活而学语文，语文就失去了生命力。

（2）语文的外延就是生活的外延

语文是母语课程，学生自小就生活在母语环境中，生活中处处都是语文学习的资源，时时都有学习语文的机会。正如《语文课程标准》所指出的这样："学习资源和实践机会无处不在，无时不有。"

课外阅读使语文变得"丰盈"。学习语文"三分靠课内、七分靠课外"，学习语文"得法于课内、得益于课外"。诗人杜甫觉得"读书破万卷，下笔如有神"；语言学家叶斯大林帕森主张"把孩子们投入到语言的海洋中去"；作家高尔基认为"我读得愈多，书就使我和世界愈接近，生活对我变得更加光辉，更加美丽。"我们的父辈祖辈，为什么能出口成章、下笔成文？即使没念上几年书，写出的文章为什么也大多文从句顺、开阖有度？究其原因，全靠多读熟读。如果只读一本薄薄的课本，那是绝对不可能奠定这样的语文功底的。学习语文重在积累。要积累就必须多读熟读，读文学、读历史、读天文、读地理，读经典名著、读诸子百科、读报纸杂志、读辞典文献。读之极熟，"使其言皆若出于吾之口，使其意皆若出于吾之心"。在读中滋养自己的精神，在读中修整自己的言语。"笔参造化神始足，腹有诗书气自华。"

社会实践使语文变得"酣畅"。社会生活是语文的源泉，也是语文能力形成的土壤。因此，学习语文更要把学生引向社会，读好社会这本"大书"。听讲座，逛书店，泡图书馆，看展览，练书法，学篆刻，赏文物，观话剧，演小品，吟诗词，作

演说，编刊物，搞调查，作采访，乃至组织旅游，直接进入山水和人文景观之中。总之要引进生活的"活水"，观察时代的"风云"。

　　生活环境使语文变得"鲜活"。语文学习，除了通过明文安排的显性课程之外，还有对学生的知识、情感、态度、价值观等方面发生潜移默化影响的"隐性课程"，即环境语文。校园的建筑、设施，教室的安排、布置，师生之间的人际交往等，无时无刻不在对学生产生影响。我们的语文学习一旦与学生的生活发生"碰撞""交融"，就能产生无限的活力和生机。生活中离不开"朋友"吧。关于"朋友"，可以挖掘的语文资源实在是太多太多。可以问问关于"朋友"的标准，可以讲讲关于"朋友"的趣闻，可以找找关于"朋友"的故事，可以摘摘关于"朋友"的格言，可以唱唱关于"朋友"的歌曲，可以听听关于"朋友"的心语，可以读读关于"朋友"的书籍，可以写写关于"朋友"的佳话。问问、讲讲、找找、摘摘、唱唱、听听、读读、写写，哪一样离得开语文？哪一样没有语文的印记和气息？"朋友"，这个学生生活中最常见的主题，就这样自然而然地跟语文交融在一起。

　　（3）从生活体验出发学习语文

　　从一定意义上说，生活的语文，就是儿童的语文，就是基于儿童生活体验的语文。儿童在语文实践过程中，不但是课程意义的接受者，更是课程内涵的主动建构者。他是以自己对生活的理解和体验去解读课程、建构意义的。对此，杨金林先生说得好："作用于听觉和视觉的语言文字本身没有意义，有意义的是隐藏于视听信息背后的弦外之音，言外之意。这些要靠听读者心灵的眼与耳来把握。这心灵的眼与耳就是人生的积累和人心灵的感悟能力。"学生的生活体验是语文发展、当然也是精神成长的源泉和土壤。学生的生活体验越丰富，他能感悟到的语文内涵也就越丰富；学生的生活体验越深刻，他对语文底蕴的理解也就越深刻；学生的生活体验越独特，他建构语文意义的方式也就越独特。

　　同样是学《荷花》这篇课文，同样是在欣赏亭亭玉立、婀娜多姿的荷花，学生的体验却是千姿百态、见仁见智的。有的说："荷花，我真想把你带回家。"有的说："荷花，你的美让我陶醉。"有的说："荷花，我要为你画张画，把你的美永远留下来。"有的说："荷花，你是美的使者，谢谢你把美带给了我们。"有的说："荷花，我要赞美你，我要歌唱你。"有的说："荷花，你出污泥而不染，你是我学习的榜样。"有的说："荷花，你翩翩起舞的姿态真是太迷人了，我一定会梦见你。"这是在融合了学生独特的生活体验之后和语文的崭新对话。我们完全有理由做出这样的推想：生活中爱画画的盼望着为荷花画张画，生活中爱唱歌的想到了歌唱荷花，生活中爱跳舞的迷恋于荷花的翩翩舞姿，生活中爱读书的折服于荷花的纯洁不染……如果没有学生生活积累的调动，如果没有学生亲身体验的唤醒，怎么能有学生如此富有灵性的真情告白呢？小学生虽然年龄不大、阅历有限，但自懂事以来，他们经历了多少事，认识了多少人，见到了多少景，体味了多少情……这正是他们学习语文取之不尽、用之不竭的宝贵资源啊。

　　精神的语文、感性的语文、儿童的语文、民族的语文、生活的语文，将其整合，便是我们所倡导和践行的"诗意语文"。从根本上说，诗意语文所思考的是人与语文的关系。说到底，人文精神就是人的精神，母语教育就是人的教育，语文素养就是人的素养。只有全面而深刻地把握好人与语文的关系，语文教育的春天才能最终到来。

二、诗意语文挥洒诗意人生

　　荷尔德林，19 世纪德国的哲学诗人，一个被誉为"恢复语言活力和复苏灵魂的人"，面对人生和人类的种种苦难，写下过这样的诗句：

如果人生纯属辛劳，

人就会仰天而问：

难道我所求太多以致无法生存？

是的，只要良善和纯真尚与人心为伴，

人就会欣喜地

用神性来度测自己。

神莫测而不可知？

神湛若青天？

我宁愿信奉后者。

神本是人的尺规。

> 人充满劳绩，但还
> 诗意地栖居于大地上。

是的，人生，语文，充满劳绩但却诗意盎然。让自己、让学生诗意地栖居在语文这片广袤的大地上，不正是我们用神性来度测人生的肇始吗？这是一个梦，一个温馨而浪漫的梦，一个需要用一生的良善和纯真去守望的梦。为了这个梦，我们努力着，我们求索着，我们渴盼着，我们感悟着——

（一）引领价值是诗意语文的灵魂

诗意语文，其核心、其灵魂是"价值"一词。没有高尚价值引领的语文，是庸俗的语文、粗劣的语文，甚至是罪恶的语文。

战国时期，赵文王酷爱剑术，天下剑客都蜂拥至赵国，宫廷里聚集了3000多名剑客。赵文王日夜不停地要他们比试剑术，三年来不知死伤了多少剑客，但赵文王却依然乐此不疲。诸侯见赵文王如此沉迷无道，便密谋诛杀赵文王。赵国太子知道消息后焦虑不安，急忙找庄子前去劝阻赵文王。庄子见了赵文王。

庄子说："大王，我有三柄不同用途的剑：天子之剑、诸侯之剑、庶人之剑。"

赵文王问："何为天子之剑？"

庄子说："天子之剑，用燕国做剑锋、齐国做剑棱、晋国做剑刃、周和宋国做剑环、韩国做剑把。此剑一出，向上可以劈开浮云，向下可以斩断地根，天下无人不服、无人不敬。故名天子之剑。"

赵文王问："何为诸侯之剑？"

庄子说："诸侯之剑，用聪明勇敢的人做剑锋、清廉的人做剑棱、勤奋的人做剑刃、忠诚的人做剑环、豪杰的人做剑把。此剑一出，如雷霆威震四方，四境宾服。故名诸侯之剑。"

赵文王问："那何为庶人之剑呢？"

庄子说："庶人之剑，满头乱发，言语粗俗，见钱眼开，见利忘义，两眼张着像死鱼一样。此剑一出，上砍国君首级，下刺人民胸膛。大王喜欢的是庶人之剑，真是太可惜了！"

庄子所谈的，正是一个价值问题。都说"价值转乾坤"，如果我们的语文教学在价值上出了问题，或是异化、湮没了教学内含的"人文价值"，或是淡化、剥离了语文所固有的"本体价值"，那么，我们就会陷入"马跑得越快、车夫的驾驶技术越高、带的盘缠越多，离楚国也就越远"的悲哀。因此，诗意语文，首先应该追寻的是一种高尚的价值。在语文的价值取向上，我们老师决不能放弃引领的责任。

上《去年的树》，在整体感知的时候老师启发学生说说体会到了什么：有的说"我体会到要珍惜朋友之间的友情"；有的说"我体会到了乱砍滥伐树木，破坏了环境，我们一定要保护好环境"；有的说"我体会到了鸟儿的真诚"；有的说"我体会到了树木的伟大，他为了人们能点燃油灯，宁可牺牲自己"；有的说"我体会到了那些乱砍滥伐的人真可恶，他们不但破坏了自然环境，也破坏了树木与鸟儿的友情"；有的说"我体会到了真情难找"。显然，对文本价值的感悟，有的是深刻的，有的是肤浅的；有的是正确的，有的是错误的。这对学生的学习而言，是正常的，毕竟每个学生的语文基础、思维品质、文化背景不一样。但不正常的是老师的教学，课堂上，老师对学生的上述表达统统予以肯定和褒奖，完全放弃了作为一名教师应尽的价值引领的责任。

导致这样放弃的原因很多，有的是自己本身对文本价值、课堂价值、教育价值的把握发生偏离和扭曲；有的是对价值虽然心里有谱但却引领乏术；有的是害怕引领不当反而落个牵得过多的罪名；有的是将多元感悟误解为想怎么说就怎么说；有的担心否定了学生的理解会挫伤他们的自尊和自信……凡此种种，不一而足。语文课的价值问题，是课堂教学的根本问题。在对待根本问题上，我们不能有丝毫含糊、丝毫犹豫、丝毫摇摆、丝毫误解。《去年的树》，就是要让学生感受到一诺千金、矢志不渝的诚信；《三顾茅庐》，就是要让学生体会到惜才、爱才、求才、重才，得人才则得天下的真理；《狐狸和乌鸦》，决不能将乌鸦的形象异化为一个受害者、一个知错就改的聪明者；《飞夺泸定桥》，除了对"为有牺牲多壮志、敢教日月换新天"的红军先烈表示崇敬和赞美之外，我们有必要用"北上抗日"伪战略为那些使红军遭受巨大损失的人洗刷千古罪名吗？这一切，说到底，不就是一个价值引领的问题吗？诗意语文，怎能让价值引领缺席？

（二）传承文化是诗意语文的血脉

诗意语文，应该用全人类的文化神韵去滋润学生的心田，引领他们登堂入室，领略人类文化大厦的恢弘气势和美丽姿态，充分享受徜徉人类文化之中的无穷乐趣。

　　诗意语文，更应该让我们的学生走进积淀着五千年民族精魂的中华文化，让他们去解读、去品味、去领悟、去熏陶、去仰慕、去沉醉……语文是民族文化的根，可以这样说，我们的每一个汉字、每一个词语，无不深深地烙着民族文化的印记，无不流淌着民族精神的热血。诗意语文，就是要让这种传承了数千年历史的民族优秀文化得以继续传承、继续发扬。对语文所承载的民族文化，我们应生出一种敬重、一种亲近、一种珍爱、一种惊叹。

王崧舟给学生上课

　　有人上王安石的《泊船瓜州》，先让学生改诗，对"春风又绿江南岸"的"绿"字进行改动，结果学生改出了各不相同的 60 多个字；改出来的字，老师还让学生向王安石挑战，跟"绿"字一争高低。争来争去，争出了一个"艳"字超过了大诗人；借着这股东风，老师索性一不做、二不休，鼓励学生进一步质疑王安石的诗句。于是，有人质疑，难道长江的北岸就没有春风和春天了吗？有人质疑，王安石已经到了瓜州，为什么不去近在咫尺的家乡看看？有人质疑，王安石要明月照着他回家，是不是太危险了？

　　培养学生的怀疑精神、鼓励学生的创新和求异，固然无可非议。但问题在于，我们究竟应该以一种怎样的态度对待我们的传统文化？我们究竟应该让学生在这首诗的学习中汲取一些怎样的东西？

我们且来看看这首诗的创作背景：宋神宗熙宁二年，王安石由江宁知府被任命为副宰相，进行变法。变法对巩固朝廷统治、增加国家税收起了积极作用，但也触犯了大地主的利益，遭到许多朝臣的反对。宋神宗熙宁七年，王安石被罢相，回江宁任知府。第二年春天，宋神宗又把王安石召回京城当宰相。到第三年，王安石再次辞去宰相职位，回江宁府去了。这首诗作于宋神宗熙宁八年二月，也就是王安石第二次拜相的时候。当时，作者由江宁奉诏进京。坐船沿长江南下，泊船瓜州。再由瓜州沿运河北上，赴汴京任职。

《泊船瓜州》是千古佳作，其中的"春风又绿江南岸，明月何时照我还"又是千古绝句。众所周知，"绿"字是王安石经过精心筛选的。作者先后用过"到""过""入""满"等字，最终却锁定"绿"字。那么，"绿"字妙在哪里呢？

一妙在"形象"。着一"绿"字，原本看不见的春风就有了鲜明的视觉形象。展现在我们眼前的是这样一派春光：春风拂煦，百草丛生，千里江岸，满目新绿。这就写出了春风的精神，诗思也深沉得多了。

二妙在"意味"。"绿"字给人以一种独特的语感，夏丏尊先生说过：在语感锐敏的人心中，见到"新绿"二字，就会感到希望焕然的造化之工、少年的气概等说不尽的情味。"绿"是什么？是生机，是活力，是希望，是憧憬。诗人心中有否这样的情味呢？答案是肯定的。"又绿"是否还有别的寓意呢？变法的背景、浮沉的仕途，作者心中怎能不对此发出深深的感慨？

三妙在"理趣"。"绿"是谁带来的？当然是"春风"。"春风"一词，在中国古典美学中，又颇多理趣。它让人想起白居易的"野火烧不尽，春风吹又生"；让人想起李白的"云想衣裳花想容，春风拂槛露华浓"；让人想起孟郊的"春风得意马蹄疾，一日看遍长安花"。"春风"既是写实的，又是象征的。象征什么？皇恩浩荡。春风驱散寒流，那是政治上寒流；春风带来温暖，那是变法图强的温暖。这种心情，用"绿"字表达，最微妙，最含蓄。

这样一个绝妙的"绿"字，焉是学生的那个"艳"字可以比拟的？焉是这样蜻蜓点水、浮光掠影可以了事的？

再说"明月何时照我还"一句，质疑王安石不去看家乡，月下行路太危险，简直让人莫名其妙。这样一质疑，诗的美感和意境荡然无存。我们且来体味一下此句的神韵：诗人泊船瓜州，回望钟山许久，不觉红日西沉、皓月东升。隔岸的景物已

经消融在朦胧的月色之中，而对钟山的依恋却愈加深厚。变法图强、匡扶社稷是诗人的政治理想；退居林下、寄情山水是诗人的生活理想。仕途艰险、如履薄冰、前程迷茫、世事难料，不由得不让诗人生出"归去来兮"的心愿。"明月"在这里同样既是实写，更是一种意象。"明月"寄托思乡之情。李白的"举头望明月，低头思故乡"；苏东坡的"但愿人长久，千里共婵娟"；范仲淹的"明月楼高休独倚，酒入愁肠，化作相思泪"，等等，无不是诗人思乡怀人的一种寄托。

语文课的浮躁、肤浅、庸俗，大多与缺乏文化积淀、文化底蕴有关。诗意语文，必是洋溢着浓厚的文化气息的精神家园。我们的课程改革，只有融入这条博大精深、浩浩荡荡的文化长河中才会有真正的生命活力。

（三）尊重诉求是诗意语文的信仰

诗意语文，是尊重学生的精神诉求、千方百计地满足学生精神诉求的语文。就文本而言，它是作者的一种精神诉求。对人生、对自然、对社会、对内心，作者有着太多的梦想、太多的思索、太多的困惑、太多的迷茫、太多的觉悟、太多的感慨、太多的痛苦、太多的喜悦……凡此种种，积蓄日久，必有一吐而后快的冲动，于是诉诸笔端、化为文字。就学生与文本的对话而言，本质上也是一种精神诉求。文本作为一种召唤结构，在让学生分享作者有关人生、自然、社会、内心的种种经验的同时，又在不断地勾起学生原有的关于人生、自然、社会、内心的种种经验。这勾起的种种经验，足以让学生产生一吐而后快的冲动。这正是学生在语文课堂上的精神诉求。

上《捞铁牛》一课，在学习课文的 1、2 自然段以后，老师针对铁牛的"笨重"，补充了这样一段资料：铁牛始造于唐开元年间，作浮桥的地锚之用。1989 年，人们从黄河古道中挖出了四只大铁牛，一只只膘肥体壮、威风凛凛。牛身下铸有小铁山，入地丈余。牛前另有一铁柱，可系铁链。每头牛的体积在 3 立方米以上，最轻的有 26.1 吨，最重的达 45.1 吨，相当于 9000 多个体重为 100 斤的人。

没想到老师的资料一补充，引起了学生的广泛疑问：既然铁牛这么重，它怎么会被洪水冲走的呢？疑问、真实而强烈的问题意识，恰恰是学生在课堂上的一种精神诉求。满足这种精神诉求，无疑有利于学生精神生命的茁壮成长。老师当即调整预设的教学流程，组织小组讨论后开始了全班交流。学生的思维十分活跃：

有的说，从插图可以看出，铁牛的造型不但大而且还挺圆，洪水一来，自然容易滚动；

有的说，铁牛在岸上，岸上到河里有一定的坡度。洪水一冲，岸会滑坡，铁牛极有可能滑到河里；

有的说，铁牛是拴浮桥用的，发洪水时，水猛冲浮桥，浮桥拉动铁牛，就可能将它拉下水去；

有的说，洪水淹没了浮桥和铁牛，滚滚泥沙就会使铁牛慢慢地滑向河里；

……

这次学生精神诉求的满足，极大地激发和调动了学生表达思考、表达见解、表达情感、表达困惑、表达想象、表达创意的愿望和冲动。于是，在全课教学行将结束的时候，又有学生提出了"怀丙的方法需要改进"的见解。应该看到，学生的精神诉求中，蕴含着极大的生命潜能和创新活力。教师的明智之举，在于尽可能地满足学生的这种精神诉求，真正将课堂中的话语权毫无保留地还给学生。对于改进怀丙的捞法，学生充分发挥自己的想象力和创造力，提出了一个又一个闪烁着真知灼见的建议：

如：将泥沙换成人。开始时，人都站在船里。铁牛拴住后，再弄些小船，人全到小船上去。这样，既避免了把泥沙弄到黄河里，又捞起了铁牛。

又如：将泥沙换成水。因为水不仅有浮力，也有重力。先将黄河水舀到船里，等到拴住铁牛后，再将水抽到黄河里。既方便，又不污染黄河。

还如：可以用沙，但不必从黄河里铲沙。只需增加两只船就可以了。先把装满泥沙的船划到铁牛沉没处，拴住铁牛；然后让另外两只船靠上去，将沙铲到空船里；接着用这两只装满沙的船再去捞另外的铁牛。如此循环，就能将全部铁牛捞上来。

假如没有学生的精神诉求，假如学生的精神诉求不能得到充分的满足，我们怎么可能分享到如此绝妙的主意和主意背后的种种自豪和愉悦？

总之，消解课堂上的话语霸权，消解课堂上的话语中心，让每个学生都成为一个自由自在、无拘无束的话语者，满足每个学生来自心灵深处的精神诉求，这是诗意语文应有的追求。

（四）唤醒生命是诗意语文的境界

诗意语文，应是一种充满生命活力、闪耀生命光华的语文。学生的精神生命，是一个由无明到觉悟的过程。这个过程，需要教师不断的唤醒。

拿《爷爷的芦笛》一课来说，学生与文本对话的过程，就是教师不断唤醒学生精神生命的过程。

（1）唤醒鲜明的视像

师：爷爷的芦笛是什么样的，你们读懂了吗？

生：我读了课文知道芦笛是什么样的了。"一张普普通通的苇叶，经爷爷三折两卷，就成了一支芦笛。吹奏起来，曲调是那样婉转悠扬，还带着一股股浓浓的海水味。"芦笛是用芦苇的叶子做的，吹出来的曲调婉转悠扬，很动听。

生：课文中还有一句话也是写芦笛的。"爷爷折下一片苇叶，做了一支芦笛。清脆的笛音传得很远，招引来好些海鸟，在大海边飞来飞去。"读到这里，我知道了芦笛和我们平时见过的竹笛、竖笛完全不同，它的材料很普通，做法也很简单，但是声音却很清脆。

生：我还从课文的插图中看到了芦笛的样子，爷爷吹的就是一支用苇叶做成的芦笛。可惜，图中我们只能看到它的样子，却听不到它的声音。

（2）唤醒真切的感触

师：关于芦笛的样子，看来大家已经比较清楚了。但老师想说，爷爷的这支芦笛你们真的读懂了吗？老师想请大家再读读描写芦笛的这两段话，然后请你们谈谈从中都感受到了些什么。（学生自由朗读。）

生：从这两段话中我体会到了芦笛的曲调婉转悠扬，连许多海鸟都被动听的笛声吸引来了。

生：我感到爷爷的心灵手巧。一张普普通通的苇叶，经爷爷三折两卷，就成了一支芦笛。我想要是换了别人，就不一定能做成。

生：我感受到爷爷是长期生活在海边的，他和海边的一切都有着感情。他很喜欢吹芦笛，而且吹奏芦笛的技巧很高超。

（3）唤醒优美的想象

师：是的，芦笛是和爷爷紧紧地连在一起的。海水、海鸟、芦苇、芦笛，还有爷爷，一幅多美的画卷呀。老师想请一位同学美美地读读这两段话，同学们边听边想，你的眼前仿佛出现了一幅怎样的画面。（指名配乐朗读。）

生：我仿佛看到爷爷站在海边，遥望着大海，深情地吹奏起芦笛，笛声婉转悠扬，唤来了许多海鸟，笛声和海鸟的鸣叫声汇成了一曲美妙的音乐。

生：我仿佛看到了爷爷轻轻地折下一片苇叶，三折两卷就做成了一支精巧的芦笛。爷爷把芦笛放在唇边，轻轻地吐了一口气，那悠扬而清脆的笛音便传了出来。

生：我仿佛看到在一个恬静的夜晚，爷爷带着强强来到海边做芦笛。仿佛听到婉转悠扬的笛声在大海上回荡。礁石上的海鸟越聚越多，它们大概都是被笛声吸引过来的，听得如痴如醉。

生：爷爷的笛声清脆悦耳、美妙绝伦，真可谓"此曲只应天上有，人间能得几回闻"。瞧，就连天上的星星也在眨着眼睛侧耳倾听呢。

（4）唤醒飘逸的情怀

师：多美的情景呀。让我们一起轻轻地走进这优美的画面——（音乐响起，学生齐读这两段课文。）同学们，此时此刻，假如你就置身在大海边，你也跟着爷爷学会了吹奏芦笛，那么，你想吹一首怎样的曲子呢？

生：我想吹一曲《大海啊，故乡》。因为这首曲子最能表达我对大海的喜爱之情。

生：我想吹一曲《海鸥，海鸥，我们的朋友》。因为这首曲子和课文的景象十分相近。

生：我认为站在海边，看着眼前蔚蓝的大海、翱翔的海鸟、飘荡的芦苇，想吹什么曲子并不重要，可以自由自在地任意发挥。想吹什么都行，芦笛无腔信口吹。

（5）唤醒深藏的意味

师：那么，课文读到这里，你觉得爷爷的芦笛是一支怎样的芦笛呢？

生：爷爷的芦笛是一支美妙的芦笛。

生：爷爷的芦笛是一支神奇的芦笛。

生：爷爷的芦笛是一支迷人的芦笛。

生：爷爷的芦笛是一支幸福的芦笛。

生：爷爷的芦笛是一支让人终生难忘的芦笛。

生：爷爷的芦笛是一支有着生命活力的芦笛。

每一次唤醒，都使学生的精神生命流光溢彩；每一次唤醒，都使学生的精神生命走向精彩。是的，我们应当牢记，语文是人的主观感受的表达，是内心情感的流露，是个人见解和智慧的展现。语文教育的真正价值在于引领学生获取这种感受、体验这种情感、理解这种见解、转化这种智慧、积淀这种文化，最终形成自己丰富的精神生命。因此，诗意语文的挥洒过程，是学生精神享受的过程，是为学生的精神生命铺垫底蕴的过程。

（五）复活感性是诗意语文的策略

诗意语文，不是知识的堆砌体，因为它不用概念和命题说话。诗意语文用形象作词，用感情谱曲。诗意语文看上去是一幅幅多姿多彩、形象鲜明的画，读出来是一首首情真意切、感人肺腑的歌。

小学阶段的学生，其精神的发展正处于感性时期。他们大多是形象观照长于抽象演绎，情感体验胜于理性把握，直觉顿悟优于逻辑分析，想象再现强于实证推理。这一时期的学生，是在大量接触感性的语文材料、参加感性的语文实践活动中掌握语文的。说白了，他们是在读书中学会阅读的，是在习作中学会作文的，是在口语交际中学会听说的。靠传授大量抽象的语文知识，是决计培养不出良好的语文素养的。

在语文课上，词语教学是最容易滑向纯理性分析的泥坑的。但《黄河的主人》一课的教学，在复活词语的感性内涵方面，却做了有益的探索。

初读课文后，老师通过课件呈现出六个新词：羊皮筏子、艄公、竹篙、波浪滔滔、惊涛骇浪、如履平地。

他先让学生在小组内部互相交流一下自己对新词的理解，接着组织全班交流，并在交流过程中不失时机地加以点拨和引领，以广化、深化、敏化、美化学生对词的语感：

对"艄公"一词，老师先让学生说说艄公指的是怎样的人，接着让学生想象一下艄公的模样，最后通过课件呈现艄公的特写镜头。

对"如履平地"一词，老师先让学生说说"履"是什么意思，然后顺势解释了"如履平地"的意思，接着让学生读读课文中带有该词的句子，让学生说说"如履平地"在课文中具体讲的是什么。

对"惊涛骇浪"一词，老师先让学生逐字说说意思，然后连起来说整个词的意思。接着，老师问：由"惊涛骇浪"这个词，你们还想到了哪些相似的词语？学生中有说"波浪滔滔"的，有说"浊浪排空"的，有说"汹涌激流"的。老师接着追问：读着这些词语，你的眼前仿佛出现了怎样的画面？学生的想象非常丰富：

有的说：我去过黄河，看到过壶口瀑布，就像书上的那幅彩图一样。黄河滚滚、波浪滔天、奔腾咆哮、震耳欲聋。看到一排排巨浪向岸边扑来，真让人害怕。

有的说：读着这些词语，我的脑海里浮现出这样的诗句，乱石穿空，惊涛拍岸，卷起千堆雪。

有的说：我仿佛看到巨浪一个接着一个向前翻滚，浑浊的黄河水打着巨大的漩涡，好像要吞下一艘艘小船。

……

对"竹篙"和"羊皮筏子"，老师则播放一段录像，让学生看看黄河上真实的羊皮筏子和竹篙。

掌握了这些词语的感性内涵，老师让学生依据这六个新词，结合课文内容，说说仿佛看到了一位怎样的黄河艄公。

生1：我仿佛看到一脸黝黑的艄公，在波浪滔滔的黄河上，勇敢地用竹篙驾驶着羊皮筏子如履平地。

生2：我仿佛看到一位饱经风霜的艄公，撑着竹篙，驾着羊皮筏子，凭着勇敢、智慧、镇静和机敏，战胜了惊涛骇浪，在波浪滔滔的黄河上如履平地。

生3：我仿佛看到一艘羊皮筏子在黄河的汹涌激流中出没着，随时都有可能被惊涛骇浪打翻。但一位勇敢而镇静的艄公，灵活自如地用竹篙操纵着羊皮筏子，如履平地，真让人惊心动魄。

……

复活感性，就是说，感性是学生本有的，教师之功在于激活、唤醒和调取这种本有的感性。复活感性，就是要让学生动用自己的感受、视像、想象、情感、直觉、灵性甚至下意识、潜意识等，去感受词语的气息、去触摸词语的肤温、去聆听词语

的声音、去掂量词语的体重、去把握词语的脉动和心跳。诗意语文，就是复活学生感性生命的语文，就是让感性和理性趋向融合、求得平衡的语文。

（六）启迪智慧是诗意语文的神韵

诗意语文，呼唤一种高智慧、大智慧的观照和统领。诗意不是知识的堆砌，而是智慧的结晶。所谓知识，那是看见一粒沙子就是一粒沙子，欣赏一块石头就是一块石头；所谓智慧，它看见的不仅仅是这粒沙子，更是这粒沙子背后的一个个缠绵悱恻的故事，它欣赏的不仅仅是这块石头，更是蕴含在这块石头中的一个个鲜活赤诚的灵魂。

盛新凤老师执教《卢沟桥的狮子》，其中有这样一个教学片断：

她先让学生有选择地读一读文中"写卢沟桥狮子"的文字，然后组织全班交流：你觉得哪一句特别好特别精彩，就读这一句。举手的孩子特别多，当时她看到一个胖墩墩的孩子手举得特别高，就把他叫起来了。谁知那孩子是一"愣头青"，站起来就说："老师，我什么都没读，我就理解了这个省略号。"

课堂一下子就僵在那里了。这不抬杠吗？明明叫你读特别好特别精彩的语句，好嘛，你一站起来就说我什么都没读。没读，你举手干什么？但是，这恰恰就是生发智慧的最佳时机。盛老师既没有让学生简单地坐下，更没有怒斥学生的调皮捣蛋，而是欣然接受孩子的这一回答，并且真诚地对学生说："你能跟大伙儿说说你是怎么理解这个省略号的吗？"

那"愣头青"一听，特来劲儿，说："老师，我知道这个省略号省略了很多东西，那里的狮子其实还有很多样子。"盛老师于是因势利导，说："你说得很好，看来你是真读懂了这个省略号。是啊，省略号说明卢沟桥上的狮子还有各种样子，我们一起来想想看，还可能出现哪些狮子呢？"

这个时候，课堂上精彩纷呈：有的说，好像有小狮子爬在老狮子的身上给它抓虱子；有的说，一头小狮子抬着头望着蓝天，望着白云；有的说，一头小狮子在母狮子怀里撒娇，它被另一头小狮子欺负了，母狮子正在安抚她的孩子……

最后，盛老师总结道："如果我们展开想象，卢沟桥上狮子的样子一定还有很多很多。但是这些作者都没写，把它们变成了省略号。这就叫——言有尽而意无穷。"

在这里，我们看到了一种智慧、一种四两拨千斤的智慧、一种在突变状态下精彩生成的智慧。学生因为急于表现自己而游离了教学预设的思路，教师则顺势而为，化被动为主动，动态生成了一个精彩纷呈的教学现场。诗意语文，太需要这样的智慧了。

我们需要关于生命和心灵的智慧，在面临知识爆炸的时候，明晰学习知识的根本目的是什么，来指导人生道路。我们需要一种以人类作为终极目标关怀的智慧，以使知识不至于成为毁灭的魔咒，而是一种人类的福音。我们需要语文的实践智慧，这种智慧让我们的语文拥有一种真正内在的力量。我们需要一种高效猎取的智慧，能够在语文的广阔海洋中，采撷到闪亮的文化贝壳。我们需要一种理性至上的批判性智慧，避免外在和内在的错误。我们需要一种随机应变的生成性智慧，能解决语文内外的各种结构性冲突，并将内外各种资源实现最优化。我们需要不断超越的创新智慧。

王崧舟在祖籍绍兴王坛镇上王村王氏祠堂
（摄于 2005 年）

诗意语文，是我们孜孜以求的精神家园。我以为，寻找自己的精神家园，就是安顿我们的灵魂；寻找自己的精神家园，就是听从发自我们灵魂最深处的召唤；寻找自己的精神家园，就是走向清静的彼岸净土；寻找自己的精神家园，就是清除文明给我们的灵魂蒙上的厚厚的尘土，让我们自然、真诚、鲜活的天性充分展现出来。

人的诗意栖居，正是这种天性的自然流泻。

如果说，栖居意味着现实主义，那么，诗意就是一种浪漫主义的情怀；

如果说，栖居意味着物欲的满足，那么，诗意就是一种精神的追寻；

如果说，栖居意味着采菊东篱下，那么，诗意就是一种悠然见南山的境界；

如果说，栖居意味着路漫漫其修远

兮，那么，诗意就是一种吾将上下而求索的信念；

　　如果说，栖居意味着入世，那么，诗意就是一种出世的胸襟；

　　如果说，栖居意味着理性，那么，诗意就是一种激情的投入；

　　如果说，栖居意味着对生命的执着，那么，诗意就是一种超脱之后的自在和圆融……

　　没有栖居，何来人生？没有诗意，何来真正的人生？

三、行吟在"诗意语文"的路上

　　仿佛是一种宿命，我注定要和诗意语文相遇。

　　张爱玲在小说《爱》中有这样一段描写："于千万人之中遇见你所遇见的人，于千万年之中，时间的无涯的荒野里，没有早一步，也没有晚一步，刚巧赶上了，那也没有别的话可说，唯有轻轻地问一声：'噢，你也在这里吗？'"我想，自己和诗意语文的相遇，大概也是这样一番深切的感慨吧。

（一）序曲：缘起一堂课

　　2004 年 9 月 18 日，为庆祝《小学语文教师》创刊 200 期，应编辑部邀请，我在上海浦东尚德实验学校执教《一夜的工作》。该课在现场引起了强烈震撼和反响，有人问这样的语文课怎么形容，我说就叫"诗意的语文"吧。

　　同年底，山西教育出版社要出版我的教学专著，我就以"诗意语文"来总结自己的教学思想。这样，我就在小语界正式提出了"诗意语文"的主张。

　　从此，诗意语文成了我职业生涯的美好愿景和信仰。我在诗意语文的道路上孜孜矻矻、上下求索，享受着一路行走中的风雨和阳光。围绕着诗意语文的实践和探索，我先后在全国 29 个省份开设观摩课 1000 多节次、讲座 600 多场次，出版《诗意语文——王崧舟教学思想与经典课堂》《诗意语文——王崧舟语文教育七讲》《王崧舟讲语文》《听王崧舟老师评课》《诗意语文课谱——王崧舟十年经典课堂实录与品悟》等学术专著，在省级以上公开刊物发表论文 220 多篇。

　　我们还先后组织策划了三届"全国诗意语文教学观摩研讨会"、三届"全国诗意

全国第二届诗意语文实践策略研讨会

语文实践策略教学观摩研讨会"，现场受众达一万余人。2009 年，我们依托山东济南师范学校，成立了"全国诗意语文研究与发展中心"，在不到两年的时间内，中心发展了 87 所实验学校，刊发了 4 期《诗意语文会刊》。在诗意语文理论的指导下，王自文老师执教的《古诗两首》荣获全国第六届小学语文青年教师阅读教学观摩活动一等奖、王春燕老师执教的《猴王出世》荣获全国第八届小学语文青年教师阅读教学观摩活动一等奖、罗才军老师执教的《伯牙绝弦》荣获全国第九届小学语文青年教师阅读教学观摩活动特等奖。冯铁山教授等人为主编、我为顾问的《诗意语文学本》也于 2007 年由广西教育出版社出版发行。

诗意语文，成了新一轮课程改革中诞生的有着广泛影响力的语文教学流派。

诗意语文的形成，看似偶然，深究起来其实有着诸多因缘。

从历史的因缘来看，中国是一个诗的国度，诗教有着悠久传统，"不学诗，无以言"。语文如果舍弃诗和诗教，甘以"工具"自居，势必苍白屡弱；汉语文的精华承续，势必断流。因此，让诗意在语文课堂流淌，是历史赋予当代语文课程改革的文化使命。

从时代的因缘来看，在物欲横流、急功近利的大潮流面前，语文课程的文化语境早已变得苍白，丰富的生命体验则已成为某种奢侈。超越功利、回归心灵业已成

为时代对教育的深情呼唤，诗意语文从根本上说是对教育的精神返乡的一种回应。

从学科的因缘来看，长期受困于应试教育体制的语文教学，要么偏执于思想性，要么抓住实用主义不放，要么奉知识体系若神明，把原本诗意盎然的语文教学拆解成毫无美感的思想灌输和工具训练，致使学生对语文学习毫无兴趣和感觉。诗意语文的探索，实质上是对语文本真和本色的自觉回归。

因缘一旦成熟，任何风雨都无法阻挡诗意语文之花的绽放，在江南，在课程改革的四月天。

（二）行板：从审美到审智

诗意语文自草创迄今，大体上经历了三个阶段。

第一阶段：朦胧的激情。这一阶段的诗意语文，以《一夜的工作》为代表。在邂逅课堂激情的高峰体验之后，我欲罢不能，视激情为语文课堂的最高价值，教学往往以情感为突破口、以情感为主线、以情感为语文教学的主攻目标，以课堂是否感动人心为衡量教学效果的核心尺度，所以那时也有人称我为"情感派"的代表人物，但这个阶段对"情"尤其是"激情"的课程解读、生发机制、理论基础、实践原则、操作范式等，处于一种"知其然而不知其所以然"的朦胧状态。

第二阶段：去激情化。这一阶段的诗意语文，以《两小儿辩日》为代表。一方面，我被外界"激情泛化导致语文弱化"的批评所困扰；另一方面，对课堂上一再点燃的激情体验产生了某种审美疲劳。于是，在那些对外依然号称"诗意语文"的课堂上，我开始有意无意地淡化激情、回避激情，甚至人为地压抑本该自然生发的教学激情。历史地看，去激情化在某种程度上拯救了诗意语文，它使诗意语文更像语文、更具语文味，它满足了人们呼唤语文坚守自己"独当之任"的课程诉求。

第三阶段：激情的协奏。这一阶段的诗意语文，以《慈母情深》为代表。如果说"朦胧的激情"是诗意语文在课改狂热期所表现出来的某种媚俗，那么，"去激情化"则在去狂热之魅的同时又不幸成了另一种意义上的媚俗。当媚俗成了某种定势时，恰恰是诗意语文丧失自己的本真和立场的时候。物极必反！于是，在对激情的肯定和否定之后，我再次回归了生命的激情状态。这状态，是植入了自觉反思和理性沉思之后的澄明，是真正确立了自己的课程立场和价值取向之后的义无反顾，它与媚俗无关、与狂热绝缘。此时的诗意语文，依然深情款款、激情满满，但，这情

王崧舟参加中央电视台"实话实说"栏目拍摄（摄于 2007 年）

早已自觉地扎入了语文的大地，早已心甘情愿地承载起语文的"独当之任"。它有了清醒的课程边界意识，却如实地追寻着语文的审美之道。

在三个阶段之后，诗意语文开始了不同课程维度的多元化探索。以《枫桥夜泊》为代表，我们搭建了一个文化为经、意象为纬的古诗教学网架，深化了诗意语文课程载体的研究；以《去年的树》为代表，我们抓住语用学习这条主线，融内容感悟、情感陶冶、学法渗透于一体，彰显了诗意语文课程本体的研究；以《孔子游春》为代表，我们在学情视角下重构了教学范式，实现了学科逻辑和心理逻辑的无痕对接，开始了诗意语文课程主体的研究。

回顾诗意语文三个阶段的演变、三个维度的探索，我们不难发现，诗意语文的核心和灵魂有且只有一个字："情"。有人叹曰，诗意语文怎一个"情"字了得！如果说，在流派林立的语文教育界，诗意语文依凭何种"课程元素"得以安身立命，以何种"课程标识"有别于诸多流派，那么，我想就是一个"情"字了。此情非彼情，它有着审美的品格、语文的特质、理性的积淀、生命的关切。此情亦彼情，它一定在情境中被激发，一定关乎个体的内在体验，一定是整体的生命律动，一定折射出相应的态度和价值皈依。

（三）主歌：诗性·审美·游戏·陶冶

作为一种教学流派，毫无疑问，价值问题是诗意语文的首要问题，也是最为核心的问题。丢了价值的憬悟，就是丢了诗意语文的魂。诗意语文的价值守望，主要体现在以下四个方面：

（1）从本体的角度看，诗意语文更强调汉语的诗性品质

汉语的诗性品质，集中表现在它"以象见意的诗性特征"（辛国刚），它是中国诗性文化的终极表达，也是汉语有别于印欧语系的根性特征。

汉字是汉语诗性品质的基因。象形是汉字诗性品质的基础表征，"每个汉字都像一张充满感情向人们诉说着生活的脸"（诗人郑敏），用语言学家范诺洛萨的话说，汉字充满动感，不像拼音文字被语法、词类规则套死；汉字的结构保持了与生活之间的隐喻关系；汉字排除了拼音文字无生命的逻辑性，充满感性色彩。

汉语同样感性郁郁，在表达人的内心感受和体验上比拼音文字要直接、自然。汉语没有冠词，无位格、时态、语态等变化，不用或者少用连接词，在语法上比逻辑严密的拼音文字要灵活自由得多，王力先生认为："西洋人做文章是把语言化零为整，中国人做文章几乎可以说是化整为零。"汉语能"随物赋形"，重"意合"而轻"形合"，更接近人的瞬间体验而非理性思维。

诗意语文强调汉语的诗性品质，旨在更好地实现语文教育的民族化。

（2）从载体的角度看，诗意语文更重视文本的审美解读

文本解读从总体上看，大致存有三种方式，即：功利解读、科学解读和审美解读。功利解读以了解和掌握文本提供的有用信息和知识为己任，科学解读则以探寻和发现文本的客观规律为己任。审美解读，与上述两种解读方式大异其趣，它以观照和体认文本的情感境界为旨趣，最终走向自我理解。

这是由语文课程的载体特征所决定的。不可否认，"文学作品"是语文课程的主要载体。曹明海先生指出，文学是感情的产物。在文学解读中，必须切实把握文学感情化的特性和规律，着力于作品中"情化的自然"的审美透视。

姚斯指出，文学作品并不是一种"自在之物"，而是"为它之物"。因此，审美解读是将文本从静态的物质符号中解放出来，还原为鲜活生命的唯一可能的魔术。但是，审美解读并不需要对作品原意的复原，也无法复原，而"需要一种创造性的

审美态度"（王岳川）。

审美解读，不仅关注文本的审美内容，同样关注它的审美形式，诸如文本语言的形象美、情韵美、意境美、建筑美、音乐美等。审美解读，为语文教育的审美化奠定了方法论的基础。

（3）从主体的角度看，诗意语文更关注儿童的游戏天性

席勒认为："人只有在充分意义上是人的时候，才游戏；而只有当人游戏的时候，他才是完全的人。"儿童的游戏天性，使他们比成人更容易进入"全人"的状态，这种状态，是不计功利、剪除压力的自由状态，是全然进入、全心投入的忘我状态，是无中生有、化虚为实的想象状态，是物我同一、主客双泯的解脱状态。这样的状态，实为诗意的状态。

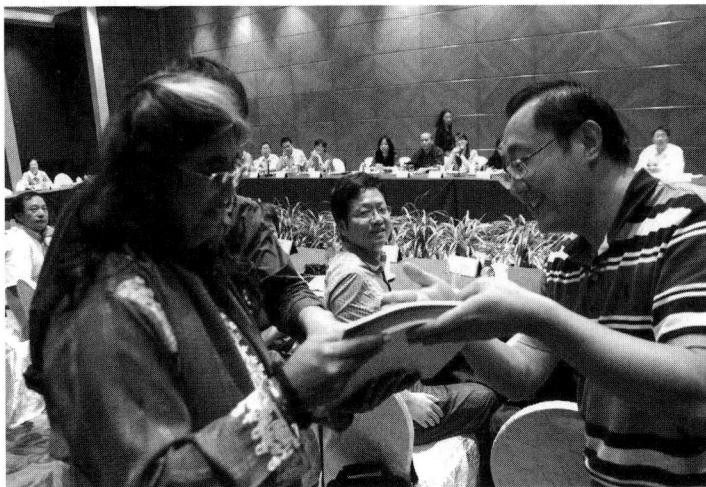

王崧舟在"中国大运河申遗"考察会上
向国际申遗专家莉玛·胡贾女士赠送学校校本课程《我与运河》

语文教育，正是要顺应和牧养儿童的这种游戏天性，苏霍姆林斯基曾不无感慨地指出："游戏——这是一扇巨大的、明亮的窗子，正是通过这扇窗子，关于周围世界的图景、概念的令人赏心悦目的光流，才照射到了儿童的精神世界。游戏——这是点燃儿童的求知欲和钻研精神的火星的火种。"

诗意语文，它的丰富的言语想象、多彩的情感体验、灵动的对话交流以及高度的精神投入，无不在某种意义上契合了儿童的这种游戏天性，而对这种游戏天性的

顺应、引导和牧养，将成为儿童言语人生乃至诗意人生的一抹温暖的亮色，这也是语文教育儿童化的秘密配方。

（4）从道体的角度看，诗意语文更讲究对话的陶冶功效

事实上，课堂教学中的师生是互为主客体的关系，这种互为主客体的结合和超越便是道体。学者谭维智认为："教学不是工艺，而是哲学，是艺术，是诗篇，是思想与思想的碰撞，是心灵与心灵的交流，是生命与生命的对话。"

从教学道体的角度看，语文教育的形象性、情感性、人文性、思想性、实践性等，都是其进行生命陶冶得天独厚、无与伦比的条件和优势。

语文教育是师生生命的一段重要历程，并且作为过程将对师生生命的成长产生深刻意义。而这种生命的成长，主要是通过对话的方式得以实现的。对话具有多种功效，诸如启迪、唤醒、激励、构建、协调、灌输等，诗意语文从生命成长和母语习得的视角出发，更讲究对话的陶冶功效。

陶冶性对话，强调理解言语生命，回归言语生活，融入言语情感，激活言语体验、丰富言语想象，培植言语人格。

诚如潘新和先生所言："语文教育的整个过程就是致力于帮助学生了解并建立人的生命活动和言语表现之间的紧密联系。"陶冶性对话，正是语文教育生命化的一个必然选择。

（四）复调：诗意语文的三个维度

文本诗意、教学诗意和主体诗意是诗意语文的三个基本维度。诗意语文拒斥一切教育实践的程式化、套路化，诗意本身所蕴含着的灵动、超越的情味，昭示着诗意语文永恒的开放姿态和包容情怀。

（1）起点——文本诗意的阐释与重构

诗意语文的实践智慧，始自对"文本诗意"的阐释和重构。文本诗意，往往就是那些"人人心中有，个个笔下无"的言语秘妙，它可能是某种言语表现形式，也可能是动人的情感、独特的思想、深刻的哲理、重要的信息，或者形式与内容两者兼得，但所有的这一切都只能存身于"不朽的文字"。

①诗意的话语形式

诗意的话语形式，意指文本中那些独特的、有机的、充满着情感意义的话语存

在。这类话语具有以下一些基本特征：第一，它往往通过语言的陌生化处理和加工，使语言本身得到"突出"；第二，它"尽其所能地挖掘了语言的所有潜力"（南帆），例如声音、节奏、韵律、排列组合方式等，使之成为一个有机的形式；第三，它有着审美含量极高的情感意义和价值，它的形式又能有效地唤起这种情感意义和价值。从教材实际看，诗意的话语形式可以分成三类：

第一类是诗歌。如李白的《送孟浩然之广陵》、纳兰性德的《长相思》、艾青的《希望》、泰戈尔的《对岸》等。

第二类是美文。如朱自清的《春》、郑振铎的《鸬鹚》、琦君的《桂花雨》、巴金的《鸟的天堂》等。

第三类是嘉辞。散见于诗歌、美文之外的其他文本中，或是一个词，或是一句话，或是一段文，具有诗意话语的基本特征。如梁晓声《慈母情深》中的这样一段话：背直起来了，我的母亲。转过身来了，我的母亲。褐色的口罩上方，一对眼神疲惫的眼睛吃惊地望着我，我的母亲……

从陌生化的角度看，这段话语有两个特点，第一，"我的母亲"连续出现三次；第二，"我的母亲"以后置的方式出现。这样的话语表达，是对日常语言的一种明显的偏离和反抗，能有效地吸引读者的目光驻留到这样一种异乎寻常的话语形式上。从语言潜力显性化的角度看，则排比的句式、长短句的参差错落、一唱三叹的语言节律，以及省略号的绵绵韵味，使这个语段恰似一首短小精致的诗的存在。而其中蕴含着的慈母神态以及由此折射出来的慈母深情，显然有着极高的审美含量。母亲在极其疲惫的劳作中艰难转身的这个细节恰如朱自清先生刻画的父亲的背影，成了表达至爱亲情的一种诗意符号。

②诗意的典型意象

意象一词，最初具有对物体作自然模仿所形成的视觉意义，即通常所谓"形象"。在心理学中，意象指"意识中再现的形象"。用意象派诗人庞德的话来说，意象就是表现"一种在瞬间呈现的理智与情感的复杂经验"。意象不仅是一种描写，而且是一种隐喻，即该意象代表、暗示了某种不可见的"内在"的东西。中国的诗学理论也强调意象是内在之意与外在之象的交融。

而诗意的典型意象，旨在强化和突出这种意象的审美意义和价值。从教材情况看，诗意的典型意象包括"景物意象""事件意象""人物意象""动物意象"等。

如：《丑小鸭》中"丑小鸭"这个动物意象，就是一个充满诗意的童话典型。作家梅子涵对"丑小鸭"这个意象有过这样一番充满诗意的阐释：

丑小鸭变成了一只天鹅，首先在于他逃离了鸭场。面对鸭场里一天糟于一天的生活，他只能惹不起还躲不起了。他"飞过篱笆"，飞过篱笆对他的一生起到了决定性的作用。

这是一个转折。否则他会一辈子待在鸭场里。看别人的脸色，听别人闲言碎语，让别人推一把，啄一下，说你长得这么丑。

道路在篱笆的外面。道路又通向了后来的湖。在路上小鸭是辛劳的也是艰难的，但是艰辛的路使他通往了湖。篱笆里面是不幸，道路是过程，湖是结局。

湖上的喜剧解释了飞过篱笆的意义，在湖上，小鸭有了施展的机会，有了表现自己的本性、自己的真正的身份、自己的美丽的机会，因为他的同类们就在他的边上，美丽的发现是需要印证的，需要标准，湖上的白天鹅就是小鸭的印证，就是小鸭被证实为不是小鸭的标准，丑成了误会。

美丽成了丑，是由于篱笆的限制；丑成了美，是由于走出了篱笆。

从这段阐释看，诗意的典型意象，首先是充满着诗意的丰富的细节的，离开了感性的细节特征，意象只是一个朦胧的轮廓而已；其次，诗意的典型意象，往往有着独特的情感意义和价值，给人以丰富的精神启示和慰藉。

③诗意的思想感情

文本诗意本身就包含了情感态度、价值观等人文性方面的元素。钱理群先生曾对此作过这样富有诗意的描述：在这里，你们将倾听：对人生万象、宇宙万物深切的关注，深邃的思考；对彼岸理想美好的想象，热情的呼唤；对此岸人的生存困境的痛苦的逼视、勇敢的揭露。于是，这里有高歌，有欢笑，也有哀叹与呻吟。你们将触摸：集中了人世大智大勇的高贵的头颅，融会了人间大悲悯、大欢喜、大憎恨的博大情怀的颗颗大心。你们将在有声有色、有思想、有韵味的语言世界里流连忘返，透过美的语言你窥见的是美的心灵、美的世界。

我们说，诗意的思想感情，是一种悲悯良善的同情之心，对生命、对世界、对生活充满了垂爱和怜惜；是一种生命不息、梦想不止的浪漫情怀，它有无限美好的憧憬和遐想，以此来慰藉人生的伤感和孤苦；是一种使学生爱之不尽、流连忘返的情趣；是一种使学生思之无穷、味之无极的情味；是一种含蓄而微妙、只可意会难以言传的意蕴；是一种纯真而飘逸、崇高而坚定的精神；是一种使学生幽思绵绵、浮想联翩的情绪；是一种激励生命去欢腾、去烦恼、去憧憬、去悲伤的力量；是一种让心灵不断净化、人格不断升华的境界。

如张洁的《我盼春天的荠菜》，文章最具特色之处就是弥漫于其中的"精神的苦难比物质的苦难更为可怕"的独特的思想和情感——这是博大、深刻的人文主义精神。如安徒生的《卖火柴的小女孩》，在引发我们对贫苦、对孤独的深深同情之时，也使我们诗意地感受到梦想对人生痛苦的超越的意义和价值。类似这样的诗意思想、诗意情怀，是可跨越时间、空间、历史、民族乃至意识形态的种种阻隔而成为人生永恒价值的。

④诗意的思维方式

隐含在诗意言语形式背后的，往往是诗意的思维方式。诗意的思维方式，在很大程度上取决于修辞思维能力。诸如：比喻、排比、夸张、对偶、层递、拈连、通感、衬托、反问、拟人、同语、追加、抵牾等。

修辞思维能力，指的是对言语交际效果的预期和关注的能力，是为了追求预期效果而必须具备的语境认知能力和变异创新能力。因此，修辞在本质上是创新、求异的思维品质，是个性化、意图化的认知方式，是载意、求效的行为过程，"是审美化、智慧化的生存运行"（张宗正）。文本诗意的根，不在语言层面，而在思维层面、精神层面。

以"比喻"为例，作为语文课程中最常见的一个修辞格，从表面上看，它不过是一种修辞行为，但是，从深层次看，则是一种诗意化的思维方式。譬如：

一本你喜爱的书就是一位朋友，也是一处你随时想去就去的故地。

——尤安·艾肯《走遍天下书为侣》

倘从科学思维的角度看，书是无论如何不能跟朋友归为一类的，故地也同样。理由很简单，书只是"装订成册的著作"（《现代汉语词典》），毫无任何的生命特征，跟"朋友"扯在一起，简直就是风马牛不相及也。

那么，将书和朋友、故地连在一起，显然突破了科学思维的窠臼。这种突破，背后支撑着的就是诗意的思维、诗性的智慧。对此，我们不妨加以简单的分析。首先，我们很容易看出，将书和朋友连在一起，使用的是类比联想的思维方式。这种思维，是由对主体产生当前刺激的事物现象（书），激活主体记忆中与其在外观、内

构、性质、形状、变化、作用等方面（书和朋友都具有"精神上的归属感"、"愿意经常见面"、"能经常有新的发现和感受"等性质）有共同性、相似性或一致性的事物现象（朋友）的心理历程。顺着这样的思维方向，你还可以说：一本你喜爱的书就是一首百听不厌的乐曲、一幅含蓄蕴藉的画、一轮明月、一程山水、春天、鲜花等。这种诗意思维、诗性智慧，从根本上改变了人的生存方式和生命品质。

总之，文本诗意，乃是语文学科赖以处世立身的根本，赖以有别于其他学科的全部特殊矛盾之所在。也因此，文本诗意理所当然地是语文教育最重要的课程目标和教学内容。

（2）过程——教学诗意的涵养与创生

诗意，或可解读为"诗一样的意味"。这一解读，隐含了三层要义：第一，诗意是一种隐喻表达，诗不过是个喻体；第二，诗性才是联结喻体和本体的纽带，缺乏诗性的诗是没有资格充任喻体的；第三，具备了诗性的本体，才富有诗意。

那么，何谓"诗性"呢？在语言学的视野下，学者马钦忠的界定颇为可取，诗性即"独特的、有机的、整体性的，深含着情感价值"。

实践证明，"独特的、有机的、整体性的，深含着情感价值"，这些所谓语言的"诗性"，同样能够成为语文教学设计和实施的重要尺度和坐标，实践的课堂一样可以洋溢诗意的气象和神韵。

①整合与融入——开掘教学目标的诗意

语文教学目标，关涉多种元素，其实现的方式更是多种多样。

有些目标，落实一个是一个，相互之

王崧舟与日本著名教育家佐藤学先生在一起

间各不搭界，此所谓"点式"的落实；也有些目标，前后之间存在紧密的逻辑关联，需要一个挨一个的逐次落实，此所谓"线性"的落实；还有些目标，既非点式，也非线性，而是你中有我、我中有你，各自的实现都同时影响和作用于其他目标的达成，此所谓"网状"的落实。

倘以诗性的尺度观照语文教学目标，则"网状"的实现过程最富诗意。因此，尽可能地将语文教学的知识、技能、习惯、思想、情感、态度等目标编入一张有机的、整体的网，当是诗意语文的一种自觉追求。

如《二泉映月》中的一个目标：

读写并懂得以下新词：茫茫月夜、一泓清泉、流水淙淙、如银月光、静影沉璧、月光照水、蜿蜒而来、水波映月。

这个目标，可以有以下三种实现方式：

第一种，初读检查中的"点式落实"。在初读全文之后，出示上述八个新词，或指名读，或流水读，或集体读，解决正音问题。然后，重点请学生说说对"一泓清泉、静影沉璧、蜿蜒而来"这些相对陌生的新词的理解，甚至还可以将上述新词重新放回课文的相关语句中读一读，体会它们各自在具体语境中的意思。

第二种，随文识词中的"线性落实"。即对上述新词的教学不单列一个环节，而是将它们搁在解读课文的过程之中，随文解词、逐次落实。当然，具体的教学方式可以因词、因文而异。像"如银月光、月光照水、水波映月"可以一读而过，不作驻留；对"一泓清泉、流水淙淙、蜿蜒而来"不妨略加解释，体会意味；而"茫茫月夜、静影沉璧"则须咬文嚼字、细细品味。

第三种，整体语境中的"网状落实"。先请学生从文中找出所有描写"二泉映月"景色的词句，从中选定上述八个新词，呈现时将其做如下排列：

茫茫月夜　　如银月光

一泓清泉　　蜿蜒而来

流水淙淙　　静影沉璧

月光照水　　水波映月

然后，请学生反复诵读这组词语，开始不妨两个词语作为一组读，叫一位读一组，要求读出节奏和味道，最后可以全部连在一起读，读时继续关注读词的节奏和韵味。

接着让学生展开想象，你置身于这样的情景中，看到了什么，听到了什么，你的感受和心情如何。交流之后，可以让学生带着各自的感受和心情再读八个新词。

最后，顺着学生的对美好景物的感受，设置疑问，这景这情对瞎子阿炳来说意味着什么。教学借此转入到精读环节。

试想，哪种目标落实方式富有诗意呢？答案应该是不言而喻的。因此，开掘教学目标的诗意，就是尽可能地为那些貌似"自闭"的目标寻找内在的、深层的意义联系，使之结为一个有机的网状的目标群落。这样一个结网的过程，是需要一种诗意的敏感和想象的。

②陌生与期待——彰显教学结构的诗意

陈钟梁先生曾以一种颇具诗意的方式来描述教学结构的诗意：导言——未成曲调先有情；提问——惊风乱飐芙蓉水；讲述——语不惊人死不休；环节——一枝一叶总关情；过渡——嫁于春风不用媒；小结——似曾相识燕归来；氛围——山雨欲来风满楼。

其实，教学结构的诗意，主要体现于它的"独特性"。对学生而言，每一堂课，都应该成为一个不可复制的唯一的存在。唯其独特，才能引发学生的学习期待；唯其独特，才能不断保持并扩张学生的学习投入；也唯其独特，才能形成各自的教学个性与风格。

在诗意语文看来，"陌生化"则是彰显教学结构诗意的基本策略。"陌生化"源自形式主义学派的文学批评，它强调文学话语所造成的异乎寻常的效应，从而产生话语符号的强烈感知性。移植到教学结构中来，则是强调结构呈现的出人意料、结构转换的意想不到，以此增强教学结构对学生的吸引力和驱动力。

众所周知，教学结构要遵循学生的身心规律和课程的逻辑秩序，但这实在只是形而上层面的一种规约，具体到每一堂课、每一个文本的教学，则是不应该也不可能有凝固的模式、刻板的程序的。充满诗意的教学结构，总是在"熟悉"和"陌生"的两极之间寻求期待的视野和投入的张力。陌生化，总是意味着对教学结构的平庸化和模式化的自觉颠覆。

如我执教的《两小儿辩日》，教学结构大体上表现为这样一个过程：

第一步，探日："理"的寻思。先听写"车盖""盘盂""沧沧凉凉""探汤"四个新词，再探寻"车盖和盘盂""沧沧凉凉和探汤""车盖和沧沧凉凉""盘盂和探汤"这四组词语在辩日语境中的特殊关系，引出辩日这个矛盾的焦点。这个过程，学生不断感受到一种陌生、一种惊讶，他们心中悬疑迭起：干吗要以这种方式听写这四个词语？四个词语以这样一种排列组合的方式呈现究竟意味着什么呢？

第二步，辩日："趣"的体验。围绕文中两小儿辩斗的语段，以四个递进的层次呈现四种辩斗的方式。第一层次，同桌对读，限于字正腔圆；第二层次，同桌演读，复活文字情味；第三层次，师生范读，还原辩斗场景；第四层次，全班辩读，体验角色情趣。每个层次的转换，都让学生意想不到、意犹未尽：啊？原来还能这么辩啊！

第三步，悟日："智"的启迪。通过"小儿"、"孔子"的多重角色置换，感悟各自的内心体验，提升辩斗的思想含量，再以"孔子究竟会不会说"这一悬疑结束教学。王小庆先生在解读这一课境时，曾这样认为：课堂内"最富于孕育性的那一顷刻"（莱辛）被定格，它将课堂文本的不确定性留给了读者，让读者去想象，去完成这件艺术品的终极意义。

③造型与表现——传递教学语言的诗意

诗意语文自然离不开诗意的教学语言，但诗意的教学语言并非只是一味的华丽、绚烂、文学化，那种大段的、话剧式的、独白意味的教学语言，常常是对"诗意"的一种"去诗意"。诗意的教学语言，关键在于它的表现力和穿透力。

语言的表现力，跟语言的造型密不可分。在教学语言中，提问语言、讲述语言和评价语言尤其需要注意造型。充满诗意的语言造型，对学生的影响和感染是潜移默化、伏延深远的。

a. 以"聚焦、强化"为造型的提问语言。比如《慈母情深》中有这样一个提问，第一步，直问学生："鼻子一酸"是种什么感觉；第二步，反问学生：母亲明明已经将钱给了"我"，一元五角，一分没少，一句责怪的话都没有，按理，"我"应该感到怎样；第三步，追问学生：此刻的"我"不但没有丝毫的高兴、丝毫的快乐，相反，此刻的"我"只有伤心、只有难受、只有鼻子一酸的感受，为什么？（稍顿）为什么"我"会鼻子一酸？

b. 以"体认、激励"为造型的评价语言。如学生朗读了《慈母情深》的重点语段之后，老师的评价语言：

"那么长的一段话，你不但没念错一个地方，还读得这样通顺，这样字正腔圆，

可见平时的基本功是相当扎实的。"

"你把自己放进去了，你已经走进了作者的内心世界，你不是在读文字呀，你是在替作者，不，你就是作者，你在向自己的母亲倾诉啊。"

"经你这么一读，这段文字的意思就全明白了，不需要再说明什么了。所以，有了疑问，最好的方法还是读书啊。"

"听得出，你在努力，在一点一点地进步。跟第一次朗读相比，我简直不敢相信自己的耳朵了。"

c. 以"灵动、机智"为造型的讲述语言。如《慈母情深》中，教师跟学生之间有如下课堂理答：

针对文字情感的讲述。当学生读懂了母亲疲惫的神情时，老师说："母亲的眼睛会说话呀！然而，这一切，如今都已经不复存在了。此时此刻，我第一次真真切切地发现，母亲的背不再坚挺，母亲的脸不再红润，母亲的眼睛不再清澈、不再炯炯有神。母亲啊，我的母亲！你怎么会变得如此憔悴、如此瘦弱、如此疲惫？"（稍顿，全场一片静寂）

d. 针对言语知识的讲述。当学生体悟到文中一个排比句表达的情味时，老师说："说得好！这就叫作一语中的啊！第二句呢，尽管意思完全相同，但是，四个表示'立刻'的词不同了，所以，就无法形成一种排比的语势、排比的节奏，所以，那种急促的、忙碌的感觉就被淡化了。是这个理儿吧？"

e. 针对朗读情境的讲述。当学生领会了母亲"塞"钱这个细节时，老师说："有力也罢，慷慨也罢，毫不犹豫也罢，其实都无须再说，因为，它们都已经深深地嵌在这个'塞'字上了。来，让我们读出这个字的深情。"

④渲染与烘托——营造教学氛围的诗意

教学氛围的诗意，主要在于它深含着的情感价值。氛围是一种"场"，氛围的诗意是一种场的效应。在一个诗意的"场"里，教师与学生总是全身心地投入其间，或设身处地，或身临其境，或感同身受，或心驰神往，共同进入一种"审美自失"的精神状态。

如《鱼游到了纸上》的一个教学片断：

第一步："在场"氛围的营造。

师：（课件呈现：哟，金鱼游到了他的纸上来啦！）同学们想一想，假如你当时

王崧舟与著名作家林清玄先生在一起（王崧舟执教林清玄的《桃花心木》）

就在现场，你突然听到这么一声喊叫，你的第一反应是什么？

生：我觉得非常奇怪，鱼为什么会游到纸上来了呢？鱼不是生活在水里吗？我就想过去看个明白。

生：我的脑子里有千万个问号，鱼一离开水就会死的，它为什么还会在纸上游来游去？我也想过去看看。

师：还有谁也想迫不及待地挤过去看个究竟？

生：（纷纷举手）

师：好的，哪位来做这个小女孩？（指名一学生起立）我请她喊这一声，你们注意，做出你们的第一反应。（手指着教室）这是在茶室的后院，这里有好几口金鱼缸，青年就在这儿画画。一开始你们都没注意，东张西望，走马观花。突然，你们的耳边传来这样一声惊奇的喊叫——

生：（朗读）哟，金鱼游到了他的纸上来啦！

生：（其余学生纷纷围到读句子的同学身边，气氛热烈）

第二步："在感"氛围的烘托。

师：（走到学生身边）请问，是什么把你吸引过来的？

生：是小女孩惊奇的叫声。

生：是小女孩对青年画画的惊叹。

师：同学们，你们刚才都说是小女孩的叫声把你吸引过来的，真的如此吗？（稍顿）我们听，假如小女孩的喊声是这样：（课件呈现：哟，金鱼画到了他的纸上来啦！）哟，金鱼画到了他的纸上来啦！还是惊奇地喊，还是惊讶地叫，请问，你还会做出刚才那样的反应吗？

生：（齐答）不会。

师：为什么？

生：我想画就画呗，有什么大不了的，我自己也会画的。

生：金鱼每个人都会画的，我们何必挤过去看呢？每个人都会画。

师：说得是呀！所以，真正吸引你过去的，真正让你迫不及待想看个究竟的，只有一个字！那就是——"游"。

第三步："在思"氛围的渲染。

师：这个"游"字，是对青年画鱼的惊叹！读着这个"游"字，我们仿佛听到了这样的赞叹——

生：画得太棒了！

生：真是画得栩栩如生啊！

生：他把金鱼画得跟活的一样！

生：画得太像了，跟真的一样！

生：他画画的水平简直是超一流的！

师：是的，这一声声的赞叹，都汇成了这样一句话——（课件呈现：哟，金鱼游到了他的纸上来啦！）

　　这里，教师采用"拟境"的手段，引领学生还原了女孩赞画的那个生活场景，使学生更真切、更传神地理解了"鱼游到了纸上"的语言情味。在这样一个充满诗意的教学氛围中，教师的渲染和烘托，学生的角色体验和文字品味，都和他们自身的生命情态紧密相连，可谓"情趣盎然、理趣通达"。

　　诚如张弛所言："对成功的语文教学来说，诗意是它的本色，是它的活力，是它的灵魂，是它的生命，是它的最高境界。"我们追求语文教学的诗意，旨在追求一种诗意的人生，引导学生从语文学习中发现诗意，感受诗意，在充满诗意的语文教学氛围中，探求人生的意义。

（3）出口——主体诗意的唤醒和陶冶

诗意语文，从教师的角度看，就是要教出语文的诗意；从学生的角度看，就是要学出语文的诗意。其实，诗意的教和诗意的学是交互影响、共同作用的。但最终，诗意语文的价值必须通过学生主体的诗意唤醒和陶冶来实现。

①举象：还原语言的生命图景

引导学生将语言文字还原成一定的形象、印象和意象，从而实现语言视域和生命视域的融合，乃是诗意语文的基本策略。如《我的伯父鲁迅先生》中"饱经风霜"一词的教学，先让学生回忆生活中见过的"饱经风霜"的脸，借此让学生用自己的语言描述一番车夫的脸，并引导学生透过车夫这一脸的特征去把握他的生活境遇和社会地位，让学生设身处地想想，假如自己在现场会怎么做，最后引出鲁迅先生对车夫的细节描写。基于审美解读的诗意语文，力求透过文本描绘的感性形式，即物象形态，着力揭示它所蕴含的情感内涵和审美本质。

②造境：创生语言的生命境域

在举象的基础上，引导学生借助语文文字创造出某种特定的情境、意境和心境。在这里，情境指向课堂，意境指向文本，心境指向学生，它们统一于"不朽的文字"。"境"意指一种"象"的连续体，是各种"象"的剪接、叠加和组合的产物，是一种氛围、一种场。如《长相思》中"身在征途"的"象"的还原，"心系故园"的"象"的创生，将这两种连续呈现的"象"加以剪接和重组，就形成了一种孤独、寂寥的课堂情境和文本意境。造境，是审美解读的完形法则在诗意语文实践上的某种自觉回应，它有效避免了肢解化知性解读的偏颇和局限。

③入情：体验语言的生命温度

置身于语文文字所造的境中，引导学生体验其所承载的情感、情味和情怀。在这里，"情"既是一种教学的动力和引力，它驱使学生沉入文本，心甘情愿地与文本做多层面的、深入的对话，更是一种重要的课程资源和目标，是语文课程本体意义上的存在。显然，"情"在诗意语文眼中是手段和目的的统一体。如《一夜的工作》，通过对总理办公室中"宫殿式"的想象和"一个不大的写字台，两张小转椅，一盏台灯"的还原，在"豪华之象"与"简朴之象"的多重对比中，创生出一个

"惊讶、难以置信、不可思议"的情境，进而激发学生对总理高尚人格的感动和景仰的心情。

④会意：感悟语言的生命哲思

在特定的情境中，引导学生感悟并理解语文文字所包含的意义、意趣和意蕴。从根本上说，诗和思是相通的、殊途同归的。拒绝哲思的诗是肤浅的，消解诗意的思是苍白的。诗意的背后总是承载着对生命、对自然的一种当下的洞悉和了悟。如《草船借箭》中诸葛亮"笑"的品读。通过多重引导，学生体认到，笑鲁肃是因为他的忠厚，含有"嬉笑"的意味；笑曹操是因为他的多疑，含有"嘲笑"的情绪；笑周瑜是因为他的狭隘，含有"耻笑"的成分；笑自己是因为他的智慧，含有"欢笑"的情趣；笑大雾是因为他的妙算，含有"额笑"的韵致。

⑤求气：触摸语言的生命律动

在特定的情境中，通过诵读品评，探求语言文字的声气、节奏和神韵。"以声求气"是"桐城派"文论和创作的一个核心范畴，"气"是语言承载的生命的律动和张力，"气"存身于语言的"声"，或者说，"气"与"声"具有生命的同构性。而文字本身是不出声的，就像断了气的生命。因此，曾有人把书面语言比成将美酒变成白开水的"罪恶的漏斗"，本来依附于语言声音的极为丰富、微妙的意蕴全都从这漏斗中流失了。而诵读把无声文字还原为有声语言，在这还原过程中就有可能比看更容易、更快捷、更全面地把握语言的思想内涵，特别是进入语言的情感状态和精神世界。

⑥寻根：传承语言的生命价值

在特定情境中，引导学生开掘语言文字背后的价值取向、精神母题和文化传承。文化作为人类物质活动的产物和精神活动的结晶，从一开始就与语言结下了不解之缘。文化论视域下的诗意语文，对文字的文化意味自有一种特殊的敏感和追寻。如《江雪》中的"钓"，从表面上看，钓是钓鱼，一个物化的现世意象。但从文化的角度品味，则"钓"是"不钓之钓"，渔翁之意岂在"鱼"？在这里，"钓"是一种独善其身的宣告，一种静观其变的智慧，一种东山再起的抱负，一种无所畏惧的气度。一个"钓"字，承载着多少中华文化的基因。

总之，诗意语文当是这样一种存在：它在教学中追求思想的力量，但对于仅仅以某种抽象的思辨抵达思想，它说——不；它拒绝冷漠和麻木，它的展开充满感情，但对于只把这理解为直白地宣泄某种情绪和社会意识，它说——不；它的呈现方式以具象为旨趣，但假如具象只意味着对现象的简单还原，它说——不；它的各种教学要素总在特定情境中，但对游离于语言文字的种种渲染和演绎，它说——不；它复活言语的内在之气，但声音的表现倘若只被加以机械的操练和刻板的模塑，它说——不；它是文化的，但对文化所作的任何形式的宏大叙事和过度诠释，它说——不。

（五）尾声：彼岸的召唤

潘新和先生指出：语文教育的化境，当是诗意人生的教育。诗意人生，就是指充满"诗意"的言语人生。诗意人生的引领和确证，是一个无限开放、生生不息的过程，它对诗意语文的跋涉和奋进，更多地展现出某种彼岸的意义。

（1）真：直道而行

诗意人生的基本点乃是真诚。修辞立诚，直道而行，乃是真人格、真性情的经典注脚。叶圣陶先生指出："假若有所表白，这当是有关于人间事情的，则必须合于事理的真际，切乎生活的实况；假若有所感兴，这当是不倾吐不舒快的，则必须本于内心的郁积，发乎情性的自然。这种要求可以称为'求诚'。"作文如此，做人更是如此。张岱年先生常对弟子耳提面命，"学问不是用来哗众取宠的装饰品，也不是用来谋求个人私利的敲门砖，自古以来凡在学术上有所建树，有所创造的人，都有追求真理的强烈愿望作为动力，为解决人生的疑难，探索自然的奥秘，挽救社会的危机而百折不挠地致力学术研究。"总之，唯真是从，正气浩然，乃是诗意人生的基本特征。

（2）善：止于至善

诗意，滋生于悲天悯人的情怀。从某种意义上讲，诗意语文是一种"宗教"。人性中最美好的一切，皆始于对生命、对自身、对他人的关爱和怜惜。诗意语文，正是要依托和借助一切"不朽的文字"，在童年时期为学生培植"善根"，为他们的人生涂上一抹温暖的底色。安徒生的《卖火柴的小女孩》，借小女孩之手，一次又一次擦亮火柴，在茫茫黑夜中为世人燃起的就是悲悯之火；杏林子的《生命　生命》，以飞蛾的鼓动、种子的冲破和自己心跳的律动，在我们精神的家园里播撒了敬畏生命、珍惜生命的良善之种。诗意语文，就是要使学生学会悲悯，学会怜惜，关爱生命，拥有一颗利他、向善的美好心灵，使人生的孤苦和伤感变成蕴藉温婉、缠绵悱恻的感动。

王崧舟工作室研修活动（左一系作者）

（3）美：物我合一

诗意的境界，是一种"感时花溅泪，恨别鸟惊心"的境界。徐复观先生说过："真正好的诗，他所涉及的客观对象，必定是先摄取在诗人的灵魂之中，经过诗人感情的熔铸、酝酿，而构成他灵魂的一部分，然后再挟带着诗人的血肉以表达出来，于是诗的字句都是诗人的生命，字句的节律也是生命的节律。"这样的诗是物我合一的诗，这样的人生是物我合一的人生。在物我合一的境界里，人的主观成见欲望被完全消解超脱，不关涉道德、知识、实用等各方面的考虑，纯粹是一种直觉的审美观照。于是，生命呈现为一种在己无所待、与物无分别的自由境界。正所谓"采菊东篱下，悠然见南山"，又所谓"我见青山多妩媚，料青山见我应如是"。此乃诗意人生的化境。

（4）适：允执厥中

诗意的人生，乃是"致中和"的人生。过度、不及、极端、折中，都不可能让人幸福，因此终非诗意人生的追求。《中庸》有言："喜、怒、哀、乐之未发，谓之中。发而皆中节，谓之和。中也者，天下之大本也。和也者，天下之达道也。"钱穆先生在《人生十论》中指出："我们只有把'适'字的价值观渗进旧有的真善美的价值观里面去，于是主观即成为客观，相对即成为绝对，当下即便是终极，矛盾即成为和合。"真理向前跨一步，即为谬误；执着于行善的本身，就是恶；过度的美因为破坏和谐，而成为丑。适，正是对真善美的应机把握。适者，适时也，适度也，适中也，适切也，适合也。只有真诚将"适"这一天下至道运用于真善美的各项领域，人生才能迈向诗意、幸福的境界。

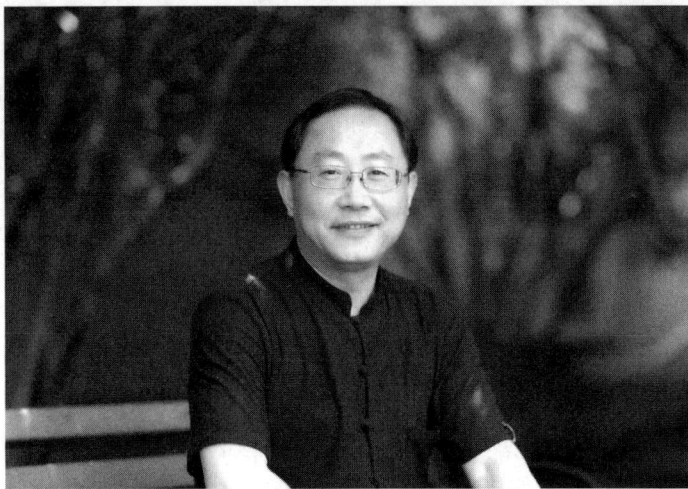

王崧舟 49 周岁时

（5）神：超越自我

荷尔德林有诗云："只要良善和纯真尚与人心相伴，他就会欣喜地拿神性来度测自己。神莫测而不可知？神湛若青天？我宁愿相信后者。这是人的尺规。人充满劳绩，但还诗意地栖居在这片大地上。"没有神性，人的栖居与禽兽无异。从根本上说，真、善、美、适，都是神性的显化。钱穆先生这样阐述神性："人生永永向前，不仅人生以外的宇宙一切变动要推送它向前，即人生之自有的内在倾向，一样要求它永永地向前。以如此般短促的人生，而居然能要求一个无限无极的永永向前，这一种人性的本身要求便已是一个神。试问你不认它是神，你认它是什么呢？"神者，生生不息之谓也；神者，如如不动之谓也。神者，迁流不居之谓也；神者，心物不二之谓也。超越自我，既是对神性的皈依，也是对人性的确证。

（六）余韵：人的确证

教室里正在上《丑小鸭》一课。课近尾声，全班同学用投入的朗读抒发着丑小

鸭成为美天鹅的那份陶醉和幸福。这时，一个孩子站了起来："老师，我觉得丑小鸭没什么可高兴的！她本来就是从天鹅蛋里孵出来的，那她长大了自然就是一只天鹅嘛。"是呀！鸭蛋怎能孵出天鹅？课堂空气顿时凝固了。漫长而又短暂的等待，静默。我沉吟着，继而微笑相对："是呀，丑小鸭是天鹅蛋孵出来的，她没有理由不成为天鹅呀！"孩子们有随声附和的，有会心一笑的，有托腮沉思的。我又若有所思地轻轻问道："但是，假如丑小鸭在成长中没有离开鸭妈妈，没有越过篱笆，没有对大鸟飞天的向往，那么，孩子们，你们想一想，丑小鸭能成为一只真正的天鹅吗？"一石激起千层浪，随着孩子们的自由讨论，课堂进入了一个新的高潮。是的，丑小鸭的成长，无关乎外形的健硕、羽毛的光洁、模样的俊朗。那是一种自信的气质、飞天的胸怀、贵族般的精神气象。

真正的天鹅?! 是的，丑小鸭的全部意义和价值在于她的成长过程逻辑地蕴含了"成为一只真正的天鹅"。而这，既是童话本身的诗意，也是语文教育的诗意——"让人成为真正的人！"

苏霍姆林斯基的教育充满诗意，他的诗意之源正来自于这样的教育梦想："培养真正的人！"他说："你作为一个人生了下来，但要成为一个大写的人。真正的人要有一种精神——人的精神，这种人的精神会在信念与情感、意志与追求之中，会在对待他人和自己本人的态度上，会在分明的爱与憎，在善于看到理想并为之奋斗方面表现出来。"

我们怀着对生命的敬畏和尊崇，以热切而理性的思索努力追寻着语文教育的本真：培养真正的人，培养具有"人的精神"的人，培养具有和谐的、多方面精神生活的人。

这是诗意语文的最高境界，也是我的语文教育之梦。

四、让诗意扎根在语文的大地

作为课程和学科的诗意语文，边界意识是必需的。

歌德说过："内容人人看得见，涵义只有有心人得之，而形式对于大多数人是一个秘密。"这话，在一定程度上为我们廓清了诗意语文的边界。即："内容"是第一边界，"涵义"是第二边界，而"形式"则是第三边界。

"内容"——"人人看得见"，不稀奇；"涵义"——"有心人得之"，范围在缩小；而"形式"呢？"形式"对大多数人来说是"秘密"，也就意味着大多数人是看不见的。什么原因看不见？因为你缺乏一双"语文的眼睛"，"语文"在你面前就不成其为"语文"，它只是"内容"。在这里，我是从第三边界的角度理解语文的，显然，这里的语文就是指语言文字的形式。语言文字的形式之美，正是诗意语文的最终边界。

不难发现，这三层边界，越往外，"语文"就越淡；越往内，"语文"就越浓。由"内容"而"涵义"进而"形式"，步步逼近"语文"的独当之任。因此，越是逼近语文的形式之美，就越能让诗意扎根在语文的大地上。

关于"语文"这个问题，朱光潜先生有过一段经典阐述："从前我看文学作品，摄引注意力的是一般人所说的内容。如果它所写的思想或情境本身引人入胜，我便觉得它好，根本不很注意到它的语言文字如何。反正语文是过河的桥，过了河，桥的好坏就可不用管了。近年来我的习惯几已完全改过。一篇文学作品到了手，我第一步就留心它的语文。如果它在这方面有毛病，我对它的情感就冷淡了好些。我并非要求美丽的词藻，存心装饰的文章甚至使我嫌恶；我所要求的是语文的精确妥帖，心里所要说的与手里所写出来的完全一致，不含糊，也不夸张，最适当的字句安排在最适当的位置。那一句话只有那一个说法，稍加增减更动，便不是那么一回事……这种精确妥帖的语文颇不是易事，它需要尖锐的敏感，极端的谨严，和极艰苦的挣扎。一般人通常只是得过且过，到大致不差时便不再苛求。"

朱先生所讲的，正是一种可贵的"语文意识"。他说"近年来的习惯"——"第一步就留心它的语文"，恰恰是我们很多语文老师现在还没有养成的习惯，而语文的"独当之任"恰恰就在这个习惯上。要养成这个习惯，很难，因为它需要"尖锐的敏感，极端的谨严，和极艰苦的挣扎。"

受了"语文意识"（"语文意识"是王尚文先生最早提出的）的启发，我搞了一个实验、一个关于"语文意识"的实验。我以"人教版"（国标本）的整套小学语文教材作为实验的母本，规定了两个实验条件：

第一，从这套教材（第一册到第十二册）中，随机抽取若干篇课文；

第二，用"语文意识"重新细读这些课文，就像朱先生所讲的，第一步留心它的"语文"，看能不能发现一些"语文"的东西、发现语文的形式之美。

先抽课文。每册抽一课，抽的都是第十七课，完全随机。抽出的课文列表如下：

年级	册次	课序	课题
一	1	17	《雪地里的小画家》
	2	17	《小壁虎借尾巴》
二	3	17	《酸的和甜的》
	4	17	《望庐山瀑布》
三	5	17	《孔子拜师》
	6	17	《可贵的沉默》
四	7	17	《长城》
	8	17	《触摸春天》
五	9	17	《地震中的父与子》
	10	17	《梦想的力量》
六	11	17	《少年闰土》
	12	17	《汤姆·索亚历险记》

抽了就不能换，尽管不少课文我不熟，也不喜欢。然后，就是细读这些课文，用"语文意识"重新审视它们，看能发现哪些"语文的诗意"，即"语文形式之美"。在这里，我又定了个规矩：每篇课文只琢磨两个"语文诗意点"。

（一）发现儿歌的形式之美：音韵和意象

这是课文《雪地里的小画家》：

> 下雪啦！下雪啦！
> 雪地里来了一群小画家。
> 小鸡画竹叶，小狗画梅花，
> 小鸭画枫叶，小马画月牙。
> 不用颜料不用笔，

几步就成一幅画。

青蛙为什么没参加?

他在洞里睡着啦。

这是一首儿歌,简单浅显,有些童趣。通常我们会怎么上呢?

师:小朋友们,雪地里有哪些小画家呀?

生:有小鸡、小鸭、小狗,还有小马。

师:小鸡干什么呢?

生:小鸡画竹叶呢!

师:小狗呢?

生:画梅花呢!

师:小鸭呢?

生:画枫叶呢!

师:小马呢?

生:画月牙呢!

师:画得像不像啊?

生:画得很像。

师:为什么说他们都是小画家呢?

生:因为他们本事特别大,不用颜料不用笔,几步就成一幅画。

老师顺便还要渗透一下"冬眠"这个常识,结果,闹了一个笑话。

师:你们知道青蛙呀、蛇呀为什么没来参加活动吗?

生:因为它俩没穿毛衣!

把老师给气得:"不知道不要乱说!这个叫冬眠,就是冬天睡着了。这是个科学知识,咱们现在不管它,你知道就行了。到了初中,科学老师会跟你说的。"

这样一个教学过程,指向的全是"内容"。朱先生所讲的"语文",在这儿别说侧面,连个背影都找不见。"语文的形式之美"在哪儿?我试着找了两个点:

第一,把诗句改成这个样子:

"小狗画梅花,小鸡画竹叶,

小马画月牙,小鸭画枫叶。"

行不行?为什么不行?我们看,儿歌的内容并没有变,小狗、小鸡、小马、小

鸭，一个都没少。"画家"和"作品"之间的对应关系也没有变，"小狗"画"梅花"，"小鸡"画"竹叶"，"小马"画"月牙"，"小鸭"画"枫叶"，谁也没有篡位、越位。

那么，什么变了？句序变了。句序变了，意味着什么变了？韵脚变了。如果按照这样的句序读一读，什么感觉？不得劲儿！别扭！

儿歌是什么？儿歌是"歌"，"歌"是用来干什么的？"歌"是用来吟、用来唱的。从语言文字的角度来说，儿歌具有音乐性。韵脚、押韵，正是这种音乐性的具体表现。

通过比较，孩子们会有这种感觉的，他读儿歌时，停顿的意识会自然地落在韵脚上。而且，每次停顿，都能满足他对于韵脚这个位置上声音的期待，这就是常说的"合辙押韵"。

我以为，这就是"语文的形式之美"，这是语文老师要去做的事儿了。语文老师不去做，还能指望谁去做？

再看第二点，把诗句改成这样：

> "小狗画竹叶，小鸡画梅花，
>
> 小马画枫叶，小鸭画月牙。"

韵脚没有变，什么变了？意象之间的关联变了。小狗改画"竹叶"了，小鸡改画"梅花"了。行吗？当然不行！但倘若没有这种换位比较，孩子们对"谁画什么"的逻辑关系的感知是模糊的、朦胧的。这样一点，他就有意识了：原来，每种意象都跟动物脚印的特征连在一起的。

这里我想补充一点，同样特征的脚印，可供选择的意象往往不止一种。譬如，小马的脚印，"月牙"是一种，"镰刀"又是一种，还有"香蕉"也可以。那么，换成"镰刀"、"香蕉"行吗？不行！因为这些意象破坏了儿歌整体的风格和意境。不要以为儿歌很简单，其实仔细一琢磨，儿歌很不简单！简单的是它的内容，不简单的却是它的语文形式。语文老师，就该如此这般地用"尖锐的敏感"、"谨严"的思考、"极艰苦的挣扎"，去做语文老师该做的事儿。

（二）发现童话的形式之美：趣味与准确

这是课文《小壁虎借尾巴》：

　　小壁虎在墙角捉蚊子，一条蛇咬住了他的尾巴。小壁虎一挣，挣断尾巴逃走了。没有尾巴多难看啊！小壁虎想，向谁去借一条尾巴呢？

　　小壁虎爬呀爬，爬到小河边。他看见小鱼摇着尾巴，在河里游来游去。小壁虎说："小鱼姐姐，您把尾巴借给我行吗？"小鱼说："不行啊，我要用尾巴拨水呢。"

　　小壁虎爬呀爬，爬到大树上。他看见老牛甩着尾巴，在树下吃草。小壁虎说："牛伯伯，您把尾巴借给我行吗？"老牛说："不行啊，我要用尾巴赶蝇子呢。"

　　小壁虎爬呀爬，爬到房檐下。他看见燕子摆着尾巴，在空中飞来飞去。小壁虎说："燕子阿姨，您把尾巴借给我行吗？"燕子说："不行啊，我要用尾巴掌握方向呢。"

　　小壁虎借不到尾巴，心里很难过。他爬呀爬，爬回家里找妈妈。

　　小壁虎把借尾巴的事告诉了妈妈。妈妈笑着说："傻孩子，你转过身子看看。"小壁虎转身一看，高兴得叫了起来："我长出一条新尾巴啦！"

　　这是个童话，经典课文。从早先的"四省市版"到后来的"浙教版"再到眼下的"人教版"，对这篇课文都是情有独钟、不离不弃。但在过去，这样的经典课文我们大多是从"内容"的角度去读，读出的是小壁虎借尾巴的故事情节以及情节中所渗透的动物尾巴的一些常识。至于"语文的形式之美"，还真是少见。那么，从"语文的形式之美"这个角度，我们还能读出一些什么来呢？

　　第一点，写小壁虎爬行，改成这样："小壁虎爬到小河边，小壁虎爬到大树上，小壁虎爬到房檐下。"行吗？当然不行！为什么不行呢？意思没有变呀！

　　大家看，"小壁虎爬呀爬，爬到小河边"这句话中出现了几个"爬"字？三个"爬"。为什么要这样写呢？这样写就不嫌啰嗦吗？

　　有人说，这样写，就能写出小壁虎爬得很慢很慢。小壁虎果真爬得很慢吗？当然，小壁虎定在墙上一动不动的时候，自当别论。依我看，这时的小壁虎不可能爬得很慢。为什么？第一，我看过生活中小壁虎的爬行，绝对不慢，相反，常常爬得很快；第二，以当时小壁虎的处境和心情，它一定是又慌张又焦急，能优哉游哉款款而爬吗？

　　又有人说，这样写，读起来生动、有趣，像个童话的样子。这一说，乍听似乎有些道理，但细细一较真儿，问题就出来了。照此推论，是不是写成这个样子——"小壁虎爬呀爬呀爬，爬到小河边"——就更生动、有趣呢？写童话只是为了生动、

有趣？

其实，小学语文教材中的童话分两类：一类是"知识性童话"，一类是"人文性童话"。前者如《小壁虎借尾巴》《小蝌蚪找妈妈》，后者如《丑小鸭》《七颗钻石》。知识性童话的特征是什么？因为童话这种形式的生动、活泼、有趣，童话的泛灵性，很容易被儿童悦纳。于是，那些抽象、枯燥的科学知识，借了这种生动活泼的童话体裁得以很好地渗透。而人文性童话则是关乎灵魂的发育、精神的成长、情感的陶冶，与科学知识无关。

读知识性童话，第一是搞清楚童话所渗透的科学知识到底有哪些；第二是揣摩它以怎样一种生动有趣的童话情节、话语形式来传递这种科学知识。

我们知道，小壁虎借尾巴这个童话，传递了这样一些科学知识：第一，壁虎尾巴有一个与众不同的作用——在遇到危险时通过自切尾巴达到自救；第二，壁虎自切的尾巴过段时间能够重新长好；第三，燕子、小鱼、老牛尾巴各有它们的作用。

在我看来，故事中反复出现的"爬呀爬"，一共三次，出现九个"爬"字，是与壁虎尾巴自切后需要一段时间才能重新长成这个知识点密不可分的。尾巴自切后，没个十天半个月的光景，大概是长不成的。"爬呀爬"，正是对这种时间的摹写。在这里，语文形式"爬呀爬"和语文内涵"过了一段时间"是高度统一的，这就是"语文的形式之美"，精确、妥帖。

正如鲁迅先生《秋夜》的开头"在我的后园，可以看见墙外有两株树，一株是枣树，还有一株也是枣树。"既然两株都是枣树，并在一起说岂不省事？为什么要写成这个样子呢？一种文字的形式，传递一种文字的节奏和韵味。《秋夜》的开头，要传递的正是某种单调、枯燥、寂寞的情味。而这种情味，借了这样一种文字的形式就得到了极妥帖、极精微的表现。诸如此类的琢磨，正是语文老师的独当之任。

第二点，则是拓展的问题。通常，学完《小壁虎借尾巴》，我们都会顺着"科学知识"这一维度设计拓展，如让学生说说你还知道哪些动物的尾巴有怎样的作用。这自然不是不可以，但倘若我们从"语文的形式之美"的角度着眼，是否还能做出别样的拓展来呢？譬如：小鱼的尾巴——摇，老牛的尾巴——甩，燕子的尾巴——摆。实际上，这是一种精致的语感图式，对于敏化、广化、美化、深化学生的语感多有助益。顺着这样的思路，可以继续丰富学生这种精致的语感图式，譬如：松鼠的尾巴——翘，当然也有拖着的时候，但通常是翘着的，特别是童话中的松鼠形象；猴子的尾巴——竖；狐狸的尾巴——拖，因为它的尾巴太重，很难翘起来；兔子的尾巴——夹，因为它的尾巴很短很短，我们不是常说"兔子尾巴——长不了"嘛。

通过类似这样一种"语文的形式之美"的拓展，不断丰富学生的语感图式，而不是漫无边际地去丰富学生的科学知识。我想，这样的诗意语文似乎更能将自己的根系扎入语文的大地。

（三）发现寓言的形式之美：隐喻和精炼

这是课文《酸的和甜的》：

葡萄架下，有一只狐狸。他一会儿转来转去，一会儿跳起来摘葡萄，可是一颗也没摘到。于是，他指着架上的葡萄，说："这葡萄是酸的，不能吃！"

树上的小松鼠听了，心里想：狐狸很聪明，它说葡萄不能吃，那一定是很酸的。

小松鼠把狐狸说的话告诉了小兔子。小兔子一听，心里想：狐狸和小松鼠都说葡萄是酸的，那一定不能吃！

这时，来了一只小猴子。他望望架上那一串串紫红色的葡萄，迫不及待地爬上葡萄架，摘下一串就要往嘴里送。小兔子连忙说："不能吃，不能吃，这葡萄是酸的！"

小猴子笑着问："你吃过吗？"小兔子摇摇头，说："我没吃过，可是小松鼠说葡萄很酸。"

小猴子又问小松鼠："你尝过吗？"小松鼠也摇摇头，说："我没敢尝，狐狸说这葡萄酸得很呢！"

小猴子听了，大口大口地吃起葡萄来。小松鼠和小兔子见他吃得这么开心，也尝了一颗。啊！真甜。

小松鼠和小兔子真不明白，狐狸为什么硬说葡萄是酸的呢？

这篇课文，从文体上讲，童话说得通，寓言也讲得过去。当然，为了保险起见，你也可以说这是"寓言式童话"，或者"童话式寓言"。应该说，都行。

这课文我听不少语文老师上过，全上砸了。原因就出在那只猴子身上，都是猴子惹的祸！这则寓言是根据那句大家耳熟能详的谚语演绎出来的——"吃不到葡萄就说葡萄是酸的"，这个故事的出典其实来自《伊索寓言》。心理学上有一个现象叫

"酸葡萄心理"，说白了就是嫉妒心理。

　　故事要反映的，就是这种心理——"酸葡萄心理"：我吃不到的东西，你们谁都甭想吃；我不行，你就不行，你行也不行。本来嘛，故事的寓意是再清楚、再明白不过的。可是，因为现在演绎成了一个故事，有情节、有人物形象，而且，人物形象变成了四个：狐狸、小松鼠、小兔子、小猴子，于是，乱花渐欲迷人眼了，这故事到底是写狐狸还是写小猴子？比较后人们发现：第一，狐狸的心理太阴暗，弄得不好，会给学生带来负面影响，而小猴子呢，又聪明又机灵，是个好榜样；第二，故事写狐狸的比重不多，也就是开头写了写、结尾点了点，小猴子呢，虽然出现得比较迟，但写的笔墨却是最重最生动的，瞧！课后的"读读比比"练习，全是写小猴子的。这样一想，老师们就把兴奋点聚焦到小猴子身上了。于是，小猴子这个人物形象被无限拔高。你看，故事写"小猴子听了，大口大口地吃起葡萄来"，"大口大口地吃"意味着什么？意味着实践，哲学上的一个概念——实践。最后尝到的味道是什么？"啊！真甜"，"真甜"意味着什么？意味着真理，又是一个哲学命题。于是，最后得出一个结论：实践是检验真理的唯一标准。于是，小猴子突然成了哲学家。于是，寓意被转到亲自尝试、亲身实践上来。

王崧舟在南华禅寺

　　狐狸在哪儿？狐狸不见了。"酸葡萄心理"在哪儿？"酸葡萄心理"不见了。老师上完课很得意："王老师，你看我这课，上得有高度吧？"有高度，太有高度了，只是这高度高得实在有些吓人，我本没有恐高症的，被他这么一上，从此就落下了"恐高症"。

其实，故事写的就是一个"酸葡萄心理"，就是一种嫉妒现象。明确了这个主旨，我们来看看"语文的形式之美"。

第一，咱们把故事结尾的句子改成这样行不行：小松鼠和小兔子真不明白（这个"真"字加得多好），狐狸为什么硬说葡萄是酸的呢（这个"硬"字加得多好）？一个"真"一个"硬"，加与不加，文字的味道大不一样。"真不明白"是实在找不出任何理由替狐狸这个荒诞的结论做解释了；"硬说"是偏要如此这般说，执拗得已经不可理喻。"硬说"的潜台词就是：我吃不到葡萄，你们谁都甭想吃！我说是酸的，它就是酸的，甜的也必须酸。狐狸的嫉妒之心，昭然若揭！文字的品质，往往就取决于这么一点点。而这一点点的高下之别，正是由语文形式决定的。除了语文老师，还有谁会对文字做这般苛刻的计较呢？

第二，这个"酸葡萄心理"的寓意怎么把它呈现出来？我想，还得用语文的方法来解决语文的问题：写一写，狐狸摘不到葡萄的时候，心里是怎么想的。细读文本，您一定已经发现，这个寓言在写法上有一个特别之处，你看，"树上的小松鼠听了，心里想：狐狸很聪明，他说葡萄不能吃，那一定是很酸的。"紧随其后，"小松鼠把狐狸的话告诉了小兔子。小兔子一听，心里想：狐狸和小松鼠都说葡萄是酸的，那一定不能吃！"这两段话，写的都是人物的心理活动。但是，作者是个"老狐狸"，我为什么说他是"老狐狸"呢？你看，他偏偏把事关文本主旨的狐狸的心理描写给生生地抠掉了，他写了小松鼠的心理、写了小兔子的心理，就是只字不提狐狸的心理，用笔之狡猾由此可见一斑。其实，这正是寓言这种文体的形式之美——隐喻之美。寓言的真实用意，是不会直接告诉的。这有点像谜语，谜面给你了，谜底怎么可能直截了当地告诉你呢？

作者不能写，并不意味着学生也不能写。相反，让学生写一写，正是语文老师的正事儿。搁在哪儿写呢？最理想的地方莫过于此："他一会儿转来转去，一会儿跳起来摘葡萄，可是一颗也没摘到。"这个时候，狐狸肯定会想，肯定会有一番酸溜溜的心理活动。有了这番心理活动，才有了他后面的这番言行："于是，他指着架上的葡萄，说：'这葡萄是酸的，不能吃！'"你看作者是个"老狐狸"吧！这个地方有意把狐狸的心理活动给省了，省得好，省得妙，省得巧！这才是好文字、好笔法啊！

（四）发现古诗的形式之美：诗眼与意境

这是课文《望庐山瀑布》：

> 日照香炉生紫烟，遥看瀑布挂前川。
>
> 飞流直下三千尺，疑是银河落九天。

《望庐山瀑布》，李白写的，地球人都知道。这是"金子"，甚至比"金子"还贵重，是"钻石"，是"经典中的经典"！

曾经听老师上这首诗的课，让学生想一想，李白到底是站在哪个地方看瀑布的。然后呢，出来几幅画，让学生辨别一下，"站在这儿！""不对！""站在那儿！""不对！"最后搞得学生一头雾水，李白到底站在哪儿？他不会是坐着直升机望庐山瀑布吧？

其实，读诗，一个重要的秘诀，就是抓"诗眼"。题有"题眼"，文有"文眼"，诗有"诗眼"。柳宗元写《江雪》："千山鸟飞绝，万径人踪灭。孤舟蓑笠翁，独钓寒江雪。""诗眼"在哪儿？一个字——"钓"，"独钓寒江雪"的"钓"，这是它的"诗眼"。那么，《望庐山瀑布》的"诗眼"在哪儿？我们不妨一句一句地找。

先看头两句，"日照香炉生紫烟，遥看瀑布挂前川。"想一想，生活中，什么东西用"挂"？窗帘、字画、户外的大型广告……那个用"挂"。李白说什么"挂"？"瀑布"。他写瀑布，没说"流"，没说"泻"，也没说"在"，他就说"挂"，瀑布挂在那儿。

这是何等的笔力！李白是什么？"谪仙"，"谪仙"是"仙"，犯了天条被贬到人间的。贬到人间还是个"仙"呀，是"仙"，写出来的诗就有"仙境"，有"仙气"，有"仙味"。看看这个"挂"字，多有"仙气"。大家想想，瀑布是动的，"挂"呢是静的，什么写法？化动为静。这种化动为静的效果，就是文学上常讲的"陌生化"。不信，你写成"遥看瀑布泻前川"试试，那就一个字儿——俗！俗不可耐！那是三流诗人用的字儿，李白不是一流，是超一流，他会用"泻"？鬼都不相信！他用谁也想不到、谁也不敢想的字儿——"挂"。一"挂"，仙气就出来了。

那么，如此巨大的瀑布，谁把它"挂"起来的？人有这般能耐吗？没有！谁有？大自然！只有大自然才有这般能耐、这般神力。面对如此奇迹，你心动吗？你震撼吗？你敬畏吗？

　　"挂"是诗眼吗？不是。"诗眼"在哪儿？最后一句："疑是银河落九天"。全诗至此，境界洞开，这是多么富有想象力的夸张啊！其实古人写七绝有一个基本套路，叫"起承转合"。第一句"启"——"日照香炉生紫烟"，第二句"承"——"遥看瀑布挂前川"，第三句不能再"承"了，一"承"就落俗套了，要"转"——"飞流直下三千尺"，最后"合"——"疑是银河落九天"。到了"合"句，意境全出。很多情况下，"诗眼"就落在最后一句。

　　这一句，把艺术的想象和夸张推向了极致。问题是，这样的夸张合理吗？"燕山雪花大如席"合理吗？"白发三千丈，缘愁似个长"合理吗？"疑是银河落九天"，那银河真要落在地球上，完了！那是地球末日，这夸张合理吗？全诗的秘妙就在这里。银河从九天之上落了下来，这夸张，既充满了无与伦比的艺术想象和创造，同时，又是如此合情合理，符合生活的逻辑、情感的逻辑。

　　大家看，"日照香炉生紫烟"，没有"生紫烟"三字打底，"疑是银河落九天"就会落空。"紫烟"充满神秘，充满飘渺感，在若有若无之间。不瞒老师们说，这个我真有体验。有一年我上井冈山，哎呀，去的时候连下了好几天雨，特别冷。那天上黄洋界，到了山顶司机就乐了，他说："您真是一福人"，我说："怎么了？"他说："您不是想看云雾吗？瞧！正是时候。前几批专家上来，少眼福，没一个能看到的。"我下了车，站在黄洋界的炮台边上极目四望，那个云雾啊，没法形容，就这么呆呆地看着，一瞬间，自己与这般仙境融为了一体。

　　原来，看云雾太有讲究了。没有雾，当然出不来仙境，看山就是山，看水就是水；有雾，但只是一点点，轻纱似的一抹或者几抹，山体依然通透，仙境的感觉还是出不来；要是雾太大，浓得如白浆泛起，连个山头的小尖儿都看不见，跟得了白内障似的，也不行。所以，雾既不能太大，又不能太小，什么时候最好？能把山腰遮住，山头还是露着的。那个雾或如鱼肚白，或如云海，在山腰上就这么轻轻浮着，什么感觉？人间仙境！

　　李白望庐山瀑布，不仅雾的浓淡恰到好处，更令人叫绝的是，那雾在李白的眼中，不，准确地说，是心中，竟然是紫色的。紫色在中国传统文化语境中，象征着高贵、神秘、吉祥，也许，那就是九天之色吧。正是这一点，营造了一种仙境，于是瀑布下来的时候，透过云层，透过紫烟，我们才会有一种自然的联想，哎呀，真的就像是从天庭上落下来的！那不是银河又是什么？于是，高度夸张又

高度合理的想象，妙手天成的神来之笔就这样诞生了——飞流直下三千尺，疑是银河落九天。这个"疑"字也用得妙！妙在"是"与"不是"之间。换个百分百肯定的字眼儿试试看，"飞流直下三千尺，'就'是银河落九天。"那就彻底完蛋，诗眼变瞎眼。

　　这首诗的妙处，就在这里。可惜，这妙处并没有引起我们太多的关注和神会。因为，我们的"诗意之眼"常常闭着。我想，睁开并擦亮"诗意之眼"，那么，语文的形式之美自会呈现在你我眼前，其实，见与不见，语文形式之美都在那里。

（五）发现历史故事的形式之美：秩序和文化

　　这是课文《孔子拜师》：

　　孔子年轻的时候，就已经是远近闻名的老师了。他总觉得自己的知识还不够渊博，三十岁的时候，他离开家乡曲阜，去洛阳拜大思想家老子为师。

　　曲阜和洛阳相距上千里，孔子风餐露宿，日夜兼程，几个月后，终于走到了洛阳。在洛阳城外，孔子看见一驾马车，车旁站着一位七十多岁的老人，穿着长袍，头发胡子全白了，看上去很有学问。孔子想：这位老人大概就是我要拜访的老师吧！于是上前行礼，问道："老人家，您就是老聃先生吧?""你是——"老人见这位风尘仆仆的年轻人一眼就认出了自己，有些纳闷。孔子连忙说："学生孔丘，特地来拜见老师，请收下我这个学生。"老子说："你就是仲尼啊，听说你要来，我就在这儿迎候。研究学问你不比我差，为什么还要拜我为师呢?"孔子听了再次行礼，说："多谢老师等候。学习是没有止境的。您的学问渊博，跟您学习，一定会大有长进的。"

　　从此，孔子每天不离老师左右，随时请教。老子也把自己的学问毫无保留地传授给他。

　　人们佩服孔子和老子的学问，也敬重他们的品行。

　　如果我没有记错的话，小学语文教材中，这是第一次出现有关孔老夫子的课文。我理解编者的良苦用心，大家知道，以往的教材是没有孔子的，"孔老二"曾经被打倒了，被打得遍体鳞伤、奄奄一息。是不是? 现在不同了，中华民族要复兴，硬实力上去了，软实力也要跟着上去。那么，我们的软实力是什么? 在哪里? 有多强? 这些都是大问题。前不久刚刚去世的任继愈老先生、国家图书馆的馆长，他生前曾经感慨地说过，家国要有支点，家国的支点必须落在文化上。现在，世界各地都有孔子学院，两千多所，某种意义上讲，这是我们的文化输出战略，中华民族要复兴，文化的复兴一定是重中之重。美国人通过好莱坞输出他的文化，我们呢，通过孔子学院输出中华文化。文化血脉的延续和壮大，必须通过教育。

我是在这么一个背景下解读《孔子拜师》的，可能过于宏大、过于崇高了。宏大就宏大吧，反正宏大也不犯法。我们回到课文中来，孔子向谁拜师？老子。那时孔子在鲁国，山东曲阜，老子在天子脚下，河南洛阳。孔子不远千里，风尘仆仆，风餐露宿，总算到了洛阳城门口，老子站在城门口，迎候孔子，孔子连忙说："学生孔丘，特地来拜见老师，请老师收下我这个学生。"老子说："你就是仲尼啊，听说你要来，我就在这儿迎候，研究学问你不比我差，为什么还要拜我为师呢？"其实，老子当时的角色，跟任继愈老先生是一样的，国家图书馆的馆长，能够读很多书，读很多经典，所以老子特别有学问。

就这么一段文字，我们不妨用心琢磨琢磨，看能不能发现一些有价值的语文形式之美。我说两点，第一点，大家看，老子说了一个词——"迎候"，很有些味道。说"迎候"，不说"等候"，也不说"恭候"。这也就是老子，说话的度、分寸、火候，拿捏得恰到好处。

不信，你用"等候"试试看。"听说你要来，我就在这里等候。"什么感觉？没感觉。"等候"，中性的，不冷不热，没有温度。是不是？你再用"恭候"试试看，"听说你要来，我就在这里恭候。"什么感觉？矫情！太过了！这不是老子说的话。"听说你要来，我就在这里迎候。"味道不一样，背后折射出来的是什么？一种真正的教育家精神。教育的最高境界是什么？不教而教，用老子自己的话说，"无为而无不为"。很多人读老子都断章取义，只强调"无为"，认为老子消极避世，老子说过这样的话吗？老子追求的是"无为而无不为"的境界，他没避世，没放弃，没消极等待。不教而教，就是身教，就是用自己的身体力行说话，把教育的意图隐藏起来，不告诉你，但一举一动一言一行都在教育人，这也就是我们常讲的人格魅力。老子就是这样一个人，"我在这里迎候"，不教而教。他从什么时候开始做孔子的老师？就从这时开始。"迎候"值得嚼一嚼，否则，老子要生气的。

第二点，孔子说"学生仲尼，特地来拜见老师"，能这样说吗？文中孔子自称"孔丘"，如果改称"仲尼"，行吗？这个有点难，因为它涉及我们的传统文化。中国传统文化，到五四已经基本断了，我们现在"去传统"是非常厉害的。传统中，中

国人的名字是非常讲究的，通常一个男子，他有姓、有名、有字，还有号，名、字之间是有关联的，或近义、或相对、或用典。毛泽东，姓毛，名泽东，字润之，"润"、"泽"二字同义。张飞，姓张名飞字翼德，为什么是"翼德"？他要飞，要飞就得有"翼"不是？关羽，姓关、名羽字云长，有了羽毛，长空万里任我行。当然，名和字也有区别，这就涉及我们传统中的"礼"。不是随便什么人可以叫名，或者可以叫字的，这后面是有讲究的。比如说孔子，姓孔名丘字仲尼，在家里排行老二，绰号孔老二。孔子有个哥哥，是个瘸子，孔子的母亲颜氏，因为生了个瘸子，心有不甘，就跑到曲阜附近的尼山去求神，去祈祷，希望再生个孩子，能健健康康、齐齐整整的。结果，精诚所至，生下孔子。为了感谢尼山之神，父母就给孔子取了这样的名和字。名"丘"，丘是小山的意思，指的就是那座尼山。字"仲尼"，仲指排行老二，伯是老大，尼指尼山，因为正是尼山之神给孔子的父母带来好运。名和字在起法上是有区别的，"名"是一个人出生以后，父母给他起的，一般情况下供父母、师长叫唤，父母可以直呼其名。对人自称时，为表谦卑，也叫"名"。"字"呢，是长大以后取的，古代男子二十岁行"弱冠之礼"，即成人了，就可以有自己的"字"了。"字"在什么情况下用呢？第一，平辈之间；第二，朋友之间。这是中华民族的传统之礼。

　　课文中，孔子自称孔丘，这是合乎礼制的。因为，孔子要拜老子为师，老子自然就是他的师长，在师长面前必须谦称自己的"名"，而非"字"。一称"字"，跟老子的关系就扯平了，这对儒家祖宗孔子来说，绝对是"是可忍孰不可忍"的大事。再看老子，他说："你就是仲尼啊。"显然，老子把孔子当朋友，他没有以老师自居。这样一来，两人之间的距离一下子就拉近了。对孔子来说，感觉特别亲切，对老子来说，他降低了身份，他总是以谦卑之心面对天下。你看，这又是一种不教而教。这里，语文——孔子的名与字，文化——名字后面的秩序和礼节，有着内在的一致。作为学生，也许对此浑然不觉；作为语文老师，就该敏感一点、清醒一点、警觉一点，因为，那正是语文的内容和形式高度合一的美。

（六）发现励志文章的形式之美：张力和留白

这是课文《可贵的沉默》：

铃声响了，开始上课。

我问同学们："爸爸妈妈知道你的生日在哪一天吗？"

"知道！"孩子们异口同声地回答。

"生日那天，爸爸妈妈向你们祝贺吗？"

"当然祝贺了！"又是一片肯定的回答声。

"'知道的'、'祝贺的'请举手！"

他们骄傲地举起了手，有的还神气十足地左顾右盼。

"把手举高，老师要点数了！"我提高了声音。"啊，这么多啊！"

我的情绪迅速地传染给了他们，他们随着我一起点起数来"15、16、17……"越点越多，越点越兴奋，声音越来越响，前排的孩子都回过头往后看，几个男孩子索性站了起来，我也不阻止他们。几乎所有的孩子都在快乐地交谈，谈的内容当然是生日聚会、生日礼物、父母祝福……

孩子们会感受爱了，但这不够。我想去寻找蕴藏在他们心灵深处的、他们自己还没有意识到的极为珍贵的东西。我接着问：

"你们中间有谁知道爸爸妈妈的生日，请举手！"

霎时，教室里安静下来。我把问题重复了一遍，教室里依然很安静。过了一会儿，几位女同学沉静地举起了手。

"向爸爸妈妈祝贺生日的，请举手！"教室里寂静无声，没有人举手，没有人说话。孩子们沉默着，我和孩子们一起沉默着……

他们感到了我的期待。刚才追逐我的目光，此刻全躲开了。他们有的低着头，有的望着窗外，所有人都沉默不语。

沉默了足足一分钟，我悄悄地瞥了一下这些可爱的孩子们——他们的可爱恰恰在那满脸的犯了错误的神色之中。我的语气缓和下来，轻轻地问："怎么才能知道爸爸的生日呢？"像获得赦免一样，那一双双躲闪的目光又从四面八方慢慢地回来了。先是一两声，继而就是七嘴八舌了："问爸爸！""不，问外婆！""自己查爸爸的身份证！"教室里又热闹起来，只是与沉默前的热闹已经不一样了。

结束这堂课时，我给孩子们提了个建议："为了给父母一份特别的惊喜，你最好用一种不被父母察觉的方式了解他们的生日，而祝贺的方式可以是多种多样的，但记住一点，只要你表达了自己的爱，再稚拙的礼物他们也会觉得珍贵无比的。"

不久，学校召开家长会，那些爸爸妈妈不约而同地说道："我那小家伙真懂事了

呢！""他祝我生日快乐！""他送了我礼物！""他给我写信叫我不要烦恼！""他会体贴人了！"

啊，我真快活！这一片沉默给了我多大的享受啊！

这篇课文讲了这么一件事：上课时，老师问孩子们，爸爸妈妈给你过生日吗？都举手。过生日时，爸爸妈妈给你祝贺吗？都举手。老师话锋一转，你们有谁知道爸爸妈妈的生日呢？只有两三个孩子举手。你们有谁在爸爸妈妈过生日时送上了祝福或者礼物呢？没人举手，一片沉默。

我发现的第一个语文形式之美就在这里："沉默了足足一分钟，我悄悄瞥了一下这些可爱的孩子们——他们的可爱恰恰在那满脸犯了错误似的神色之中。"

我注意了句中的这个破折号。为什么在两句话之间要插入一个破折号？读一读破折号前后的文字，你发现了什么？"我悄悄瞥了一下这些可爱的孩子们"，这句话本身有问题。孩子们都已经犯了错，顺着语势，这里是不应该出现"可爱"的，就是因为这里出现了看似矛盾的表达，作者想到了读者可能会有疑问，怎么办？解释一下。破折号将这句话拦腰截断，前半截把看似矛盾的结论呈现出来，后半截对这个矛盾加以解释和说明。这样一来，前半截和后半截就会形成某种张力。这种张力，会引起读者的高度关注，而不是走马观花，蜻蜓点水。你读到这里，目光会停留片刻，怎么回事？你的目光驻留了，作者的意图也就达到了。这就是破折号的作用。但是，解释说明的文字不一定都得用上破折号，是不是？什么情况下非得用破折号呢？语势不连贯的时候。你听听看，破折号，破坏加转折。是不是？实际上加破折号是无奈之举，去了破折号，前后话语之间往往不连贯、不通畅，用上破折号，在一定程度上化解了这种尴尬。

这是一种语文形式，所谓"文似看山不喜平"，写文章不能像庐山瀑布一样"飞流直下三千尺，疑是银河落九天"，不能一泻千里，要曲径通幽，要有起伏、有照应、有高潮、有转折、有矛盾、有戏剧化的冲突、有陌生化的冲击，这是写文章的奥妙。很显然，作者在行文时注意了这种节奏的变化。

第二，既然破折号有这般妙用，你可以顺着这种"语文的形式之美"让孩子们在新的语境中试试破折号。

譬如，"我想去寻找蕴藏在他们心灵深处的，自己还没有意识到的极为珍贵的东西——"破折号是我加的，破折号后面的话让学生写，写什么，不光是说明，写学生对文本的感悟和理解。

再比如，"这一片沉默给我多大的享受啊——"沉默居然变成了享受？我们老师上课，特别上公开课，底下学生一片沉默，你还享受吗？肯定急得像热锅上的蚂蚁，怎么可能享受呢？作者却说此时的沉默就是享受，为什么？让学生写，写的文字是说明，是解释，更是感悟和理解。正是在这一片沉默中，孩子们长大了，懂事了，知道去爱自己的父母了。是不是？这是享受。

写完了，重新回到原文，问题又出来了。什么问题？原文并没有在这两处文字后面加破折号，那是我特地找出来让学生感受破折号的，原文没用破折号，也没有写刚才我讲的那些感悟性的文字，这又是为什么？这就涉及语言表达的悬念、空白、留有余地，给读者以一个有效的召唤空间。很多情况下，把话说死了，正是把自己搞死的原因所在，像这样的意识都是语文形式的意识。

（七）发现说明文的形式之美：平实和精确

这是课文《长城》：

远看长城，它像一条长龙，在崇山峻岭之间蜿蜒盘旋。从东头的山海关到西头的嘉峪关，有一万三千多里。

从北京出发，不过一百多里就来到长城脚下。这一段长城修筑在八达岭上，高大坚固，是用巨大的条石和城砖筑成的。城墙顶上铺着方砖，十分平整，像很宽的马路，五六匹马可以并行。城墙外沿有两米多高的成排的垛子，垛子上有方形的瞭望口和射口，供瞭望和射击用。城墙顶上，每隔三百多米就有一座方形的城台，是屯兵的堡垒。打仗的时候，城台之间可以互相呼应。

站在长城上，踏着脚下的方砖，扶着墙上的条石，很自然地想起古代修筑长城的劳动人民来。单看这数不清的条石，一块有两三千斤重。那时候没有火车、汽车，没有起重机，就靠着无数的肩膀无数的手，一步一步地抬上这陡峭的山岭。多少劳动人民的血汗和智慧，才凝结成这前不见头、后不见尾的万里长城。

这样气魄雄伟的工程，在世界历史上是一个伟大的奇迹。

《长城》的文字，属于那种初读不见其妙、越读却越耐读的"闷骚型"文字。我撷取的第二段，这种味道更浓一些：

"从北京出发，不过一百多里就来到长城脚下。这一段长城修筑在八达岭上，高

王崧舟在长城（摄于 1996 年）

大坚固，是用巨大的条石和城砖筑成的。城墙顶上铺着方砖，十分平整，像很宽的马路，五六匹马可以并行。城墙外沿有两米多高的成排的垛子，垛子上有方形的瞭望口和射口，供瞭望和射击用。城墙顶上，每隔三百多米就有一座方形的城台，是屯兵的堡垒。打仗的时候，城台之间可以互相呼应。"

　　这种文字，初一看，你就想一扔了之。实在太平实，太没有诗意了。但仔细嚼上几遍，味道就会慢慢出来。于是，口齿生香，欲罢不能。你看，第一，表述之精确，一字一个准。长城的结构特征，由远到近、自下而上，写得有条不紊，井然有序，没一个废字，这也就是朱光潜先生一再强调的"精确妥帖"。第二，更妙的是，处处明写长城的结构特点，又处处暗合长城的历史作用。你看这些词：瞭望、射击、屯兵、堡垒、打仗……你联想到什么？战争。狼烟四起，烽火连天，金戈铁马，刀光剑影。是不是？

　　有人说，中国的版图上大写着一个"人"字，"人"字一撇是长城，从东头的山海关到西头的嘉峪关，全长一万三千多里；"人"字一捺是运河，从北京的通州到浙江的杭州，全长一千七百多公里，撇捺相交于首都北京，是个巧合，也是个奇迹。长城是中华民族的武脉，运河是中华民族的文脉。长城是凝固的历史，运河是流淌的文化。长城依托山，体现一种阳刚文化；运河依托水，体现一种阴柔文化。长城是中华民族的父亲，运河就是中华民族的母亲。

当然，现在的长城成了一种旅游资源，秦始皇筑长城，他可没想到发财。那时的长城只有一个作用，军事防御，保家卫国。

作者写长城，一明写、一暗写，自然让人联想到长城的历史地位和军事价值。但文章的第三段并没有顺着这个思路往下来，写什么呢？

"站在长城上，踏着脚下的方砖，扶着墙上的条石，很自然地想起古代修筑长城的劳动人民来……"

写古代劳动人民。没办法，这是主流的历史观——人民，只有人民，才是创造历史的动力。于是，作者很自然地想起了古代的劳动人民来。任何涉及历史文物的东西，诸如长城、秦始皇兵马俑、故宫等，最终你非得想起劳动人民、非得感谢劳动人民，这已成为某种思维惯性、历史教条。

有个笑话，一位老师上《秦始皇兵马俑》，快结束时出了个问题，"面对世界第八大奇迹，你最想感谢的是谁？"一个愣头青回答："我最想感谢秦始皇。"把老师给气得，心说：完了！我这课就砸在你这个秦始皇身上了。他脸一沉、眼一白："秦始皇是个暴君，有什么好感谢的？拜托，给我动动脑子好不好？"第二个学生说："我最想感谢第一个发现秦始皇兵马俑陶片的农民。"老师心里那个急啊，甭提了！"农民？农民长什么模样，你见过吗？""没见过。""你都不知道他长啥样，你感谢他干吗？"第三个学生说"我最想感谢作者。没有作者，我还不知道有秦始皇兵马俑呢。"老师已经忍无可忍了，都快急疯了，心说"你这叫怎么说话？没有秦始皇兵马俑，哪来的文章？哪来的作者？"终于有个学生给出了老师想要的答案："我最想感谢的是古代劳动人民。"这下把老师给乐得，一个箭步窜过去，紧紧握住那孩子的手，说："你真是我的知音啊！"

瞧！符合标准答案的就是知音，不符合的呢，统统都是胡说八道。登上长城，就不能想想那些战死沙场的将士们？为国捐躯的将士们就不是劳动人民的一分子？顺着"武脉"这条思路，我想到了第二个"语文的形式之美"：

"站在长城上，扶着成排的垛子，望着高耸的城台，很自然地想起那些驻守边关的将士来……"

"秦时明月汉时关，万里长征人未还。""千堆战骨那知主，万里枯沙不辨春。""征人饮马愁不回，长城变作望乡堆。"这个地方让孩子们写一写，我想也应该是自

然而然的事。

（八）发现心灵鸡汤的形式之美：精致和蕴藉

这是课文《触摸春天》：

邻居的小孩安静，是个盲童。

春天来了，小区的绿地上花繁叶茂。桃花开了，月季花开了。浓郁的花香吸引着安静。这个小女孩，整天在花香中流连。

早晨，我在绿地里面的小径上做操，安静在花丛中穿梭。她走得很流畅，没有一点儿磕磕绊绊。安静在一株月季花前停下来。她慢慢地伸出双手，在花香的引导下，极其准确地伸向一朵沾着露珠的月季花。我几乎要喊出声来了，因为那朵月季花上，正停着一只花蝴蝶。

安静的手指悄然合拢，竟然拢住了那只蝴蝶，真是一个奇迹！睁着眼睛的蝴蝶被这个盲女孩神奇的灵性抓住了。蝴蝶在她的手指间扑腾，安静的脸上充满了惊讶。这是一次全新的经历，安静的心灵来到了一个她完全没有体验过的地方。

我静静地站在一旁，看着安静。我仿佛看见了她多姿多彩的内心世界，一瞬间，我深深地感动着。

在春天的深处，安静细细地感受着春光。许久，她张开手指，蝴蝶扑闪着翅膀飞走了，安静仰起头来张望。此刻安静的心上，一定划过一条美丽的弧线！蝴蝶在她八岁的人生划过一道极其优美的曲线，述说着飞翔的概念。

我没有惊动安静，谁都有生活的权利，谁都可以创造一个属于自己的缤纷世界。在这个清香袅袅的早晨，安静告诉我这样的道理。

这是一篇很"读者"的文章，也被称作"心灵鸡汤"。这样的文章，往往很受文学青年的欢迎。文章好是好，就是太难，我指内涵和哲理。搁在四年级，为难了孩子也为难了老师。

我们来看课文。课题四个字——触摸春天，这就有了问题，春天能触摸吗？春天不是一个东西，你怎么触摸？"触摸"一词与"春天"一词配在一起，就是一种语文的形式之美，一种陌生化的效果就出来了。你说"感受春天"或者"体验春天"，那这个题目就没有张力了。是不是？

实际上，文中的安静，就是那位盲女孩，真正触摸的不是春天，是"蝴蝶"。通过触摸蝴蝶，她进入春天的深处，她触摸春天的灵魂。而触摸蝴蝶的两段文字，在全文中也是写得最见功夫、最有意味的。

第一段："安静的手指悄然合拢，竟然拢住了那只蝴蝶，真是一个奇迹！睁着眼睛的蝴蝶被这个盲女孩神奇的灵性抓住了。蝴蝶在她的手指间扑腾，安静的脸上充满了惊讶。"

第二段："在春天的深处，安静细细地感受着春光。许久，她张开手指，蝴蝶扑闪着翅膀飞走了，安静仰起头来张望。"

这两段话，勾勒出两幅画面，是全文的核心所在。第一个画面抓蝴蝶，第二个画面放蝴蝶，安静心中的"春天"就在这一抓一放之间。在一抓一放之间，安静丰富多彩的内心世界得到了尽情展现。这里我发现了两个"语文的形式之美"，第一个，同样是写蝴蝶的动作，前面是"扑腾"，蝴蝶在她的手指间"扑腾"；后面是"扑闪"，蝴蝶"扑闪"着翅膀飞走了。"扑腾"和"扑闪"这两个词语显然不能调换。为什么不能调换？"扑腾"意味着求生的渴望，意味着挣扎，"扑闪"意味着获得自由的舒展，动作是差不多，但味道大不一样，这是一种语言的精致之美。

第二个，再去关注一下，当蝴蝶在"扑腾"时，安静的表情是怎样的？是惊讶。因为她从来没感受过一个活物、一个渴望生存的活物对她如此强烈的冲击。惊讶的背后，恰恰是安静敏感而又细腻的精神世界，一个精神世界麻木不仁的人，他的表情是不可能惊讶的。表情是灵魂的语言，一个表情安静的人，他的灵魂一定是安静的；一个表情张狂的人，他的灵魂一定也是张狂的。我们说安静的心灵世界是丰富多彩的，是细腻的，是敏感的，凭什么？就凭她的表情。后面蝴蝶扑闪的时候，安静的表情是什么？是张望。有人说，张望是个动作。这自然也对。但是，我们不能忘了安静的特殊身份——盲童。因为她是个盲童，看不到任何东西，在这里她居然张望，这与其说是动作，毋宁说是一种有着象征意味的表情。这张望表情的后面，又有着怎样的蕴藉呢？没有直说，但对于这样的蕴藉之美，我们就需要一份敏感、一种直觉。"张望"所要表明的，乃是安静的灵魂，乃是她的精神世界的丰富多彩。安静丰富多彩的精神世界对作者是一种巨大的冲击和震撼。由此让我们对盲人、对残疾人的精神生活引发一种理解，进而反思我们活着的人、肢体都很健全的人，我们的精神生活是丰富还是匮乏的，是麻木不仁的还是灵动活泼。用敏感和细腻去咀嚼"惊讶"和"张望"，在触摸安静的内心春天的同时，进而反观和触摸每个人自

己的内心春天，不正是语文的诗意吗？

（九）发现记叙文的形式之美：反复和节奏

这是课文《地震中的父与子》：

1994 年，美国洛杉矶发生大地震，30 万人在不到四分钟的时间里受到了不同程度的伤害。

在混乱中，一位年轻的父亲安顿好受伤的妻子，冲向他七岁儿子的学校。那个昔日充满孩子们欢声笑语的漂亮的三层教学楼，已变成一片废墟。

他顿时感到眼前一片漆黑，大喊："阿曼达，我的儿子！"跪在地上大哭了一阵后，他猛地想起自己常对儿子说的一句话："不论发生什么，我总会跟你在一起！"他坚定地站起身，向那片废墟走去。

他知道儿子的教室在一层楼的左后角，便疾步走到那里。

就在他挖掘的时候，不断有孩子的父母急匆匆地赶来，看到这片废墟，他们痛哭并大喊："我的儿子！""我的女儿！"哭喊过后，便绝望地离开了。有些人上来拉住这位父亲，说："太晚了，没有希望了。"这位父亲双眼直直地看着这些好心人，问道："谁愿意帮助我？"没人给他肯定的回答，他便埋头接着挖。

消防队长挡住他："太危险了，随时可能发生大爆炸，请你离开。"

这位父亲问："你是不是来帮助我？"

警察走过来："你很难过，我能理解，可这样做，对你自己、对他人都有危险，马上回家吧。"

"你是不是来帮助我？"

人们摇头叹息着走开了，都认为这位父亲因为失去孩子过于悲痛，精神失常了。

然而这位父亲心中只有一个念头："儿子在等着我！"

他挖了 8 小时，12 小时，24 小时，36 小时，没人再来阻挡他。他满脸灰尘，双眼布满血丝，衣服破烂不堪，到处都是血迹。挖到第 38 小时，他突然听见瓦砾堆底下传出孩子的声音："爸爸，是你吗？"

是儿子的声音！父亲大喊："阿曼达！我的儿子！"

"爸爸，真的是你吗？"

"是我，是爸爸！我的儿子。"

"我告诉同学们不要害怕，说只要我爸爸活着就一定会来救我，也能救大家。因为你说过，不论发生什么，你总会和我在一起！"

"你现在怎么样？有几个孩子活着？"

"我们这里有14个同学，都活着，我们都在教室的墙角，房顶塌下来架成个大三角形，我们没被砸着。"

父亲大声向四周呼喊："这里有14个小孩，都活着！快来人！"

过路的人赶紧跑过来帮忙。

50分钟后，一个安全的出口开辟出来了。

父亲声音颤抖地说："出来吧！阿曼达。"

"不！爸爸。先让我的同学出去吧！我知道你会跟我在一起，我不怕。不论发生了什么，我知道你总会跟我在一起。"

这对了不起的父与子，无比幸福地紧紧拥抱在一起。

整个文本，伴随着这样一个有趣的语文现象——

"不论发生什么，我总会跟你在一起。"

这话，既是父亲说给儿子的，也是儿子说给父亲的。这个语言现象，文中前前后后出现了三次。

第一次，在开头，"他猛地想起自己常对儿子说的一句话：'不论发生什么，我总会跟你在一起！'"

第二次，在中间，是儿子对父亲说的话，"我告诉同学们不要害怕，说只要我爸爸活着就一定会来救我，也能救大家。因为你说过，不论发生什么，你总会和我在一起！"

第三次，在结尾，还是儿子对父亲说的话，"不！爸爸。先让我的同学出去吧！我知道你会跟我在一起，我不怕。不论发生了什么，我知道你总会跟我在一起。"

我甚至傻想，题目不妨改一改，把《地震中的父与子》改成《永远和你在一起》。这样一个"永远和你在一起"的语文现象，为什么一而再、再而三地出现，难道就不怕有啰嗦之嫌？

有人把《地震中的父与子》定位在父爱上，这是有失偏颇的。题目是《地震中的父与子》，看一下情节，还写了他的儿子，从某种程度上讲，儿子带给我的震撼更强烈。为什么？高尔基说："爱孩子，那是母鸡都会做的事。"这是天性，而那么小

的一个孩子，在突如其来的巨大灾难面前，显得那么镇定、那么从容，这是极其不简单的！背后一定有某种东西让人震撼。

话又说回来，即便这个文本主要讴歌的是父爱，父爱如山，但是同样写父爱的文章远不止这篇，《精彩极了和糟糕透了》中有父爱吗？有！《钓鱼的启示》中有父爱吗？有！当这一类文本在一起时，我们要读出的是"这一类"呢还是"这一个"呢？换句话说，是要概括共性呢还是要发现个性呢？我想，答案应该是不言而喻的。共性寓于个性，只有发现各自的个性，才能更好地理解它们的共性。《地震中的父与子》，我们很有必要去把握"父爱"中的"这一个"。

"这一个"在哪里？就在前前后后反反复复出现的"永远和你在一起"。这叫信念！我们一定记得，在那位父亲挖掘废墟的时候，不断有孩子的父母急匆匆赶来，看到这片废墟，就痛哭一场，然后绝望地离开。是不是？你不能因此就否认那些家长对孩子的爱吧？同样是父爱，为什么别的父亲会绝望而去，这位父亲却永不放弃呢？细读这重复出现的语文现象，你不难发现，他有父爱，他更有超越了普通父爱的东西——不可撼动的信念。什么是"信念"？"信之念"，"信"在前，"念"在后，"信"是相信、坚信、笃信，是发自内心的，是和生命高度融合的，这样的"念"方可称为"信念"！所以，"起信"是最重要的，你看，所有的宗教，佛教、道教、伊斯兰教、基督教，首先讲起信。有了信，后面才有念，现代人不容易起信，因为现代人太独立，太自由，太爱批判，现代人对人类文明的一切成果都要解构，现代人很少有真正的信念。这个"信"是怎么来的？所有成功学、励志学最终研究的都是"信"的问题，最终揭示的都是"信"的秘密。信念，相信，信任，自信，"信"要由意识转化为潜意识，才会有用。"信"由意识转化为潜意识，秘诀是——不断重复。一句话不断重复，天天重复，就有可能转化为信念。这样，你就能理解这句话在文中反复出现的意义了。

在我看来，文中最重要的还不是这三句话，而是一个字，"他猛地想起自己常对儿子说的一句话"我兴奋点落在哪个字上？"常"。什么叫"常"？"常"是经常，"常"是反复，"常"是一而再、再而三。古人说："有志之人立志常，无志之人常立志。""常立志"就是今天这个志向，明天那个志向，志向一直在变，常立志的人是没有志向的人。有志向的人是立了这个志后就相信它，践行它，这才是有志者的表现。信念也是这样，看到"常"字，你就会明白为什么儿子会想起这句话、会坚信这句话，因为天长日久、耳濡目染，因为这也已是儿子的信念了。

第二，从这三句话的表达方式看，它们是不一样的，这又是一个语文形式之美。同样的信念、同样的意思，因了语境的不同，表达方式、文字遣用是不一样的。第一次，是父亲自己猛地想起常对儿子说的话，代表父亲的"我"在前，代表儿子的"你"在后，"我总会跟你在一起！"第二、第三次，都是从儿子口中说出来的，代表父亲的"你"在前，代表儿子的"我"在后，"你总会跟我在一起！"更有意思的是，一样的信念，先由父亲口中说出，再由儿子口中出现，使我们有理由坚信，这样的信念已经转化为儿子的血液，深入到儿子的骨髓，是真正意义上的信念。

（十）发现通讯的形式之美：剪裁和布局

这是课文《梦想的力量》：

"妈妈，给我70元钱。"1998年的一天，6岁的加拿大男孩瑞恩·希里杰克刚一放学，就迫不及待地冲进家，向妈妈伸出手说，"我要给非洲的孩子挖一口井，好让他们有干净的水喝。"

原来，这天老师在给一年级学生上课的时候，讲道："在非洲，许多孩子没有玩具，没有足够的食物和药品，甚至喝不上干净的水。成千上万的孩子因为喝了受污染的水死去了。如果能捐出70元钱，就能帮他们挖一口井。"

"他们不应该过那样的生活。"一整天，"70元钱一口井"一直在瑞恩的脑子里转着。"我一定要为他们挖一口井。"瑞恩下定了决心。

面对瑞恩的请求，妈妈说："瑞恩，70元钱可不是小数目，得靠你自己去挣。"瑞恩爽快地答应了。

妈妈在冰箱上放了一个旧饼干盒，并为瑞恩画了一个积分表，上面有35个格。饼干盒里每增加两元钱，瑞恩就可以涂掉一格。妈妈说："瑞恩，记住，你只能靠做额外的家务活来赚这些钱，愿意吗？"瑞恩点了点头。

瑞恩的第一项工作是为地毯吸尘。哥哥和弟弟都出去玩了，瑞恩干了两个多小时。妈妈"验收"后，往饼干盒里放了两元钱。几天后，全家人去看电影，瑞恩一个人留下来擦了两个小时窗子，又挣了两元钱。爷爷知道了瑞恩的梦想，雇他去捡松果；暴风雪过后，邻居们请他去帮忙捡落下的树枝；考试取得好成绩，爸爸给了他奖励……瑞恩把得到的所有钱，都放进了那个饼干盒里。

35 个格子终于被涂掉了。4 月下旬的一个早上，瑞恩抱着装有零钱的饼干盒，把辛辛苦苦挣来的 70 元钱交给了募捐项目的负责人。

"太谢谢你了，瑞恩！"项目负责人接过捐款，向瑞恩介绍了在非洲进行的"洁净的水"募捐项目。最后，她不好意思地说，70 元其实只能买一个水泵，挖一口井得要 2000 元。瑞恩还小，他不知道 2000 元是个多么大的数目，他只是兴奋地说："那我再多干些活挣更多的钱吧！"

可是，让瑞恩通过自己干活来攒够 2000 元，实在是太困难了。尽管如此，瑞恩并没有放弃。妈妈的一位朋友被瑞恩的执着感动了，她决定帮帮这个富有同情心的孩子，于是她把瑞恩的事写成了文章，登在当地的报纸上。很快，瑞恩的故事传遍了加拿大。

一周以后，瑞恩收到了一张 25 元的支票。没过多久，另外一张支票寄到了。从此以后，瑞恩不断接到捐款，在短短的两个月时间里，瑞恩筹齐了可以打一口井的钱。

9 月，加拿大援助救济会驻乌干达办事处的工程师专程来到加拿大，和瑞恩一起讨论有关打井的事。那位工程师告诉瑞恩："人工凿井是一项艰巨的工作，大概要 20 个人干 10 天才能够完成。如果有一台钻井机，凿井的速度就快多了。"

一声不吭的瑞恩突然说："那我来攒钱买钻井机吧。"他的声音很小，但很坚定，"我想让非洲的每一个人都能喝上洁净的水。"

瑞恩的老师没有想到，一个孩子能有这么大的决心。她号召班上的同学加入捐钱打井的行列，还通过有关部门，使瑞恩和同学们跟非洲的孩子们通上信。

就在瑞恩的第一口井打好不久，2000 年 7 月，瑞恩和爸爸妈妈坐着卡车，一路颠簸来到了乌干达的安格鲁。

车子开进村庄时，5000 多名孩子聚在路边，他们热烈地鼓着掌，有节奏地高喊着："瑞恩！瑞恩！"瑞恩羞涩地走下车去，不好意思地向大家打着招呼。他被孩子们簇拥着，来到了一口井前。井被鲜花包围起来，水泥基座上刻着："瑞恩的井——由瑞恩·希里杰克为安格鲁小学社区建造。"

村里的一位老人站出来，高声说："看看我们周围的孩子，他们全都是健康的。这要归功于瑞恩和我们的加拿大朋友。对于我们来说，水，就是生命。"听到这儿，瑞恩和父母都流下了激动、幸福的眼泪。是呀，一个梦想，竟有如此大的力量，在此时有谁不流泪呢?

2001 年 3 月,"瑞恩的井"基金会正式成立。一年以后,"瑞恩的井"基金会已经为非洲的 8 个国家打了 30 口水井。

这应该算是一篇通讯吧?文中所写是件真事儿。写加拿大的一个男孩儿,叫瑞恩,那年才六岁,梦想让非洲的孩子能喝到水而不停地捐款。一开始捐了买一个水泵的钱,后来捐了可以挖一口井的钱,再后来捐钱买了一台钻井机,两万五千块。现在呢,"瑞恩的井"基金会成立了,慈善事业越做越大。

文章很长,可以开掘的语文形式也不少。我反复思考,最后定了这么两个点:第一,让学生找一找课文中哪些段落直接写了瑞恩的梦想:

第一个梦想是"我要给非洲的孩子挖一口井,好让他们有干净的水喝"。

第二个梦想是"让我再多干些活,挣更多的钱吧,挖一口井的钱"。

第三个梦想是"我想让非洲的每一个人都喝上洁净的水"。

三个梦想不同的是什么?不变的又是什么?解读这三个梦想就能解读这个孩子高尚的灵魂。不同的是什么?不同的是救助的对象越来越多,救助的金额越来越大,涉及的面越来越广。不变的是什么?不变的是他对非洲孩子的爱,那颗爱心永远没有改变。

第二,三个梦想都实现了,但是写法上是有区别的。你会发现有一个写得最详细,有一个次详,有一个就比较简略。那么,哪一个写得最详呢?第一个。为什么要这样处理呢?这就涉及语言文字的谋篇布局,古人说:"一张一弛,文武之道。"讲的是整体的文字结构,张弛有度,疏密有间。显然,作者对三个梦想的写法处理是胸有成竹的。第一个梦想重点展开,写细,写足,写活。后两个梦想稍稍带过、避免刻板,这是一种文章的作法。到了高年级,让孩子们揣摩揣摩这样的行文思路,对他们是有好处的。而这,正是某种敏锐的语文形式意识。

(十一) 发现小说的形式之美:缜密和典型

这是课文《少年闰土》:

深蓝的天空中挂着一轮金黄的圆月,下面是海边的沙地,都种着一望无际的碧绿的西瓜。其间有一个十一二岁的少年,项带银圈,手捏一柄钢叉,向一匹猹用力地刺去。那猹却将身一扭,反从他的胯下逃走了。

　　这少年便是闰土。我认识他时，也不过十多岁，离现在将有三十年了；那时我的父亲还在世，家景也好，我正是一个少爷。那一年，我家是一件大祭祀的值年。这祭祀，说是三十多年才能轮到一回，所以很郑重；正月里供祖像，供品很多，祭器很讲究，拜的人也很多，祭器也很要防偷去。我家只有一个忙月（我们这里给人做工的分三种：整年给一定人家做工的叫长年；按日给人做工的叫短工；自己也种地，只在过年过节以及收租时候来给一定的人家做工的称忙月），忙不过来，他便对父亲说，可以叫他的儿子闰土来管祭器的。

　　我的父亲允许了；我也很高兴，因为我早听到闰土这名字，而且知道他和我仿佛年纪，闰月生的，五行缺土，所以他的父亲叫他闰土。他是能装弶捉小鸟雀的。

　　我于是日日盼望新年，新年到，闰土也就到了。好容易到了年末，有一日，母亲告诉我，闰土来了，我便飞跑地去看。他正在厨房里，紫色的圆脸，头戴一顶小毡帽，颈上套一个明晃晃的银项圈，这可见他的父亲十分爱他，怕他死去，所以在神佛面前许下愿心，用圈子将他套住了。他见人很怕羞，只是不怕我，没有旁人的时候，便和我说话，于是不到半日，我们便熟识了。

　　我们那时候不知道谈些什么，只记得闰土很高兴，说是上城之后，见了许多没有见过的东西。

　　第二日，我便要他捕鸟。他说："这不能。须大雪下了才好。我们沙地上，下了雪，我扫出一块空地来，用短棒支起一个大竹匾，撒下秕谷，看鸟雀来吃时，我远远地将缚在棒上的绳子只一拉，那鸟雀就罩在竹匾下了。什么都有：稻鸡，角鸡，鹁鸪，蓝背……"

　　我于是又很盼望下雪。

　　闰土又对我说："现在太冷，你夏天到我们这里来。我们日里到海边捡贝壳去，红的绿的都有，鬼见怕也有，观音手也有。晚上我和爹管西瓜去，你也去。"

　　"管贼吗？"

　　"不是。走路的人口渴了摘一个瓜吃，我们这里是不算偷的。要管的是獾猪，刺猬，猹。月亮地下，你听，啦啦地响了，猹在咬瓜了。你便捏了胡叉，轻轻地走去……"

　　我那时并不知道这所谓猹的是怎么一件东西——便是现在也没有知道——只是无端地觉得状如小狗而很凶猛。

"它不咬人吗?"

"有胡叉呢。走到了,看见猹了,你便刺。这畜生很伶俐,倒向你奔来,反从胯下窜了。它的皮毛是油一般的滑……"

我素不知道天下有这许多新鲜事:海边有如许五色的贝壳;西瓜有这样危险的经历,我先前单知道它在水果店里出卖罢了。

"我们沙地里,潮汛要来的时候,就有许多跳鱼儿只是跳,都有青蛙似的两只脚……"

啊!闰土的心里有无穷无尽的希奇的事,都是我往常的朋友所不知道的。他们不知道一些事,闰土在海边时,他们都和我一样只看见院子里高墙上的四角的天空。

可惜正月过去了,闰土须回家里去。我急得大哭,他也躲到厨房里,哭着不肯出门,但终于被他父亲带走了。他后来还托他的父亲带给我一包贝壳和几支很好看的鸟毛,我也曾送他一两次东西,但从此没有再见面。

这篇课文大家耳熟能详,绝对经典,是从鲁迅先生的小说《故乡》中节选出来的,可以提炼的语文形式的宝藏实在太多。

譬如课文的第一段:

"深蓝的天空中挂着一轮金黄的圆月,下面是海边的沙地,都种着一望无际的碧绿的西瓜。其间有一个十一二岁的少年,项带银圈,手捏一柄钢叉,向一匹猹尽力地刺去。那猹却将身一扭,反从他的胯下逃走了。"

这个画面美不美?美,非常有诗意。我们读课文,首先会把兴奋点集中在这段文字上。但很少有人会去关注第8段、第10段、第13段,很少有人会去关注这三段文字与第一段之间有什么关系。

于是,我想到的第一个语文点就在这里:找一找,第一段文字描写的画面是根据底下哪些文字的想象合成的。实际上,这个充满诗意的画面是鲁迅先生想象出来的,他并没有目睹。那么,他凭什么想象出这样一个画面呢?答案就在文章的8、10、13自然段中。

第8段,"晚上,我和爹管西瓜去,你也去。"

你看,时间是晚上,地点是西瓜地。于是,"深蓝的天空中挂着一轮金黄的圆月,下面是海边的沙地,都种着一望无际的碧绿的西瓜"。画面就这样想象而成了。

第10段,"月亮地下,你听,啦啦地响了,猹在咬瓜了。你便捏了胡叉,轻轻

地走去……"

　　你看，猹出现了，胡叉出现了，"其间有一个十一二岁的少年，项带银圈，手捏一柄钢叉，向一匹猹尽力刺去"。画面就这样完成了。

　　第13段，"走到了，看见猹了，你便刺。这畜生很伶俐，倒向你奔来，反从胯下窜了"。

　　你看，"那猹却将身一扭，反从他的胯下逃走了"。这样的想象也就有了生活的依据。

　　大文豪的文字到底不一样。笔笔有交代、字字有落实，行文之缜密、思路之谨严，确非常人所能及啊！你看，就凭这几段文字，鲁迅先生就把它想象成了那么美的一幅画面。文学需要什么？文学需要想象，这是一个非常经典的关于想象的语文形式现象。那么，同样是写刺猹的情节，为什么前面第一段和后面三段在写法上会出现这么大的不同呢？因为，前面这一段是画面的描绘，后面三段是对话的叙述，这是由此时此地的语境决定的。

　　第二，可以想一想，文章为什么要以刺猹的画面开头？为什么文中还要详细提及刺猹的事？是不是又重复了？大家知道，闰土曾经告诉过鲁迅很多有趣的事，比如说：雪地捕鸟，到沙滩边去捡贝壳，捉跳跳鱼。但是，为什么这些画面没有成为文章的第一个画面？显然，在鲁迅的童年记忆中，印象最深的就是这个"月下刺猹"的画面。为什么？其一，它太符合少年的心理特征了，月下刺猹，充满惊险，充满神秘，充满刺激，是不是？这正是那些只能看见高墙内四角天空的少爷们最为渴望的趣事。其二，在所有能够回忆起来的关于闰土童年的画面中，没有一个画面显得如此精彩、如此美好、如此诗意了，它实在太完美了。在这里，"月下刺猹"又是一个具有典范意义的精心选材的语文形式之美。

（十二）发现梗概的形式之美：简约和连贯

　　这篇课文很特别，是一种新的课文样式。这种样式，有点像王荣生先生在《语文科课程论基础》中提出的"样本"类型的课文，它的主要意图只有一个，上完课文，孩子们都会情不自禁地找《汤姆·索亚历险记》来读，课上出这样的效果，就大功告成了！所以，课文的编排就显得与众不同，一篇课文有两个相对独立的部分构成，第一部分叫"梗概"，第二部分叫"精彩片段"，"梗概"是从整体情节上去吊学生的胃口，"精彩片段"是从局部细节上去吊学生的胃口。总之，能把学生阅读整部《汤姆·索亚历险记》的胃口吊起来，就是此课教学的最大成功。

那么，从语文形式的角度看，这一课有哪些值得关注的语文点呢？我们以课文的梗概部分为例，发现了两个点。第一，找一找梗概写了汤姆的哪几次历险，为什么要这样写？也就是说梗概到底应该怎么写。梗概就是要抓最主要、最突出的内容进行概括。《汤姆·索亚历险记》围绕什么写？围绕"历险"，主要写了五次历险。第一次，汤姆和哈克半夜到墓地去练胆量，结果看到了一次谋杀案。第二次，汤姆和哈克、乔奇到杰克逊海岛上当了一回海盗，失踪了一个礼拜，村里人以为三个人都死了，给他们开追悼会。结果正开追悼会呢，哥仨儿却回来了。第三次，汤姆和哈克去鬼屋寻宝。第四次，汤姆和贝琪在魔克托尔山洞迷路，这是真正的历险，两人差点丢了性命。第五次，汤姆和哈克再次到洞中寻宝，最后找到了金币，两人都发了财。梗概主要写了这五次经历。为什么这样写呢？必须这样写，因为这是故事梗概，我去查过不同版本的《汤姆·索亚历险记》的梗概，发现都一样。每个梗概，五次历险是必写的。这就是规律，把要点全都串在一起形成故事梗概，你写梗概就必须注意这个规律。

第二，课文中的梗概用了1200多字，现在我们提个要求，把它缩成一半，写成600字，怎么写？我想，学生必须明白两点，第一，五次历险的要点，一个都不能少，少一个就不是梗概；第二，每次历险的概述，需要进一步缩减，但连接和贯通五次历险的文字又不能少。这样，别说600字，500字、400字，甚至300字，都不会有问题。这也是规律，对不对？因此，写梗概，既要简约，突出要点；又要连贯，形成文脉。而这，正是语文的形式之美。

实验做完了！我们需要对实验进行理性的审视和反思。究竟什么是"诗意语文的边界"？

现在，我可以给出一个关于"诗意语文边界"的大致说法。所谓诗意语文的边界意识，就是关注文本"怎么写"、"为什么这么写"的意识。"怎么写"是"话语形式"问题，"为什么这么写"是"话语意图"问题。"话语形式"涉及什么呢？"话语形式"涉及遣词造句、谋篇布局、表达方式、修辞方式、语法结构等问题，简言之就是语感问题。而"话语意图"又涉及什么呢？"话语意图"涉及言语动机、交际目的、语言环境、文体特征、语言风格等问题，概言之就是境感问题。光有语感没有

境感，那是小语文；光有境感没有语感，那叫空语文。所以，一个称职的语文老师应该既有良好的语感素养，又有良好的境感素养，既能够关注话语形式又能够关注话语意图，这才是圆融的、完整的诗意语文。

宗白华先生说过："文学是如何地经过艺术家的匠心而完成，借着如何微妙的形式而表现出来，这不是'常人'所注意，也不是'常人'所能了解的。"注意，他说的是"常人"，而语文老师在这一点上是不能做"常人"的，否则，你就极有可能误人子弟。你要做什么？做"超人"，做一个顶天立地的"语文超人"。顶天，顶语文内容的天；立地，立语文形式的地。一个在语文领域顶天立地的人，不是"超人"又是什么呢？

五、语用焦虑与诗意突围

随着课改进入深水区，对语文课程的本质、本体和本色的思考与探索也进入一个新平台。其标识之一，便是当下在小语界大弘其道的语用教学。

就本体的角度而言，语文教学几乎与语用教学等义。这一点，《义务教育语文课程标准》（2011年修订稿）已经做了明确界定："语文课程是一门学习语用文字运用的综合性、实践性课程。"在这一关于课程性质的经典定义中，修订者单挑"运用"剔除"理解"，其良苦用心乃是出于对课程主要矛盾——"语用"的把握上。

这种转变的好处是显而易见的，从学术到实践，语文本体意识普遍开始觉醒；语文课堂上，"语文味"普遍开始散发且清香诱人；语文教学的有效性，普遍开始转向对语用的考量和评估上来。

但随之而来的弊端也时有所现：有的语文课，内容理解尚不充分，学生便嚼着"夹生饭"大练语用；有的语文课，通篇是写作知识和技法的分析，乍一听，以为是大学的写作概论课；有的语文课，不顾文本的整体语境和氛围，硬生生插进几个所谓语用设计，让学生莫名其妙地操练；有的语文课，原本感人至深、沁人肺腑，结果却被语用给绑架得丢魂失魄、形容枯槁……

弊端的背后，我以为是一种普遍的"语用焦虑"，即罔顾一切的为语用而语用的焦虑。

王崧舟评上全国劳动模范（摄于 2010 年）

人们通常将"语用"看作一个平面的存在，潜意识中普遍以为"只有语言文字的实际使用"才是"语用"。依此逻辑，"只有在课堂上学习语言文字的实际使用"才是"语用教学"。这种"实际使用观"正是语用焦虑的实质所在。

然而，正是这一"实际使用观"才是我们首先需要审视和厘定的。

如果我们改变视角，不仅仅是从语用结果——"语言文字的实际使用"去理解"语用"，而从语用过程的角度理解"语用"，那么，所谓的"语用焦虑"就完全是一个笑话。

语用的发生，一般经历这样一个过程：环境和语用主体之间产生激荡、互动，语用主体有了表达的欲望和思想，这便是所谓"语用立意"；在表达欲望和思想的驱动下，语用主体在语言表达和意义建构之间产生激荡、互动，形成某种表达逻辑，这便是所谓"语用构思"；按照逐步明晰的语用构思，语用主体通过实际使用语言文字，将生命所触发的表达欲望和思想完全显化出来，这便是所谓"语用表达"。

概言之，语用表达、语用构思、语用立意，构成了一个完整的语用发生过程。

按照语用的这一发生机制，我们认为，语用教学事实上存在这样三个层次：第一个层次是显性层次，和"语用表达"基本对应，即我们经常在课堂上看到的让学

生实际使用语言文字，我们把这个层次称为"直接之用"；第二个层次是柔性层次，和"语用构思"基本对应，即根据文本的语用特征和个性，让学生感受、理解一些基础的语用知识和策略，积累一些基本的语用材料和碎片，但并不一定实际使用语言文字，我们把这个层次称为"储备之用"；第三个层次是隐性层次，和"语用立意"基本对应，即看起来似乎跟语用教学没有任何关联，课堂上就是纯粹的阅读，阅读的取向主要也不在"写作本位"上，唯精神思想是取。这个层次既无直接之用，亦无储备之用，但却深刻影响着语用主体的精神生命、思想灵魂，我们把这个层次称为"无为之用"。

（一）诗意表现：语用表达和直接之用

语用教学的第一个层次便是"直接之用"，目前课堂上我们看到的最常见的语用教学便是这种直接之用。而直接之用的基本表现形式便是"写"，即练习用文字表达。语用教学中的"写"，也表现出多种目的和功能的交织与共存。

（1）为写而写与为读而写

有的"写"，目的本身也在"写"，即通过写让学生感受、运用一些写的门道与规律。如《花钟》第一自然段，老师要求学生仿照课文中的写法特点，写一写别的花的开放。这"写"，就有着明确的学习"写"的意图在里面：第一，写开花要用不同的说法，如：欣然怒放、含笑一现、从梦中醒来等；第二，写开花要使用拟人的手法，如：吹起了小喇叭、绽开笑脸、睁开惺忪的睡眼等。

有的"写"，客观上虽也起到了练习文字表达的作用，但其教学意图多半还是在促进和深化阅读理解上。如《老人与海鸥》的结课部分，让学生想象写话：看到老人的遗像，这些海鸥们会想些什么、说些什么呢？这"写"，意在深化海鸥与老人的那种不是亲人却胜似亲人的情感关系，进而触及人与自然和谐相处的深层内涵。

在语用教学中，两种旨趣的写都有其存在的理由和意义。但从本体的角度看，若能将两种旨趣统一起来，则效果可能倍增。

（2）有格之写与无格之写

有的"写"，带着明确的"写"的尺度和规定，是照着"格"在写。如《望月》一课，在读完课文"江中月"这一部分后，要求学生写一个自己赏月的片段。其"格"如下：第一，仿照课文或者其他作家的写法写自己的望月体验，如借景抒情、比喻等修辞手法的使用，观察点的有序转换等；第二，要求学生结合自己的表达恰当选择下述词语：

月亮　月光　月丝　月圈　月华　月色　月景

安详　静静　款款　渐渐　隐隐约约

吐洒　洒落　照亮　闪烁　朗照　满盈

镀上了一层银色的花边　嵌在暗蓝色的天空

清幽旷远　清新娴静　如流水一般　像笼着轻纱的梦

以上两"格"，明确而具体地规定了此次语用的基本要求，于学生而言，既是一种语用导向，也是一种语用规约。

有的"写"，则没有类似的尺度和规定，属于自由写、放胆写。如《二泉映月》一课，在解读阿炳的坎坷人生时，要求学生想象写话：十多年的黑暗生活，十多年的卖艺生涯，十多年的疾病折磨，十多年的幸福向往。一句话，十多年的坎坷经历。请用你自己的想象，用自己的心灵走进阿炳的那个时代，走进阿炳的那段生活。你看，也许在一个烟雨蒙蒙的早晨，阿炳正干着什么？也许在一个大雪纷飞的黄昏，阿炳在干着什么？也许因为他双目失明而撞上了一摊水果，你看到了什么？也许他在破旧不堪的房子里，你看到了什么？来，把你看到的画面、看到的形象、看到的情景写下来，写成几句话。

在语用教学中，两种要求的"写"当视学情、文情和课情的不同，灵活使用。有格的，当巧妙隐去"格"的痕迹，让语用学习更自然些；无格的，当努力渗透文字的门道和规律，使语用学习更扎实些。

（3）因文练写与因理练写

有的"写"，思想、题材等来自文本语境，既深化了读，也促进了写，可谓一举两得。如《长城》一文，前面大量写条石、方砖等建筑材料，后面写劳动人民怎么把这些材料运送到崇山峻岭上。两者之间有密切的逻辑关系，这是作者的一种写法，这种写法就是"见闻与联想"。那么，读《长城》还有没有可能产生别的联想呢？细读之，当然有。譬如：文本中还大量出现这类字眼儿："瞭望""屯兵""堡垒""射击""打仗"等，看到这些字眼儿，你会作何联想呢？会想到古代修筑长城的劳动人民吗？不会。会想到什么呢？想到狼烟四起，烽火连天，马嘶人喊，刀光剑影；想到"秦时明月汉时关，万里长征人未还"；想到"羌管悠悠霜满地，人不寐，将军白

发征夫泪"……因为，长城是军事工程、防御设施，是戍边镇关、保家卫国的。于是，课堂上就有了这样的写话设计：站在长城上，扶着成排的垛子，望着高耸的城台，很自然地想起那些坚守边关的将士们＿＿＿＿＿＿＿＿。这"写"，思想、题材完全来自课文语境，写法、要求也一样取自课文范例，写与读在这里得到有效互动。

有的"写"，则完全是一种技法迁移，所写内容的思想、题材等与原文语境几无关联。如《鸟的天堂》中写第二次去"鸟的天堂"，是一种"点面结合"的写法，即先整体地写鸟多，再详写某一种鸟。学了这种写法，让学生写一写"群鱼竞游"、"百蝶飞舞"等场景；又如《观潮》的写作顺序为"观潮前——观潮时——观潮后"，这一思路格式具有相当的普适性，让学生按照这一思路格式写一写雷雨、球赛、看戏、上公开课、学游泳等。这些"写"，即为因理而写。这"理"，大多指向语用之道。

因文、因理，各有巧妙不同。作为语用教学，既要入乎文内，以观其理；又要出乎文外，以通其变。

（4）写后有评与写后无评

有的"写"，写后有讲评。讲评标准，无外乎内容和形式两个维度。有的侧重于内容，如情感是否真挚、形象是否真实、思想是否独到等；有的侧重于形式，如是否按之前的表达要求写话、用词是否准确、各种修辞手法的使用是否妥帖等。

有的"写"，写后没有讲评。没有讲评，多半是出于课堂氛围和情境的需要。讲评的理性和轨迹，有可能冲淡、甚至破坏课文的审美语境和情感逻辑，在鱼和熊掌不能兼得的困境下，往往有教师会舍弃讲评一环。也有的虽然没做当下讲评，但往往会有后续跟进。

有评无评，也不过是相对而论。有些评，是小用；有些无评，可能成大用。谁又能否认，那种真诚、投入的倾听，以及倾听中的眼神交流，何尝不是一种无痕的点评呢？

直接之用，在当前的语用教学中所占比例正在提升。有的课，甚至以超过一半的时间作为直接之用。这对彻底摆脱以阅读分析为基本取向的语文教学而言，无疑是好的、积极的、有实效的。但问题的关键恐怕不在用的比例，写得多并不意味着一定就能写好、写巧、写妙，那么，关键何在呢？这就涉及语用教学的第二个层次，即"储备之用"。

（二）诗意蕴蓄：语用构思和储备之用

"腹有诗书气自华""读书破万卷，下笔如有神""熟读唐诗三百首，不会写诗也会凑"，这些经典名句一语道出了储备之用。储备之用在目前的课堂上时有所见。其表现形式通常为两类，一类是储备语用材料，如摘录好词佳句、背诵经典诗文等；一类是储备语用知识，如语用的文章学知识、文体论知识、逻辑学知识、修辞学知识、美学知识，等等，这些语用知识，大多属于程序性、策略性的知识。

（1）为写而读：指向运用的语料储备

学生的阅读积累，通常存在两种状态。一种，背过了，记住了，但一到表达的时候，这些东西就统统抛到了九霄云外，这是所谓"消极积累"；一种，正好相反，不但熟读成诵、烂熟于心，而且，想用就用、随时会用，用得自然、用得生动、用得恰到好处，这就是所谓"积极积累"。显然，指向运用的"积极积累"，为语用学习奠定了扎实、高效的语言储备。

①主题式积累。在一个中心话题的指向和统整下，积累丰富的语言信息。例如：围绕"春"这个主题，可以积累有关"春"的成语、"春"的格言、"春"的诗词、"春"的歌曲、"春"的散文等。

②情境式积累。将学生已然积累的各种语料运用到一种新创设的语境中去。这种使用，可以是原汁原味的和盘托出，也可以是浑然一体的推陈出新。对学生而言，它既是熟悉的，又是陌生的。正是这种陌生化的语境，强化了学生对积累的使用意识。

③比较式积累。将相同题材、相同主旨的语料集中在一起，作比较式的积累，同中求异、异中求同，进而加深对各种语料特点和个性的感知和积累，并从中悟到一些遣词造句、谋篇布局的精妙所在。

④复现式积累。对于直接通过背诵积累的语料，如果不加以一定数量和频率的复现，学生会随着遗忘曲线的规律，自然忘却。因此，通过多种途径复现这些语料，对于促进学生的烂熟于心乃至言随意动，都有相当的影响和效果。

⑤探究式积累。让学生在一个框架、一条线索的指引下，自觉搜寻相关的语料，通过筛选、归类、整理，进入自己的积累库存。如围绕"宽容"这一人文小课题的研究，学生就能将宽容的名言警句、宽容的感人故事、发生在自己身上的宽容体验、

同学老师对宽容的看法等语用信息储备下来。

⑥试误式积累。在阅读积累中，运用"完形填空"的方式，让学生通过前后对比，一方面感受经典作品的文字运用之精妙，另一方面加深和强化学生对文本秘妙的感知和记忆，从而促进学生更积极地投入积累。

很多情况下，我们往往是为"积累"而"积累"，很少考虑"积累"的终极意义。其实，阅读积累只是一个手段、一种过程，它的最终目的还是运用。因此，引导学生将"消极积累"转化为"积极积累"，促进积累的产出量，实在是提高语用教学效率的重要环节。

（2）读中悟写：走向融合的语识储备

学生该储备哪些必需的语用知识？又该怎样储备这些语用知识呢？我们以彭才华老师执教的《凡卡》一课为例加以阐释。

①反复：语用知识的发现与提取

《凡卡》一课，从语用角度看，留给我们印象最深的当属"反复"这一语用知识的提取和落实。"反复"，既是一种常用的修辞格，偶尔也会被作为一种谋篇布局的特殊笔法加以使用。当"反复"作为一种修辞格时，它指的是作者在行文时重复使用同一词语、句子或句群的特殊语文现象。"反复"的语用意图，或在于加强语势、抒发强烈情感；或在于厘清行文脉络、增强语言的节奏感。

《凡卡》一文，"反复"是作为一种修辞格出现在契诃夫的笔下的。那么，《凡卡》一课，是如何将这一语用知识纳入阅读课的教学目标和内容，并加以有效落实的呢？

第一，在矛盾中发现语识。在理清《凡卡》全文的脉络之后，教学转入了对"反复"这一语文现象的聚焦。凡卡的信中，反复出现"求爷爷带他回乡下"的词语和句子，其中，"亲爱的爷爷"出现了四次、"带我离开这儿"出现了三次。在这里，教师并没有直截了当地告诉学生，这叫"反复"，这样写，是为了加强语势，抒发凡卡强烈的悲苦之情、祈求之愿。而是采用了类似"欲扬先抑、抑后再扬"的比较方式，通过补充契科夫自己的创作名言"简洁是天才的姊妹"，于无疑处激活学生对此一语用现象的疑问和困惑。一句话，"反复"这一语识是在教师创设的矛盾情境中由学生自己发现的。显然，由问题情境引发的语用知识是真实的，因而也是建构的、和学生的认知体验融合在一起的。

第二，在体验中感悟语识。要解读、掌握"反复"这一语用知识，关键在于学生对凡卡的悲惨生活和强烈的祈求心愿有一个设身处地、感同身受的理解。语用知识，只有融入了学生对文本所刻画的人物命运的真切体认，才能被活生生的、而非机械死板的掌握。所以，当"反复"作为一种语用矛盾被揭示之后，教学就此宕开一笔，刚刚聚焦的"反复"现象被暂时悬置起来，师生的目光转而投向"凡卡连狗都不如的生活"。对于凡卡的生活，教师引领学生进行了紧锣密鼓、敲骨吸髓般的细读体验，这就为贴肉贴心般的感悟"反复"这一语识积蓄了充足的情感能量。这一环节的实施，既从源头上为学生建构"反复"这一语识指明了方向，也从根本上拒绝了以理性分析、简单灌输来落实语用知识的方式。唯有体验，知识才能内化为学生生命的某个要素，从而深深地扎根于个体的精神土壤，这是知识活化的不二法门。

第三，在回旋中巩固语识。到了揭示矛盾阶段，语言的反复、表达的反复已经瓜熟蒂落一般成为凡卡的生命之辞，也成为学生的情动之辞。在学生通过切己体察、移情体验、回旋美读等方式深切地感悟和体认到凡卡的悲惨命运之后，那一声声"亲爱的爷爷，带我离开这儿"的恳求、祈求、苦苦哀求，已经化作了每位学生巨大的同情和悲悯之辞。貌似啰嗦的反复，才是最真、最强、最具感染力和穿透力的生命话语！老师创设情境引领学生一遍又一遍地诵读凡卡的反复之辞，大雪无痕般地运用着反复、回旋的课堂技巧和艺术，使学生一次又一次地感受到"反复"这一修辞格的语言表达力量。教学看似没有刻意安排"巩固"这一环节，但是，谁又能质疑这样一种回旋的教学安排对于"反复"这一语识所起到的复习和巩固作用呢？

②融合：语用知识的领会与运用

《凡卡》一课，对于"反复"这一语用知识的发现和提取是苦心孤诣的，但这只是问题的一个方面。事实上，我们从来不缺少所谓"语用知识"，我们真正所缺的，恰恰是以何种方式、何种策略、何种类化的模式传授语用知识，这种传授是基于真实情境的、主体建构的、融于生命的，是能有效促成"语识"向"语感"转化的。老实说，回到从前的那种理性化、机械操练化的方式只能是死路一条。

第一，语识与形象感悟相融合。知识本身是在剔除了生活的种种纷繁复杂、有血有肉的细节之后的抽象概括，但是，知识的产生却始于感性、始于细节、始于生活的纷纭多姿。同时，知识也只有融入了生活的种种现象、细节和变幻莫测的真实情境后才能最终被学生深刻理解、牢固掌握。在《凡卡》的教学中，"反复"这一语

识的传授是和凡卡这一人物形象的感悟合二为一的。一遍遍的"带我离开这儿"，话语的背后是凡卡的凄凉境况、悲惨命运，更是凡卡于凄惨遭际中怀抱着一点希望的苦苦挣扎。这里，"反复"的反复呈现，是与凡卡这一人物形象的种种细节融合在一起的，是现象本身的一体两面。

第二，语识与情感体验相融合。"反复"与其说是一种语用现象、修辞现象，毋宁说更是一种情感现象、思想现象。是的，当人物的内心世界悲苦到无法排遣又不得不排遣的时候，种种所谓抒情方法、技巧、艺术就会随了情感自身的逻辑应运而生，在这里，真正反复的并非一串相同的词语、句子，而是一再伤害、一再折磨、一再煎熬着凡卡这个人物内心世界的情感。由此，我们就不难理解在"引发矛盾"与"揭示矛盾"这两个环节之间，老师要插入"体味生活"这个与"反复"语识的掌握并无直接关系的教学环节，而且，此环节在整堂课的章法处理上显然是一处"详写"，教师的课堂生成可谓浓墨重彩、泼墨如云，至该环节的收煞处，学生对凡卡所过的"连狗都不如的生活"确实有了某种切肤之痛。一句话，蕴含着高浓度情感的"语用知识"只有用情感的方式才能被学生切实的理解并掌握。

第三，语识与审美建构相融合。语用知识的掌握，说白了不外乎两种基本方式，一种是基于理性、通过理性、最终以理性结果加以存储的方式；一种是基于感性、通过感性、最终以感性色彩加以领悟的方式。我们说，前一种是"科学的"，后一种是"审美的"。《凡卡》一课，对于"反复"这一语识的落实，显然走了审美的路子。首先，教师在课堂上刻意回避了对"反复"这一修辞格的概念性解释，甚至连"反复"这一术语也是通过"反复听到""反反复复听到"这样一种教学情境话语神不知、鬼不觉地嵌入学生的理解视野，回避直白、回避告诉、回避简单灌输，这正是"审美化教学"所秉持的课堂规则。其次，"反复"这一语识的教学，被精致地融入某种一唱三叹、回旋复沓的课堂节奏中，这种课堂节奏，有着音乐一般的气质、诗一般的神韵，这种节奏本身就是某种教学元素的一再反复。在同一语言的反复诵读中、在同一情感的反复渲染中、在同一生活的反复体验中，学生不知不觉地理解了"反复"、掌握了"反复"，语用知识与课堂的审美建构在此取得了一种艰苦但不失优雅的融合。

总之，储备之用虽未直接使用，但无论是指向运用的语料储备，还是走向融合的语识储备，都间接地为实际的文字使用提供了精致的建筑材料和优雅的建筑工艺。

储备之用，是一种改变气质、增加底蕴的语用学习，较之直接之用，它来得更深刻，也更为关键。

（三）诗意存在：语用立意和无为之用

但储备之用还不是语用学习的核心与灵魂。语用教学的最高层次乃是无为之用。我们通常将纯粹的阅读与写作本位对立起来，以为只有吸纳没有吐诉，于写作无补。殊不知这种貌似无用的吸纳，却有可能深刻影响和改变语用主体的生命质量和精神品位。而语用之用，从根本上说乃是生命之用、精神之用。因为，语言说到底乃是人的精神家园。

诚如复旦大学汪涌豪教授所言："不要说有些书读了没用，这个世界有许多书本来就与实用无关，只为情趣存在。也不要说有些书离现实太远，换个角度，其实它离你的理想很近。至于还有些书对你现在帮助不大，但可能对你的终生都会有影响。"

从这个角度看，我们认为旨在陶冶情操、涵养精神、塑造灵魂的阅读乃是语用的核心所在。也正是在无为之用这个层面上，阅读本位和写作本位得以统一。

（1）阅读的精神嘶鸣与立意的高度

一个人的阅读史常常就是他的精神发育史。而一个人的精神高度往往决定着他在言语世界的立意高度。因此，从根本上说，言语和精神是同构互生的。

教学《去年的树》，学生常常被"鸟儿"这个童话意象所感动。对此，有人对这个童话做过这样一番充满诗意的阐释：

《去年的树》是中日两国的教科书都选入的童话。同样没有华丽词藻，语言朴素到仅能维持故事的流动，却感人至深。鸟儿和树儿是好朋友，寒冬快要来临，鸟儿只得离开大树去过冬。我们可以挥挥手说"海内存知己，天涯若比邻"，但现实里让你连邻居也做不得。等到鸟儿回来想再给树唱歌时，树早已不知去向，鸟儿费尽周折寻找，最后看到的是树做成的火柴点燃的灯火。

生命的转瞬即逝，对多病的新美南吉来说，一伸手就能触摸到，所以不必用宏伟的叙事、动人的词汇，在新美南吉笔下只要用灯火就能生动地表现生命的有常与无常。这种有常与无常从来不是由自己把握的。那摇曳的灯光不消多时就会和火柴一样化为灰烬，鸟儿面对的是生离死别，这是预知的宿命。新美南吉向我们坦陈了

面对命运的无奈，但他没有因此而颓废地停止步伐，他坚持着找到一种亘古不变的东西，那就是鸟儿的歌唱。

是的，鸟儿践行的不仅仅是诺言，她用歌唱来告诉自己，她和树曾经有过多么美好的过去，而这种过去在将来还会不停地复活来温暖她。那歌唱简直就是人类向命运发出的宣言，宣告一颗星星划过夜空留下的美丽光线以及与大气摩擦产生的微微热量。正如新美南吉自己所说："我死了，但我所爱的事业不会就此消亡。"这句话，体现了他少有的豪迈，奏成一曲悲壮的还乡。

这样的解读，不仅仅是从文学本身，而是从生命哲学的高度对鸟儿的精神启示做出了诗意阐释。从语用的视角看，学生面对的正是某种高贵的精神。试问，哪个孩子的人生不会遭遇无常？又有哪个孩子的成长不是在超越无常中体认生命的意义？阅读《去年的树》，正是为孩子的精神成长播下这样一粒智慧的种子，以期因缘际会时长成一株参天的精神大树。

（2）阅读的思想超拔与立意的深度

没有思想的深邃，就不可能有文字的犀利；没有思想的宏阔，就不可能有文字的旷远。文字所趋，实乃思想引领。因此，纯粹的阅读往往是一趟思想的行旅、心灵的洗礼。

课文《普罗米修斯》改编自古希腊神话，引导学生细读文本，就会发现，将普罗米修斯这一神话形象定格为"英雄"是滑稽的，甚至是荒诞的。

众所周知，普罗米修斯盗火是因为他爱人类！在古希腊神话中，人是普罗米修斯一手造出来的。正如中国神话语境中，女娲是人类共同的母亲；普罗米修斯则是西方语境中人类共同的父亲。

因为爱，普罗米修斯才会来到人间；因为爱，普罗米修斯才会看到悲惨；因为爱，普罗米修斯才会下定决心；因为爱，普罗米修斯才会奋不顾身地盗火。这一点，只要稍许敏感，学生就会有体认。

故事中盗火场面虽有细节，但并不铺叙，只是一笔带过。"受难"才是这一神话文本的主体。有时，爱会给你带来痛苦！但是，你就因此放弃爱吗？普罗米修斯的回答是，为了爱，永不放弃！因为爱，甘愿忍受无尽的痛苦！这是普罗米修斯这一形象带给学生的震撼之处。

"为人类造福，有什么错？"是质疑、是反问，斩钉截铁，不容置疑。为人类造福是人伦之爱，更是天伦之爱，是无须推理、无须证明的真理之爱。西方谓之"博爱"，东方谓之"慈悲"。文化在这里是互通的，因为人性本无二致。"神话"说到底还是"人话"。

受难中，最为惊心动魄的场面无疑是"鹫鹰啄食天神肝脏"这一细节。这种超乎常人的想象，不正暗示着超乎常人的痛苦吗？这痛苦，写得极其血腥和惨烈，生不如死！这场景，即为地狱！"我不下地狱，谁下地狱？"博爱的极致便是自我牺牲！

这地狱般的生活，在古希腊的神话传说中是"三万年"。三万年的生不如死，三万年的不屈不挠，只为一个字——爱！

《普罗米修斯》是神话，是一个"爱的神话"。万世沧桑，唯有爱才是永远的神话。

学生阅读《普罗米修斯》，就这样被爱洗礼着、感染着，在爱的神话中，他们思考和体验着千古不易的宇宙法则：爱别人，也被别人爱，这就是一切！

由"英雄"升华至"博爱"，于学生而言，是一次思想的拔节。文字的深度，实为立意的深度。言语和思想，从来就是互为依存、实则一体的。

（3）阅读的情感丰赡与立意的温度

阅读对人的精神影响是多方面的，沉入文字，我们常常因此感动得泪流满面，正如彭程在《流泪的阅读》中指出的那样："流泪实际上是一种能力，是我们的灵魂仍然能够感动的标志。不应该为流泪羞怯，相反，要感到高兴欣慰。古典悲剧正是通过使观众流泪，达到净化其灵魂的目的。"

在《小珊迪》的故事，学生首先遇见的便是一个贫困交加的同龄人——珊迪。面对贫穷，同情和怜悯是学生的普遍反应。但读完整个故事学生才发现，这并非作者想要传递的情感。因为，珊迪的形象并不定格在贫穷二字上。贫穷，只是珊迪性格的一张底片、一种背景。

读罢故事，学生知道了珊迪死亡的原因：他换好零钱往回跑的时候，被马车撞了。

学生当然不能因此去谴责那个车夫，这看起来似乎是一场意外发生的交通事故。但是，细读故事，学生就迅速地被这个"跑"字揪住了心。这个"跑"，是从珊迪的口中亲自说出的。正是这个"跑"，客观上酿成了这场车祸，夺去了珊迪的命。

那一刻，学生忍不住想要问一问：他为什么不走而要跑呢？学生甚至设想，如果珊迪换好零钱往回走，那么，车祸就不会发生。但是，会有这种可能吗？答案是否定的。珊迪不会走，珊迪一定会跑，这是由他的性格逻辑所决定的。

因为，珊迪知道，故事中叔叔的眼神对他始终是怀疑的、戒备的；因为，他还知道，在多数人的眼中，像他这样的孩子、这样的人是被列入小偷、骗子、社会渣滓之流的；因为，他更知道，只有在最短的时间内将零钱还到那位叔叔的手上，他才能证明自己的清白和诚实，他才能坚守自己的尊严和良善。"跑"是珊迪性格的必然选择！

就在"跑"的那一刻，珊迪成就了自己人性中最高贵、最灿烂的那个部分，而他因此也付出了代价——生命！

那一刻，学生流泪了！不是同情，而是敬意！

刘勰说："夫缀文者情动而辞发，观文者披文以入情。"鲁迅说："创作原本根植于爱。"苏霍姆林斯基说："没有一条富有诗意的感情和审美的清泉，就不可能有学生全面的能力发展。"遇见珊迪，学生因此对诚实和良善有了更为切肤的体验，心地在那一刻变得更为柔软。文字的温度，从来就是生命之光的折射。唯有丰赡的情感滋养，才能绽放出文字的花朵。

（4）阅读的灵魂自由与立意的广度

阅读对学生的成长而言，往往是一种灵魂的牧养。他们驰骋在广袤的文字大地，发现着自己的发现，惊叹着自己的惊叹，困惑着自己的困惑，回味着自己的回味，正所谓"一切水印一月，一月印一切水"。

学生读赵丽宏的《望月》，便能充分享受这样一番灵魂的自由。

《望月》从"夜深人静"写起。"夜深人静"四字，点出一种时候、一种氛围、一种心境，于是，望月的背景由这四个字而显出一种寂寥的诗意来。

千江有水千江月。月在天，也在江。一轮明月，化作"千点万点晶莹闪烁的光斑"，化作"芦荡、树林和山峰的黑色剪影上的银色的花边"。月光是点，月光是线，月光随物赋形、无处不显。

月亮是安详的，一如望者的坐姿。洒向长江的月光，却是灵动的。闪烁，跳跃，那是月的充满活力的脉动；伸展，起伏，那是月的深呼吸。

小外甥的出现，让笔触由自然之月转向人文之月，章法为之一变。舅舅与外甥

王崧舟与作家赵丽宏先生在一起（王崧舟执教赵丽宏的《望月》）

你一句我一句地背诵起吟月之诗，在夜深人静的时候，在月光下的江轮上，这本身就极富诗意。

如果说，望月是对现实、当下、眼前之月的一种对话，那么，背诗则是与过去、历史、从前之月的一种凝望。在中国文化语境中，月亮从来就不是孤立于人的生命之外的存在。月是乡愁，月是高洁，月是禅悟，月是团聚，月是宁静，月是圆满，月是生命流转的一种精神底子。

背诗之后的谈论月亮，再次给读者带来惊喜。"月亮是天的眼睛"，可谓神来之比。这一比，不仅让作者惊讶，也令读者惊叹。但惊叹之余，读者又不得不感慨：一个眼睛如此明澈、阅读如此广泛、心灵如此敏感、想象如此富有灵性的孩子，对月亮作此一比，又有什么可以惊讶的呢？

此时的月亮，既非当下的自然之月，也非过往的文化之月，而是直指人之心性的想象之月。

月亮终于消失，但凝望却不曾离去。

细读之，妙不可言。此刻凝望的，正是心中之月。也因此，幻想的翅膀无拘无束、凌空翱翔。结尾的省略号，把望月的境界推向了一种禅意的空灵。

　　越是一流的作品，越是抒写纯粹的形而上的诗意。《望月》便是这样的作品。

　　在《望月》中，学生观察江中月、回忆诗中月、想象心中月，最终望见的，亦不过是自己的那轮生命之月。文字陶冶着性情，语言窖藏着灵魂。耳濡目染、潜移默化，无为之用终将滋养出一个崭新的言语生命。

　　如果说，语用教学是一座浮在海面的冰山，那么，直接之用便是人人可见的冰山之角，储备之用则正好处于海平面的上下浮动之际，时而显现时而淹没，无为之用却永远看不见，因为它永远处于海面的深处。而这，才构成了一座完整的、全然的冰山。缺哪个层面，冰山都将不复存在。而冰山的基座，亦即那永远看不见的无为之用，才是最终决定冰山的高度、深度、温度和广度的关键所在！那里，有生命在欢舞。

　　诗意语文，至此实现了教学理论的又一次超拔。

诗意安顿

——我的课堂实践

　　一堂好的语文课，存在三种境界：人在课中、课在人中，这是第一重佳境；人如其课、课如其人，这是第二重佳境；人即是课、课即是人，这是第三重佳境。境界越高，课的痕迹越淡，终至无痕。因此，课的最高境界乃是无课。

　　第一重佳境，关键是一个"在"字。我"在不在"课上，这很重要。有人会觉得奇怪，我在上语文课，我怎么可能不在现场呢？我觉得，此处的"在"大概涉及三个层次，第一层次叫"身在"，持"奇怪论"者，大多是"身在论"者，因此，对奇怪也就不足为怪了；第二层次是"意在"，指教师能全身心地投入课中，一心一意、专心致志，这一层次已经触及我所讲的佳境了；第三层次是"思在"，笛卡尔有言"我思故我在"，课能上出自己的思考，上出自己的思想，这才是哲学意味上的一种"人的存在"。有些老师是在上课，身在、意也在，但他上的不是经由自己独立思考、独立批判、独立创造的课，而是人云亦云的课、照本宣科的课、囫囵吞枣的课，这就是"身"在场而"思"缺席的课。严格地说，第一重佳境，应该是"思在"之课。这重佳境的实现，关键在于坚持和尊重自己的独立思考。上经过自己思考的课，才能进入佳境。

王崧舟参加"浙派教育家进乡村"的摄制（左二系作者 摄于2011年）

第二重佳境，关键是一个"如"字，"如"者，不仅谓"好像"之义，更谓"适合"之义。课的风格，就像你的性格、你的人格。也因为课的风格与人的风格在深层次上具有同构之故，才称得上真正意义的"适合"。对待"课"，既有"事业"的态度，也有"科学"的态度，更有"艺术"的态度。"如"的境界，已是自觉地将课作为一种艺术加以追求了。艺术的成熟，常常以"风格"的形成为重要标志。形成课的风格，我以为在很大程度上取决于对自我、对主体的一种深刻尊重和理解。人越是高扬主体性，越是彰显自己的人格特征和魅力，课的风格也就越鲜明、越自然、越具魅力。从这个意义上讲，最好的风格就是"本色"。本色的课拒绝机械模仿，拒绝东施效颦，拒绝削足适履。人格的洒脱一定折射为课的洒脱，人格的严谨自然融化为课的严谨。实现这重佳境，关键在于上最适合于自己的语文课。

第三重佳境，关键是一个"即"字，"即"者，"当下"也、"实现"也，"即心即佛"也。你的人生，存在于课的每一个当下；课的每一个当下，成就了你的人生。语文人生，人生语文。糟糕的、浮躁的、粗野的、暴戾的语文课成就了你糟糕的、浮躁的、粗野的、暴戾的人生；反之，诗意的、宁静的、优雅的、温婉的语文课成就了你诗意的、宁静的、优雅的、温婉的人生。这实在是职业生命的不二法门。自然，此处所言为佳境，当是语文课的一种积极的当下的实现。我在上课，但我同时又是在享受上课。我在课堂上彻底敞开，全然进入课堂中的每一个当下，和学生情情相融、心心相印，我彻底打开自己的生命，让生命中的每一个细胞、每一寸肌肤去感受、去触摸、去体认课堂中的每一个当下，我会在不经意间邂逅生命的高峰体验，我会在课堂上率性而为，和学生一起欢笑、一起流泪、一起沉思、一起震撼。于是，我就是课，课就是我，我和学生一起全然进入一种人课合一的境界。这种境界是什么？这种境界就是诗意，就是自由，就是深深的幸福感。要实现这重境界，关键是要体验、把握语文课的每一个当下。

进入"即"的境界，也就是夫子所谓"从心所欲不逾矩"了。"课"的所有规范、所有准则，因为嵌入了自己的生命和灵魂，成为自由和率性的道场。无课的课，才是课的最高境界。

一、美的萌动与初绽:《荷花》课堂品悟

这是王崧舟老师 2001 年的课,越过十年的光阴回望,我们依然会被其中的智慧与美感动。

回到十年前,谁也无法绕过那场争辩。"什么是语文"?"语文到底姓什么"? 世纪之交,课改前夕,新旧思想激烈交锋,对语文本体的思考从未这般热闹异常又举步维艰。语文教育开始在工具与人文之间权衡,在语言与精神之间徘徊,在理性与感悟之间摇摆。

《荷花》一课,就在这样风雨飘摇的争辩声里,不偏不倚,亭亭而立。

简简单单的教学设计,课路顺着文路。朗读、品味、写话,语文的味道十足。特别是一个"冒"字的赏析,堪称关键词教学的典范! 另一方面,执教者又以美为主线,让学生在潜心会文的过程中去发现、感悟荷花的美,将荷花拟人化、生命化、情态化,进而用自己的情感和语言去创造荷花的美。语言学习与审美熏陶,相得益彰又水乳交融。

当时的王崧舟正潜心研究"语感教学法",他读着王尚文先生《语感论》,强调提高语文综合素养的一个重要基础是养成语感,提出"把发展语感的主动权交给学生"。在他的设计里,《荷花》一课旨在引导学生于精读细赏之后将课文烂熟于心,自然融入其原有语言背景,直至渗入潜意识之中。假以时日,学生稍有近似的情境诱发,便会瞬间"唤起",巧妙串联,浑然一体,达到"天成的直觉、直觉的天成"般的语感境界。

如此说来,《荷花》一课的美与诗意,竟有些无心插柳的"意料之外"。王老师自己也称这一课是无意间擦出了"美"的火花。然而转念,细细思量,语感是一种以精神直觉为内核的,裹挟着人的情感、想象、理性、意志乃至潜意识的精神形态与机制,它强调感性陶冶,强调意会,这些与审美的心理机制大致相同。感与悟,意与情,当它们与《荷花》这样文质兼美的文本相遇时,诗意与美的流淌,又实属"情理之中"。重视语感,强调意会,必然会遇见诗意,遇见美。

或许,此课的美在今天看来也如叶老的文字少了些"炫目的光芒",但它"最宜取法"，在那个风雨飘摇的年月，给了我们温暖的感动与喜悦。彼时，王崧舟语文教育思想里的"诗意"也恰似那年早春只可遥望的草色，朦朦胧胧，初现端倪。

站在今天回首，越着十年的光阴，这一课就是一朵纯美素雅的荷花，在我们的记忆里盈盈开着。（林志芳 文）

课文

荷花
（人教版小学语文第六册第 3 课）

清早，我到公园去玩，一进门就闻到一阵清香。我赶紧往荷花池边跑去。

荷花已经开了不少了。荷叶挨挨挤挤的，像一个个碧绿的大圆盘。白荷花在这些大圆盘之间冒出来。有的才展开两三片花瓣儿。有的花瓣儿全都展开了，露出嫩黄色的小莲蓬。有的还是花骨朵儿，看起来饱胀得马上要破裂似的。

这么多的白荷花，一朵有一朵的姿势。看看这一朵，很美；看看那一朵，也很美。如果把眼前的这一池荷花看作一大幅活的画，那画家的本领可真了不起。

我忽然觉得自己仿佛就是一朵荷花，穿着雪白的衣裳，站在阳光里。一阵微风吹来，我就翩翩起舞，雪白的衣裳随风飘动。不光是我一朵，一池的荷花都在舞蹈。风过了，我停止舞蹈，静静地站在那儿。蜻蜓飞过来，告诉我清早飞行的快乐。小鱼在脚下游过，告诉我昨夜做的好梦……

过了好一会儿，我才记起我不是荷花，我是在看荷花呢。

实录

照水荷花细细香

（一）呈象感形——你看到了怎样的荷花

师：今天咱们学《荷花》这篇课文。哪些同学看到过荷花？看过的请举手。

生：（纷纷举手）

师：还真不少，还想不想再看看荷花？

生：（齐答）想。

师：好！咱们一起来欣赏。看完以后，大家再来交流交流，你看到了怎样的

荷花。

师：（播放荷花的课件）

生：（欣赏课件）

师：都陶醉了，是吧？来，跟大家说说，你看到了怎样的荷花。

【感觉是进入审美经验的门户，而音乐和图画是创设审美氛围最有效的途径。王老师通过影像还原给学生一种可视的美、可感的美、真实的美。孩子们在进入了情景之后，自然是迫不及待地要表达自己对荷花的评价和欣赏。正是"呈于象，感于目，会于心"（叶燮）。】

生：我看到了美丽的荷花。

生：我看到正在开放的荷花，还没有开放的荷花和全部开放的荷花。

师：你看到的是各种形状的荷花。

生：我看到了白色的荷花。

师：你注意到了荷花的颜色。但老师有个建议，能不能为荷花的颜色换上一个美美的词语？

生：雪白的荷花。

师：雪白，哦！比普普通通的"白色"这个词可美多了。要是再加一个雪白，那就更美啦！

生：我看到了雪白雪白的荷花。

师：听！多美的一个词语。也只有这样的词语，才配得上荷花呀！

生：我看到了各种各样的美丽的荷花。

生：我看到了千姿百态的荷花。

师：好一个"千姿百态"！比刚才老师说的那个"各种形状"要强一百倍！

生：我看到了绿油油的荷叶像大圆盘一样，托着美丽的荷花。

师：好花要有绿叶衬啊！你不但关注了荷花，还注意到了碧绿的荷叶，看得真够全面的。

生：我看到刚开的荷花露出嫩黄色的小芽。

师：噢，那不叫小芽，叫小莲蓬。（板书"小莲蓬"，组织学生正音。）谁还有话想说吗？

生：我看到了亭亭玉立的荷花。

师："亭亭玉立"，太好了！请教一下，这个词语你是从哪儿学来的？

生：从课外书上。

师：好！只要做个有心人，哪儿都能学到语文。

【看似寻常的开端，教师用多媒体呈现荷花的图像，然后让学生说说"你看到了怎样的荷花"。孩子们说出的词语可能只是一个、两个，但这无关紧要，要紧的是他们愿意倾诉。

巧的是王老师的点拨与引导——"你注意到了荷花的颜色。但老师有个建议，能不能为荷花的颜色换上一个美美的词语？""你不但关注了荷花，还注意到了碧绿的荷叶，看得真够全面的。""听！多美的一个词语。也只有这样的词语，才配得上荷花呀！"……于是，从"白色"到"雪白雪白"，从"各种各样"到"亭亭玉立""千姿百态"，学生的发言由笼统到具体，由简单到丰富。

语言的训练、语感的沉淀恰似隐隐的荷香袅袅，更似润物无声的春雨细细。】

（二）诵读感知——作者怎样看荷花

师：这么美的荷花，同学们还想看吗？

生：（齐答）想！

师：打开书本，咱们到书本上去看看荷花。请大家自由朗读课文，一边读一边体会，你觉得写这篇文章的作者，他是怎样看荷花的。

【从"作者是怎样看荷花的"切入，极妙！一石激起千层浪。问题本身也暗暗渗透了写法的指导：要想把状物类的文章写漂亮，观察可是最关键的。】

（学生自由朗读课文，教师前后巡视）

师：（在巡视中插话）哪些地方、哪些段落让你体会到他是这样看荷花的，找出来可以再读一两遍。

生：（自由选择段落朗读）

师：老师在巡视中发现，这位同学读得特别投入，咱们先请她来交流交流。你读了课文之后发现，那个"我"是怎么样看荷花的。

生：我觉得他是在有滋有味地看荷花。

师：有滋有味地看荷花。你是从什么地方体会到的？能读给大家听听吗？

生：（朗读）我忽然觉得自己仿佛就是一朵荷花，穿着雪白的衣裳，站在阳光

里。一阵微风吹来，我就翩翩起舞，雪白的衣裳随风飘荡。不光是我一朵，一池的荷花都在舞蹈。

师：作者是有滋有味地看荷花，你呢，是有滋有味地读荷花。还有谁也想有滋有味地读读这段话？

生：（朗读）我忽然觉得自己仿佛就是一朵荷花，穿着雪白的衣裳，站在阳光里。一阵微风吹来，我就翩翩起舞，雪白的衣裳随风飘荡。不光是我一朵，一池的荷花都在舞蹈。

师：谁听出来了，他有几个词语读得特别有滋味？

生：雪白的衣裳，微风吹来，翩翩起舞，还有随风飘荡，我觉得他读得特别好。

师：愿意见好就学吗？好！咱们一起来欣赏欣赏他的朗读。

生：（朗读）我忽然觉得自己仿佛就是一朵荷花，穿着雪白的衣裳，站在阳光里。一阵微风吹来，我就翩翩起舞，雪白的衣裳随风飘荡。不光是我一朵，一池的荷花都在舞蹈。

师：嗯！连老师都被你读得想翩翩起舞了！好！他们几位体会到了有滋有味地看荷花，你们呢？

生：我觉得他不光是有滋有味地看，也是如痴如醉地看荷花。

师：哪儿让你体会到了如痴如醉？

生：（朗读）我忽然觉得自己仿佛就是一朵荷花，穿着雪白的衣裳，站在阳光里。一阵微风吹来，我就翩翩起舞，雪白的衣裳随风飘荡。不光是我一朵，一池的荷花都在舞蹈。

师：哪儿看出他痴了，他醉了？

生：他觉得自己就是一朵荷花，而且在翩翩起舞。

师：人成了花，花成了人。这不就是如痴如醉吗？来，咱们一起跟着作者再痴一回、醉一回，好吗？

生：（齐读）我忽然觉得自己仿佛就是一朵荷花，穿着雪白的衣裳，站在阳光里。一阵微风吹来，我就翩翩起舞，雪白的衣裳随风飘荡。不光是我一朵，一池的荷花都在舞蹈。

师：太好了！除了这段话，谁从别的地方发现了作者是怎样看荷花的？

生：我从第二段中发现，他是在仔仔细细地看荷花。

师：读给大家听听，咱们一起体会体会，他是不是在仔仔细细地看荷花？

生：（朗读）荷花已经开了不少了，荷叶挨挨挤挤的，像一个个碧绿的大圆盘。白荷花在这些大圆盘之间冒出来。有的才展开两三片花瓣儿；有的花瓣儿全都展开了，露出嫩黄色的小莲蓬；有的还是花骨朵，看起来饱胀得马上要破裂似的。

师：同学们发现没有，这一段话生字多、新词多，非常难读，是不是？你们自己先练读练读这段话，争取读正确、读流利。

【了解学生诵读的难点，给予他们的就是针对学情的贴心关照。】

生：（自由练读这段话）

师：谁有信心读好这段话？谁有？老师期待着你自信的小手——

生：（朗读）荷花已经开了不少了，荷叶挨挨挤挤的，像一个个碧绿的大圆盘。白荷花在这些大圆盘之间冒出来。有的才展开两三片花瓣儿；有的花瓣儿全都展开了，露出嫩黄色的小莲蓬；有的还是花骨朵，看起来饱胀得马上要破裂似的。

师：不简单呐！每个字都读得那么清晰、那么准确，为她的自信和水平鼓掌。（掌声响起）向她学习，咱们一起来读一读。注意读正确、读流利。

生：（齐读）荷花已经开了不少了，荷叶挨挨挤挤的，像一个个碧绿的大圆盘。白荷花在这些大圆盘之间冒出来。有的才展开两三片花瓣儿；有的花瓣儿全都展开了，露出嫩黄色的小莲蓬；有的还是花骨朵，看起来饱胀得马上要破裂似的。

【《荷花》的语言规范、精美、鲜活，面对这样的文本，王老师在课堂上不折不扣地引导学生美美地读，读原汁原味的文字。最终越读越想读，越读越爱读，越读越会读。】

师：真好！刚才他就是从这段话中发现，作者是在仔仔细细地看荷花。何以见得呢？何以见得作者是在仔仔细细地看荷花呢？

生：因为他看到了千姿百态的荷花。

生：因为他连花瓣儿中的小莲蓬都发现了。

生：因为他不但注意了荷花，还看到了挨挨挤挤的荷叶。

生：因为他对每一种荷花都做了仔细的观察。

师：说得好！现在老师来读一段话，看看从中你能发现作者是在怎样看荷花的？
　　（朗读课文）"这么多的白荷花，一朵有一朵的姿势，看看这一朵，很美；
　　看看那一朵，也很美。如果把眼前的这一池荷花，看成一大幅活的画，那
　　画家的本领可真了不起。"好！你发现了什么？

生：我觉得作者也是仔仔细细地在看荷花。

生：我觉得作者是带着想象在看荷花。因为他把一池荷花看成了一大幅活的画，
　　还表扬画家的本领了不起。

生：我觉得作者是带着欣赏的眼光来看荷花的。他看任何一朵荷花都觉得很美。

生：我也觉得作者是津津有味地在看荷花。

师：说得都很有道理。对课文，不仅要说得好，还要读得好。谁来读读这段话？

生：（朗读）这么多的白荷花，一朵有一朵的姿势，看看这一朵，很美；看看那
　　一朵，也很美。如果把眼前的这一池荷花，看成一大幅活的画，那画家的
　　本领可真了不起。

师：谁还想读？想读的咱们一起读。

生：（齐读）这么多的白荷花，一朵有一朵的姿势，看看这一朵，很美；看看那
　　一朵，也很美。如果把眼前的这一池荷花，看成一大幅活的画，那画家的
　　本领可真了不起。

师：其实，我更想说，你们的本领也真了不起！你看，才读了几遍课文，就读
　　得这样准确、流利，还能读出自己的感情了。

【一个问题，吹皱一池春水。表面上看，这个环节始终在探究"作者是怎样看荷
花的"。其实醉翁之意不在酒，教师并不是真正要学生去寻找一个确切的答案，问题
本身只是为学生提供了一条走进文本、走近作者的路。

　　于是，有了"有滋有味"地看、"有滋有味"地读；"如痴如醉"地看、"如痴如
醉"地读；"仔仔细细"地看、"仔仔细细"地读……那"有滋有味"、"如痴如醉"、
"仔仔细细"当然不只是作者看荷花时的状态，更是学生诵读品味文本时的情状啊！

　　整个板块的鲜活恰似碧绿如玉的荷叶，设计的智慧却不露声色。】

（三）品读悟情——"冒"出来的荷花

师：读了几遍书，我们体会到文章里的那个我，他是在认真地看荷花，仔细地

看荷花，想象着看荷花，身临其境地看荷花，如痴如醉地看荷花，有滋有味地看荷花。是吧？这样看荷花那才叫美啊！我想，看荷花是这样，读荷花更需要这样。就这么仔细地、投入地、有滋有味地来读，先读一读二、三两个自然段，好吗？一边读一边找，把你认为写得最美的句子画下来，体会体会，这句子美在什么地方。

生：（默读，找最美的句子）

【"找出最美的句子"，又是一个虚晃的问题。句子个个都好，哪个最美并不重要，重要的是在比较品评中涵泳体味。】

师：我发现同学们在书上画了很多，觉得这个句子写得很美，那个句子写得也很美。是不是？咱们交流的时候，就把你认为写得最美的那个句子挑出来，先读给大家听，然后说说你觉得这个句子美在什么地方，好不好？

生：我觉得这句话写得很美："荷叶挨挨挤挤的，像一个个碧绿的大圆盘。"

师：美在哪儿呢？

生："碧绿"、"大圆盘"，我觉得写得都很美。

生：我觉得这句话写得很美："有的还是花骨朵儿，看起来饱胀得马上就要破裂似的。"花骨朵儿好可爱的。

生：我觉得这个句子写得很美："这么多的白荷花，一朵有一朵的姿势。看看这一朵，很美；看看那一朵，也很美。"我觉得一朵有一朵的姿势，写出了每一朵荷花的美丽。

生：我最喜欢这句话："有的花瓣儿全都展开了，露出嫩黄色的小莲蓬。"

师：那么多的句子，为什么最喜欢这个句子？

生：因为我特别喜欢露出了的嫩黄色的小莲蓬。

师：噢，你是喜欢那个小莲蓬呀，而且还是嫩黄色的，是不是啊？雪白雪白的花瓣儿，跟嫩黄嫩黄的莲蓬配在一起，真的很美！

生：我觉得这句话最美："如果把眼前的这一池荷花，看成一大幅活的画，那画家的本领可真了不起。"他是用幻想的方法来看这一池荷花。

师：他是展开了自己的想象，把它看成是一大幅活的画。画是活的，谁见过？嗯，这句话是写得挺美的，我也有同感。老师也来读个句子，你们体会体会，这个句子美在哪里？（朗读）"白荷花在这些大圆盘之间冒出来。"句子

很简单，不仔细品味，你是很难发现它的美的。

【既是一种节奏的调整，也是一种顺势而为的重点楔入。已经有五个学生谈了对五句话的审美感悟，该是调整节奏的时候了。我们不难发现，前面五句话的解读都是一种浅尝辄止式的对话，而深入开掘式的对话则从眼下拉开了帷幕。这也可以算是一种"背面敷粉，欲扬先抑"的节奏处理艺术。前五句无疑是在为这一句的闪亮登场造势、蓄势。而这一句的"千呼万唤始出来"，会给学生一种强烈的心理暗示，此句大有来头，需要仔细理会。】

生：我觉得这个"冒"字写得特别美。到底美在哪儿，我也说不清楚。

生：我也觉得"冒出来"很美，让我感觉到荷花长得很茂盛。

生：我也认为"冒"很美，就是说荷花正在拼命往上长。

师：好！既然大家都觉得这个"冒"字很美，那我们就来好好地体会体会。你们觉得，这个"冒"字还可以换成别的什么字？

生：露出来。

生：钻出来。

生：长出来。

生：顶出来。

生：穿出来。

生：伸出来。

师：但是，你们说的这些字眼作者用了没有呢？没有！尽管意思差不多，但作者什么都没用，就用了这个"冒"字，是不是？为什么？为什么呢？（学生都没有反应）不着急，好的字眼，美的字眼，是需要用时间慢慢去嚼的。这样，你们先读读这段课文，体会体会，你觉得荷花从挨挨挤挤的荷叶之间怎么样地长出来，才可以叫做冒出来。

生：（自由朗读）

师：谁嚼出"冒"的味道来了？你觉得怎么样地长出来才叫冒出来。

生：我觉得比较快地长出来是冒出来，不是很慢地长。

师：迅速地长出来。好，这是你的感觉。

生：悄悄地钻出来。

师：悄悄地长出来。有点害羞的味道，嗯，这是你嚼出来的味道。

生：争先恐后地长出来。

师：争先恐后地长出来。这一朵急着要长出来，那一朵也急着要长出来，谁也
　　不让谁。我们从中体会到了荷花的一种心情，什么心情？

【四两拨千斤。轻轻一拨，将学生的精神触角由对荷花外形的揣摩深入到对荷花
内心的体验。】

生：急切的心情。

师：冒是怎样地长？冒是急切地长。

生：迫不及待的心情。

生：非常高兴的心情。

生：非常激动的心情。

生：欢天喜地的心情。

师：太好了！迫不及待地长，兴高采烈地长，非常激动地长，欢天喜地地长，
　　这就是冒出来呀！你们还有别样的体会吗？

生：心花怒放地长出来。

生：快快乐乐地长出来。

生：亭亭玉立地长出来。

师：是啊，同学们，作者不用"长"、不用"伸"、不用"钻"，就用了"冒"这
　　个字眼。为什么？因为，"冒"让我们嚼出了荷花的急切、荷花的激动、荷
　　花的争先恐后、荷花的迫不及待、荷花的心花怒放。

【较之第一板块的暗香袅袅，第二板块的碧绿鲜活，这一板块的教学无疑就是一
朵亭亭的荷花了。在这里，赏一个"冒"字，意境全出；着一个"美"字，一切
皆活。

　　正如武凤霞老师在赏析此课时写道："冒"的教学，是本课的一大亮点。荷花其
神其韵，都在一"冒"字。这是一个看似平常、实则蕴藉极深的文眼，是一口富
含精神和意味的文字的泉眼。稍不注意，就有可能像泥鳅一样从你的感觉之手滑
落。但王老师毕竟是大家，一句"我也来读个句子大家听一听"，将大家闺秀
"冒"的红盖头掀了起来；又一句"冒还可以换成别的什么字眼"，呼唤出一排以
"长"为代表的小家碧玉齐刷刷地站到了学生的眼前；令人击节称奇的却是这一
句：怎样地长出来才是冒出来？于是，风情万种的"冒"字在学生悟性和灵性的

滋养下诞生了!】

（四）移情入境——我就是那一朵荷花

师：想不想看一看这样冒出来的荷花?

生：（齐答）想!

师：（播放课件，随着音乐和画面，教师旁白）白荷花在这些大圆盘之间冒出来，那么急切，那么激动，那么争先恐后，那么心花怒放。看看这一朵，很美；看看那一朵，也很美。白荷花们仿佛想说些什么? 仿佛又想做些什么?

生：（欣赏摇曳多姿的荷花）

师：同学们，尽情地展开你想象的翅膀。你就是一朵白荷花，白荷花就是你自己。现在，你最想说些什么? 最想做些什么? 请写在练习纸上。

生：（音乐响起，学生独立写话）

【从语文训练的角度看，这是一次旨在表达的写话。从精神体验的角度看，这又是一次水到渠成的审美想象。不仅要欣赏美，还要创造美，想象写话就是对美的感受与认识的实践，是审美情操的深化与体现。】

师：白荷花们，此时此刻，此情此景，你想说些什么? 你想做些什么?

生：（读小练笔）我是一朵美丽的荷花，从这些大圆盘之间冒出来，我想让前来观看的游人们更早地看到我美丽的面孔。

生：（读小练笔）我是一朵洁白的荷花，从这些大圆盘之间冒出来，我骄傲地说："瞧! 我长得多美呀!"

生：（读小练笔）我是一朵亭亭玉立的荷花，从这些大圆盘之间冒出来，我变成了一个美丽的小姑娘，穿着洁白美丽的衣裳，穿着碧绿的裙子，在随风飘舞。

师：荷花仙子来了! 真是三生有幸啊!（笑声）

生：（读小练笔）我是一朵招人喜欢的荷花，从这些大圆盘之间冒出来，我想要跟别的荷花比美，你们谁也没有我这样美丽动人。

师：我欣赏你的自信! 自信的荷花才是美丽的荷花。

生：（读小练笔）我是一朵姿态万千的荷花，从这些大圆盘之间冒出来，我想说："我终于长成一朵美丽而漂亮的荷花了，可以让许多游客来观赏我。"

师：将自己的美献给游客，你不但有一个美丽的外表，更有一颗美丽的心灵。

生：（读小练笔）我是一朵快乐的荷花，从这些大圆盘之间冒出来，我想说："夏天可真美，我也要为夏天添一些色彩。"

生：（读小练笔）我是一朵孤独的荷花，从这些大圆盘之间冒出来，我多想找几个小伙伴跟我一起捉迷藏啊！

师：谁想跟这朵荷花交朋友？

生：（纷纷举手）

师：不孤独，孩子，不孤独。你有朋友，瞧！他们都是你的朋友。

生：（读小练笔）我是一朵充满希望的荷花，从这些大圆盘之间冒出来，我希望自己变得越来越美丽，这样我就可以成为花中之王了！

师：同学们，其实呀，每个人的心目中都绽放着一朵美丽的荷花。你们心中有，老师的心中同样也有。（播放视频，随着轻柔的音乐和唯美的画面，老师深情地朗诵——）

> 荷花啊
> 我只能在诗歌里模仿你的
> 皎洁　素雅
> 用含苞欲放的语言
> 伴你一夏
>
> 我要让蛙声
> 像唢呐一样
> 大声呱呱
> 我要叫醒那些叫做泪水的
> 露珠
> 和你一起告别晚霞
>
> 荷叶　绿水

那是没有尽头的夜晚

荷花啊

我要送你回家

回到你我

秋天那边

繁华褪尽的家

荷花啊

你原本就是因

皎洁　素雅

而从池塘的古诗中

出韵的

光华（掌声，下课）

【自"有我之境"至"无我之境"，阅读的最高体验莫过于"自化其身"的角色的转换。花不异人，人不异花，在学生的想象写话中，课的情境由实到虚，角色的转换不动声色。

读与写的结合，鉴赏与创造的过渡，审美与想象的衔接，一切浑然天成。这时的教学正似叶子底下脉脉的流水，悠然意会，妙处难与君说。（林志芳　点评）】

反思

"冒"出来的语文诗意

2001 年，正是"暮春三月，江南草长，杂花生树，群莺乱飞"的时节，由全国小语会主办的"全国小学语文创新教育观摩研讨会"在我的故乡绍兴举行。应大会组委会的邀请，我将在会上执教三年级的《荷花》一课。

准确地说，《荷花》是叶圣陶先生专为语文教材的编撰创作的一份习作样本，节选自《诗的材料》一文。记得沈从文先生在 70 多年前曾这样评论过叶老的创作：

从创作中取法，在平静美丽的文字中，从事练习，正确地观察一切，健全地体会一切，细腻的润色，美的抒想，使一个故事在组织篇章中，具各样不可少的完全条件，叶绍钧的作品，是比一切作品还适宜于取法的。他的作品缺少一种炫目的惊人的光芒，却在每一篇作品上，赋予一种温暖的爱，以及一个完全无疵的故事。

据我所知，《荷花》的创作应该是在这段评论刊载之后的事了。叶老的文字，我是读过一些的，如《稻米》，如《稻草人》，如《苏州园林》等，但印象似乎都不是太深。这次因为要作课文上，自然读得就格外用了些心思。读完《荷花》，感觉果然细腻了许多，可以毫不夸张地说，沈先生的这番评论，诸如叶老文字背后透露出来的观察的特点、细腻的文字润色、美的抒想、赋予文字以一种温暖的爱，等等，在《荷花》一文中都找到了切实的理据和体认。而这番感觉，在我精神抖擞地将《荷花》带入课堂、呈现在孩子们面前的时候变得尤为清晰和炫目，尽管《荷花》一文也确乎"少了一种炫目的惊人的光芒"。

因为叶老文字的"平凡的亲切"，甚至素朴得有点寡味的单纯，在遭遇类似于"白荷花在这些大圆盘之间冒出来"这样的文字时，孩子们天真地发出了这样的感慨：

"我觉得这个'冒'字特别美，到底美在哪儿，我也说不清。"

这是《荷花》一课在进入"品读细节"这一关口时，一个目光单纯的小女孩对

王崧舟在叶圣陶纪念馆（左一为"王崧舟工作室"主任何平、左二系作者 摄于2010年）

我的"哪些地方让你感觉特别美"的回应，引得全场一片哄笑。

对孩子们可能出现的反应，我倒是做过一个比较周详的预案的。因此，这片突如其来的哄笑并未把我"笑"晕了过去。我以为，这"说不清"的感觉，于晚上八点的那种极具私人色彩的阅读而言，是完全不必大惊小怪的；但进了课堂，成了一种有着明确的目标指向的课程性阅读时，则"说不清"的感觉就不能简单地止于"说不清"了。通常，这"说不清"的感觉正是学习上颇为难得的"愤、悱"状态，而这"说不清"之处也正该是我这个语文老师"道而弗牵"、"强而弗抑"、"开而弗达"的地方。

根据预案，我从容出招：

师："说不清"是正常的，"说得清"才是超常的。（笑声）既然你"说不清"，那我们就更得好好地体会体会。你们觉得，这个"冒"字还可以换成别的什么字？

（生纷纷举手：露、钻、长、顶、穿、伸）

师：但是，你们说的这些字眼作者用了没有呢？没有！尽管意思差不多，但作者一个都没用，就用了这个"冒"字，是不是？为什么呢？

就通常的语文教学而言，走完这一步，流程的触角大多会转向对"冒"字的赏析性解读。老师的提问通常会如此这般：

那么，用这个"冒"字，好处是什么呢？

细解这一问题，我们不难发现，其中隐含着这样一个毋庸置疑的结论：用"冒"字比用其他的字要好。显然，"冒用得好"作为一种定论是先于学生的解读而存在的，至于事实上究竟"好不好"，那是无须学生仔细理会的，他们只要按图索骥地找到"冒"字的好处就足够了。倘若果真如此，我的语文课又将不可避免地滑向抽象、枯寂、毫无生趣可言的理性分析。

我清楚，这是个分水岭！一边陷入的是习焉不察的老套，一边通向的则是一个充满悬念和诱惑的未知。它在带来风险的同时，也让我的教学步履迈向了扣人心弦的探究。凭直觉，我估计自己即将穿过的是一条开满鲜花的荆棘之路。

师：不着急，美的字眼，是需要用时间慢慢去嚼的。这样，你们先读读这段课文，体会体会，你觉得荷花从挨挨挤挤的荷叶之间怎么样地长出来，才可以叫做"冒"出来。

听课老师明显地发现了我在教学方式上的异样。是的，我没有按照惯常的做法，让孩子们直截了当地比较"冒"和"长"的高下优劣，我要引导他们咀嚼的不是"冒"和"长"在言语意味上的差异，而是在另一个更为感性、更为具体的平台上寻求两者之间的意义联系。显然，这种颠覆性的思路是一条迥异于传统教学的路子，这条路走得通吗？

生：我觉得比较快地长出来是冒出来，不是很慢地长。

师：迅速地长。好，这是你的感觉。

生：悄悄地钻出来。

师：悄悄地，有点害羞的味道，嗯，这是你嚼出来的味道。

生：争先恐后地长出来。

师：争先恐后地长出来。这一朵急着要长出来，那一朵也急着要长出来，谁也不让谁。我们从中体会到了荷花的一种心情，一种怎样的心情呢？

找一个字代替，不难！难的是真正用心去意会荷花的那种气质和神韵。"一种怎样的心情"，这轻轻一拨，将学生的精神触角由对荷花外形的揣摩深入到对荷花内心的体验。从这一刻开始，孩子们对荷花的感悟已经进入了一种诗意的解读。荷花正在不知不觉地成为学生心中的一个精神伙伴甚至自己精神的一个影子。

生：急切的心情。

师：冒是怎样地长？冒是急切地长。

生：迫不及待的心情。

生：非常高兴的心情。

生：非常激动的心情。

生：欢天喜地的心情。

师：太好了！这样地长出来就是冒出来呀！你们还有不一样的体会吗？

生：心花怒放地长出来。

生：快快乐乐地长出来。

生：亭亭玉立地长出来。

师：是啊，孩子们，作者不用"长"，不用"伸"，不用"钻"，就用一个字——

"冒"，为什么？因为，"冒"让我们嚼出了荷花的急切、荷花的激动、荷花的争先恐后、荷花的心花怒放。

"'冒'比'长'好在哪里"，这是一种解读模式；"怎样地'长'才是'冒'"，这是另一种解读模式。就阅读思维的性质而言，前者属于抽象的理性分析，而后者则属于诗意的感性领悟。从孩子们的课堂表现看，这条诗意学习的路不但走得通，而且大有"山阴道上行，山川自相映发，使人应接不暇"之感。

对于"冒"的诗性解读，我并未就此罢休。既然"诗意"之势在课堂上已经初露端倪，我何不顺水推舟、趁势而进呢？于是，当多媒体课件将一朵又一朵形神兼备、姿态万千的荷花图片呈现在孩子们的眼前时，我以课前预设的一个想象性写话将孩子心灵的触角引向一种诗性的体验中。

师：孩子们，尽情地展开你想象的翅膀。你就是一朵白荷花，白荷花就是你，你在这些大圆盘之间冒出来，那么急切，那么激动，那么争先恐后，那么心花怒放。现在，你最想说些什么？最想做些什么？请写在练习纸上。

（音乐响起，学生独立写话。）

师：白荷花们，此时此刻，此情此景，你想说些什么？你想做些什么？

生：（读小练笔）我是一朵美丽的荷花，从这些大圆盘之间冒出来，我想让前来观看的游人们更早地看到我美丽的面孔。

生：（读小练笔）我是一朵洁白的荷花，从这些大圆盘之间冒出来，我骄傲地说："瞧！我长得多美呀！"

生：（读小练笔）我是一朵亭亭玉立的荷花，从这些大圆盘之间冒出来，我变成了一个美丽的小姑娘，穿着洁白美丽的衣裳，穿着碧绿的裙子，在随风飘舞。

师：荷花仙子来了！真是三生有幸啊！（笑声）

生：（读小练笔）我是一朵招人喜欢的荷花，从这些大圆盘之间冒出来，我想要跟别的荷花比美，你们谁也没有我这样美丽动人。

师：我欣赏你的自信！自信的荷花才是美丽的荷花。

生：（读小练笔）我是一朵孤独的荷花，从这些大圆盘之间冒出来，我多想找几个小伙伴跟我一起捉迷藏啊！

师：谁想跟这朵荷花交朋友？

生：（纷纷举手。）

师：不孤独，孩子，不孤独。你有朋友，瞧！他们都是你的朋友。

这真是一个意外！但我以为，一个充满诗意的语文老师，总是敞亮着自己的敏感。"孤独"一说，分明是学生对自己生存状态的一种隐讳表达。背后也许是一个破碎的家庭，也许是一段寂寞的时光，也许是一种郁悒的烦恼，也许是……这份深深的敏感和警觉，给了这个孤独的孩子，不，也给了所有曾经孤独、即将孤独的孩子们一抹温暖的精神底色。

生：（读小练笔）我是一朵姿态万千的荷花，从这些大圆盘之间冒出来，我想说："我终于长成一朵美丽而漂亮的荷花了，可以让许多游客来观赏我。"

师：将自己的美献给游客，你不但有一个美丽的外表，更有一颗美丽的心灵。

生：（读小练笔）我是一朵快乐的荷花，从这些大圆盘之间冒出来，我想说："夏天可真美，我也要为夏天添一些色彩。"

生：（读小练笔）我是一朵充满希望的荷花，从这些大圆盘之间冒出来，我希望自己变得越来越美丽，这样我就可以成为花中之王了！

这不就是语文训练吗？其实，诗意语文从来都不回避"训练"。有人以为，"诗意的"语文会将学生拔离语文实践的大地。因为，"诗意"一词作为诗来看待时，通常总被理解为一种虚构、一种幻境、一种不着边际的飘浮状况。而事实恰恰相反，让学生诗意地栖居在语文大地上，所倡言的终极视野正是"语文大地"。"栖居"一词已经意味着学生在语文大地上的逗留，"在语文大地上"的补充与强调，正是为了防止对"诗意"一词充满危险的误读。"诗意"并不飞翔凌越在语文大地的上空，相反，正是"诗意"，使学生真正栖居在语文大地上。

从某种意义上说，"栖居"必定意味着"训练"。问题的关键在于我们处理"训练"的方式和艺术。就语文"训练"而言，大体存在两种表现方式：一种是教师有着明确的训练意图，学生也能明确地意识到自己在接受训练，我们称之为"显性训练"；还有一种是教师有着明确的训练意图，但学生却毫不知情，在自然而然的状态中接受训练，我们称之为"隐性训练"。诗意语文追寻的正是这样一种隐藏了训练意图的"训练"，一种"随风潜入夜，润物细无声"的"训练"，一种融入整体语境中

的"有机训练"。

当这种训练被安顿在一个充满诗意的课境中时，谁也不会怀疑，此时的写话实践更是学生的一种自觉的精神诉求。精神境域的拓展和语文能力的培养共同演奏出一段和谐的生命乐章。花即是人，人即是花。人因了花而焕发生命的情趣，花因了人而彰显精神的高贵。这样的课堂境界，或可谓之"人花合一"的境界吧？

没想到，诗意语文的发轫，会是通过《荷花》的这个"冒"字！没想到，《诗的材料》居然成了"诗意语文"萌动的材料，冥冥中似有一种天意。

二、诗意的确证与感动：《一夜的工作》课堂品悟

又看了一遍王老师执教的《一夜的工作》，泪水滑过。

文章的作者何其芳大概不会料想到他的这篇短文会被后人演绎成如此的经典！文章本身朴素得很，几乎没有华丽的词藻、夸张的句子，也几乎没有任何铺陈与点染。无法想象王老师会将这样的文本上到令人泪眼婆娑、雨落风生。

这一课曾轰动一时，被认为是王崧舟教学风格成熟的标志，就是在此之后，王老师扛起了"诗意语文"的大旗。而"诗意语文"的主张被当时的语文理论界称为"美丽的日出"（成尚荣）。

此课已经比较充分地体现着王崧舟语文教育思想中的艺术化追求。课的渲染、课的层递、课的造境等都已经做得精当细致、密不透风。但是课中最动人心者，还是"情"。对于周总理生活的那个年代，现在的孩子知之甚少。王老师就带着自己对周总理深深的追慕与景仰引领孩子们"披文入情"。他精心选取的宋小明的诗、三宝的音乐无疑是帮助学生走入作品情感的有效途径。更重要的是他自始至终都引导学生在文本的字里行间品读体会，于是"高大的宫殿式的房子"在想象中被还原在学生的面前，那"极其简单"的陈设在对比中呈现在学生的面前，那"一字一句的批阅"在一唱三叹式的引读中浮现在学生的面前……孩子们读懂了总理鞠躬尽瘁、殚精竭虑的一个夜晚，也就读懂了这朴素文字背后浸润的情感。

课终了，师生泪眼，王老师侧身掩面，挥挥手示意学生下课。孩子们却久久不愿离去，他们的心还浸在这堂课里，这种沉浸是一种精神生命的发现与

王崧舟师徒教学艺术观摩研讨会（摄于2010年）

确证。

是的，有时候我们追求意义，不需要解决问题。因为，"教育说到底，就是人类的精神生命在文明层面的代代递交。"（余秋雨）

阅读是一种感知、一种体验，更是一种创造、一种寻找。阅读教学就是带领着学生感知、体验、创造与寻找。在这个过程中，我们不仅与作者"相逢"，也与自己"相遇"，得到精神与生命的确证。

诚如王崧舟所言：诗意语文，正是这种人与人之间的精神契合，是"我"与"你"的对话与敞亮。这种契合，是包括学生、教师、文本、作者在内的各自的精神被深深地卷入、沉浸和交融，是用生命阐释生命的意义，建构富有独特个性的生命化理解，创造精神领域的共识和同在。

泪光之外，诗意之外，我总怀疑2002至2003年之间，王崧舟的心里一定经历了什么，这使得他的课堂一下子沉静了下来。他的声音开始不紧不慢地在你耳边诉说，纵使语气时而高上去或者时而低下来也总还是不离耳侧。褪去了少年意气的青涩，褪去了指点江山的激越，课的气象开始圆润。有了"江阔云低、断雁叫西风"的镇定与从容。（林志芳　文）

课文

一夜的工作

（人教版小学语文第十二册第13课）

周总理在第一次"文代"大会上作了报告。《人民文学》杂志要发表这个报告，由我把记录稿作了整理，送给总理审阅。

这一天，总理办公室通知我去中南海政务院。我走进总理的办公室。那是一间高大的宫殿式的房子，室内陈设极其简单，一张不大的写字台，两把小转椅，一盏台灯，如此而已。总理见了我，指着写字台上一尺来高的一叠文件，说："我今晚上要批这些文件。你们送来的稿子，我放在最后。你到隔壁值班室去睡一觉，到时候叫你。"

我就到值班室去睡了。不知到了什么时候，值班室的同志把我叫醒，他对我说："总理叫你去。"我立刻起来，揉揉蒙眬的睡眼，走进总理的办公室。总理招呼我坐在他的写字台对面，要我陪他审阅我整理的稿子，其实是备咨询的意思。他一句一句地审阅，看完一句就用笔在那一句后面画上一个小圆圈。他不是浏览一遍就算了，而是一边看一边思索，有时停笔想一想，有时问我一两句。夜很静，经过相当长的时间总理才审阅完，把稿子交给了我。

这时候，值班室的同志送来两杯热腾腾的绿茶，一小碟花生米，放在写字台上。总理让我跟他一起喝茶，吃花生米。花生米并不多，可以数得清颗数，好像并没有因为多了一个人而增加了分量。喝了一会儿茶，就听见公鸡喔喔喔地叫明了。总理站起来对我说："我要去休息了。上午睡一觉，下午还要参加活动。你也回去睡觉吧。"

我也站起来，没留意把小转椅的上部带歪了。总理过来把转椅扶正，就走到里面去了。

在回来的路上，我不断地想，不断地对自己说："这就是我们的总理。我看见了他一夜的工作。他是多么劳苦，多么简朴！"在以后的日子里，我经常这样想，我想高声对全世界说，好像全世界都能听见我的声音："看啊，这就是我们中华人民共和国的总理。我看见了他一夜的工作。他每个夜晚都是这样工作的。你们看见过这样的总理吗？"

实录

你是这样的人

（一）读一首诗，转轴拨弦三两声

师： 1998 年的 3 月 5 日，是我们敬爱的周恩来总理 100 周年诞辰的日子。那一年，有一位叫宋小明的诗人，怀着对总理的无限崇敬和爱戴，写下了这样一首诗——

（大屏幕呈现诗歌《你是这样的人》，教师深情地朗诵诗歌。）

> 把所有的心装进你心里，
>
> 在你的胸前写下：你是这样的人。
>
> 把所有的爱握在你手中，
>
> 用你的眼睛诉说：你是这样的人。
>
> 不用多想，不用多问，
>
> 你就是这样的人！
>
> 不能不想，不能不问，
>
> 真心有多重？爱有多深？
>
> 把所有的伤痛藏在你身上，
>
> 用你的微笑回答：你是这样的人。
>
> 把所有的生命归还世界，
>
> 人们在心里呼唤：你是这样的人！

（热烈的掌声）

师： 掌声告诉王老师，你们很喜欢这首诗，相信这首诗一定让你有所感触，自己再读一读。一边读一边体会，这首诗的哪些地方，让你有所触动？

生： （自由读《你是这样的人》）

师： 谁来说说这首诗什么地方触动了你？

生： 我觉得是第二段："不用多想，不用多问，你就是这样的人。不能不想，不能不问，真心有多重，爱有多深？"我觉得总理是个很有爱心的人，他对每

个人都充满爱心。以前在看《延安颂》的时候，我看到周总理和他的妻子为福利会的孤儿捐献了许多。

师：她从这两句诗，想到了总理的爱心，想到了总理的心与孤儿院的孩子连在了一起。这就是心灵的触动呀。

生：我的触动是："把所有的伤痛藏在你身上，用你的微笑回答：你是这样的人。把所有的生命归还世界，人们在心里呼唤：你是这样的人！"我在电视中看到过，总理在刮胡子时动了一下，给他刮胡子的叔叔不小心在他的脸上划了一下，那一定是很痛的，而且是在脸上，我想周总理平时也是很劳累的，也会形成一些伤痛，但是不管是身上的伤痛还是心里的伤痛，他都会藏在心里，总是把微笑带给别人。所以，这句话对我有很大触动。

师：你的体会太深了。这份伤痛不仅仅是表面的伤痛，更是内心的伤痛。无论是内心的伤痛还是表面的伤痛，我们的总理都把它深深地藏在了自己的心中，只把那微笑的一面留给了世界。这是怎样的一位总理啊！

生：周总理是一位好总理，是我敬佩的总理，是我心目中最美最美的总理。

师：我相信你说的是真话，我相信你说的话也是其他许多同学想说的话。同学们，到底是什么感动了诗人宋小明，写下这样的诗句？今天，让我们一起怀着崇敬的心情走进总理的一夜，请大家打开书本。

【明代谢榛《四溟诗话》指出："起句当如爆竹，骤响易彻。"课堂教学亦然。一首《你是这样的人》，不仅仅是创情入境的好材料，更是对文本的有益补充。加之王老师的动情诵读，使课的第一锤已敲在学生的心坎上，激起了他们情感与思维的火花。"未成曲调先有情"，靠的正是这开课的"转轴拨弦三两声"。】

（二）找一个词，吹面不寒杨柳风

师：自己大声朗读课文《一夜的工作》，读的时候，注意把生字读准，把句子读通。一边读一边用心思考，读过之后，请你用一个词语来概括，在你的心目中，总理的这一夜，是怎样的一夜？

生：（放声朗读课文）

师：同学们，读了、看了总理的一夜，现在请你用一个词来概括你对这一夜的最大感受，你最想用哪个词语？

生：我最想用"伟大"。

师：（板书：伟大）为什么面对"一夜的工作"你会想到用"伟大"这个词？

生：因为他一夜都没有睡觉，为了批阅文件，所以我才会用"伟大"这个词。

师：是啊，这与其说是伟大的一夜，不如说是一种伟大的精神给你留下了深刻的印象！来，他用了"伟大"，而你呢？

【"与其说……不如说……"巧妙的深化提升式的评价语令思维明晰。】

生：我愿意用"劳苦"这个词。

师：（板书：劳苦）王老师知道，这个词书上有，但是让王老师高兴的是，咱们这篇课文731字，你独独注意了这两个字，那可不简单呀！老师想问你一下，你为什么想到了用"劳苦"而没有用"辛苦"呀？（师在"劳苦"后面板书"辛苦"）

【"为什么用'劳苦'而不用'辛苦'？，比较品评式的评价语使思考深入。】

生：因为周总理为了批国家的文件一夜都没有睡觉，一直批到公鸡喔喔喔地叫明。

师：是啊！

生：所以我用"劳苦"这个词。

师：你觉得"辛苦"这个词够吗？

生：不够。

师：为啥不够？

生：因为"辛苦"还不能完全体现周总理这种精神。

师：尽管你还没有完全体会到"劳苦"和"辛苦"这两个词的区别，但是从你的回答当中我感受到了你对"劳苦"已经有了一份属于自己的独特理解，真好！

【妙哉！一个"尽管"、一个"但是"——一组普通的词语对比竟有了点石成金的作用。】

生：我用了"一心为民"。

师："一心为民"，好一个"一心为民"啊！（师板书：一心为民）你是怎么想到用这个词概括总理的这一夜？

生：因为周总理用了一夜在批阅公文，这些都是为了人民。他把有关自己的报

告留到最后再批阅，所以看出他"一心为民"。

师：即便是留在最后的那一个报告也同样不是为了他自己，而是为了——

生：人民。

师：说得真好！

【纠错式的评价语，轻轻的提醒自然而然，学生自己竟也感觉不到痕迹。】

生：我可以用"简朴"这个词概括总理一夜的工作。

师：好，（师板书：简朴）我知道"简朴"这个词很"简朴"，但是又不"简朴"，说说你的感受——

生：周总理虽然是总理，住在宫殿式的房子里，但是他办公室的陈设却普普通通，而且他为了招待为自己写稿子的记者也只搞了一点点的花生米。他很节约，也很简朴。

师：厉害！你把文章前前后后凡是能反映总理"简朴"的内容统统给找到了，而且把它给串在了一起，文章就应该这样读！

【学法的指导如此自然、如此"无心"，顺手牵羊地融在鼓励式的评价里。】

生：我想用"认真"这个词来概括总理一夜的工作。

师：能把"认真"化成四个字吗？

生：（迟疑沉思）

师：就是"认真"，把它化成四个字，我体会得到！

生：一心一意。

师：不！就是"认真"，把它化成四个字！

生：认认真真。

师：对呀，认认真真。（板书：认认真真）怎么说？

生：因为他批阅文件的时候，不是随便看看就算了，而是一边看，一边停笔想一想。

师：是啊，从这个小小的细节你能体会到那是怎样的一种认真啊？

生：专注。

师：专注，所以你同意把"认真"化成四个字吗？

生：同意。

生：还有一点可以说明周总理认真。当作者说他把椅子弄歪了，而总理自己把

椅子搬正了，像我们一般人可能就不去管它了，可是周总理在这方面也是很认真的。

师：说得好！一个"认真"，你又加了一个"认真"，还是"认认真真"啊！

生：我觉得我可以用"敬爱"这个词。

师：（板书：敬爱）你怎么会想到与众不同的"敬爱"呀？

生：因为周总理这么辛苦都是为了国家，他把国家的利益放在首位了。

师：是啊，这个词你是用来形容这一夜的，还是用来形容自己对总理的那份感受和感情的。

生：我是来（形容对）总理的感情。

师：对啊，你对总理的这一份敬爱之情又是从哪儿来的？

生：我看了他一夜的工作，他是多么劳苦又多么简朴！

师：真好！

【"敬爱"？学生的回答显然有些文不对题，王老师却能用一句简单的提醒给课堂"柳暗花明"。】

师：请最后一位同学，最后一次机会，来，你大声地说你想用哪个词来概括总理的这一夜？

生：我想用"忙碌"这个词来概括总理一夜的工作。

师：好！（板书：忙碌）说吧！

生：因为课文说：写字台上面有一尺来高的一叠文件，一尺来高已经够多的了，而且还说"你送来的文件我放在最后"，说明在这之前，肯定还有很多东西送过来，因此，我觉得这也是一个很忙碌的夜晚。

师：回答得非常清晰！同学们，这短短的一夜让我们读出了那么多的内容。（指板书）让我们有了那么多的感受！

【"用一个词来概括你对总理这一夜的最大感受"，畅叙的是初读的体验，尊重的是学生阅读的起点。这样的设计原本并不出奇，令我们感叹的是王老师对学生发言的精彩回应。在一个开放自由的空间里，无论学生用到哪个词语，王老师总能通过一句恰当的点拨令理解深入。看似信手拈来，随心所欲，细品却顿然有悟，耐人沉思。那抑扬顿挫又不紧不慢的话语字字入耳，似吹面不寒的杨柳风，让语言与精神协同共生。】

（三）品味一个"简单"，于平淡处显奇崛

师： 我相信，你们一定还会有更加浓厚的兴趣再一次走进总理的这一夜，去细细地体味，去慢慢地咀嚼。抓住其中给你感受最深的那个词，（指点板书的那些词语）然后带着这个词，走进总理的一夜。把你感受特别深的地方用波浪线画下来，那是你心灵的感应！

生： （默读课文，边读边画）

师： 好的，每个同学都已将自己的理解转化成了一条条深深的波浪线，非常美丽的波浪线。老师想问一下，哪些同学对总理这一夜的简朴感触特别深？而且已经找到了一些细节？告诉大家。

【再一次细读圈画，是由粗到细。品读仍是自由的，但不再如上一板块那么随意，"哪些同学对总理这一夜的简朴感触特别深？而且已经找到了一些细节？"教师已然将讨论品评的重点明示。】

生： "那是一间高大的宫殿式的房子，室内陈设极其简单，一张不大的写字台，两把小转椅，一盏台灯，如此而已。"从这里我看到，原来这房子挺大的，但他却很简朴，只放了"一张不大的写字台、两把小转椅、一盏台灯"这一点东西。

师： 找得非常准，一个字不多，一个字也不少。让我们一起读一读这位同学了不起的发现。

生： （齐读）那是一间高大的宫殿式的房子，室内陈设极其简单，一张不大的写字台，两把小转椅，一盏台灯，如此而已。

师： 再读一遍。这样的文字，读一遍两遍显然是不够的，再读一遍，细细地读，不要放过一个字，一边读一边感受，你会发现，这一段话中突然有一个词从你的眼中跳出来，哪个词跳入了你的眼帘？把它抓住，不要放过了，知道吗？

生： （齐读）那是一间高大的宫殿式的房子，室内陈设极其简单，一张不大的写字台，两把小转椅，一盏台灯，如此而已。

师： 告诉大家，哪个词突然跳入了你的眼帘？

生： 极其简单。

师：（板书：极其简单）告诉大家，为什么这个词会突然跳入你的眼帘？

生：我觉得因为总理很简朴。

师：你的回答也很"简朴"，再说说为什么这个词会突然跳入、映入你的眼帘？

生：因为总理一般都是比较高等的大人物，像日本的国家总理都是很有钱的，但他只是在房间里放一些和平民百姓一样的东西。

师：好的，让我们一起来读一读"极其简单"后面的话，一起来感受一下这"简单"之前为什么还要加上一个"极其"呢？

生：（朗读）一张不大的写字台，两把小转椅，一盏台灯，如此而已。

师：假如把"极其"这个词儿换掉，你会换哪个词儿？

生：我会换"非常"。

师："非常"？不够啊！

生：我换"特别"。

师："特别"，还不够啊！

生："十分"

师：更不够啦！

生：我换"如此"。

师：如此、非常、特别、十分……这些显然不够，唯有"极其"才够味道。我们再读一读这句。（教师轻声地引读）"一个不大的写字台……"读——。

生：（齐读）一个不大的写字台，两张小转椅，一盏台灯，如此而已。

生：这是一张不大的写字台，里面有"不大"两个字，"不大"说明这张写字台很小，而且只有一张。

生：我注意到这里只有一盏台灯，一般来讲，像总理的办公室应该有像会场里一样的很漂亮很大的灯。

师：那叫什么灯啊？（师用手势启发）

生：水晶吊灯。

师：水晶吊灯，通体照亮整个屋子，是吧？

生：是的，那样才能显出总理的气派。前面还说，一个高大的宫殿式的房子……

师：你注意到了"高大的、宫殿式的"这个词儿，是吧？你说下去。

生：一般宫殿式的房子，里面装修都是很漂亮的、很气派的，但是，他却只有一盏台灯，而不是水晶灯。

师：非常好，这位同学由一盏台灯联想到了宫殿式的房子。请大家放下语文书。你们由宫殿式的房子想开去，猜想一下，这间屋子原来的主人可能会是谁？

生：我猜可能会是毛泽东。

师：毛泽东有另外的屋子。（众笑）注意"宫殿式的"。

生：我猜可能是一个很有钱的外国人。

生：我想有可能是以前的皇上。

师：比皇上还大呢！你猜猜他是谁？

生：我想可能是太上皇吧。

师：太上皇？想得合情合理。我告诉你们，原来这房子的主人是清朝最后一个皇帝溥仪的摄政王载沣。什么是摄政王？就是管着皇帝的那位亲王。大吧？厉害吧？再由此想开去，你估计这座屋子里面原来可能会有些什么？回忆回忆曾经看到过的电视、画报、照片——

生：我想这房子里原来肯定会有很多很多仆人，而且陈设很好，一些餐桌也很好……

师：那些餐具是什么做的，你知道吗？

生：是用黄金做的。

师：那是白银做的，所有的餐具都是白银做的。

生：我想可能会有很多名人字画。

师：名人字画？那是肯定有的。

生：有很多奇珍异宝。

生：古代的瓷器。

师：古董文物、奇珍异宝……肯定会有的。

生：还可能会有一张用金子做的床。

师：金床？不一定是用金子做的，最有可能是用高档的红木做的，红木雕花床。

生：肯定有很多装饰用的钻石。

师：不光有钻石，还有玛瑙、翡翠、珍珠……同学们，由此想开去，这座高大的宫殿式的房子里面肯定会琳琅满目、金碧辉煌……但是，拿起书，当这座曾经是如此金碧辉煌、如此价值连城的屋子，现在成了我们敬爱的总理办公的地方，我们只看见——

生：（朗读）"一个不大的写字台，两张小转椅，一盏台灯，如此而已。"

师：有名人字画吗？

生：没有。

师：有古玩珍宝吗？

生：没有。

师：有金银饰品吗？

生：没有。

师：有水晶吊灯吗？

生：没有。

师：有宝石玛瑙吗？

生：没有。

师：没有！什么都没有！只有——

生：一个不大的写字台，

师：只有——

生：两张小转椅，

师：只有——

生：一盏台灯。

师：如此而已。你说，这简单前面怎能不加上"极其"这个词啊！也难怪"极其"这个词会首先映入你的眼帘。来，让我们再来读读这段话，再来感受一下总理办公室的"极其简单"。

生：（齐读）这是一座高大的宫殿式的房子，室内陈设极其简单，一个不大的写字台，两张小转椅，一盏台灯，如此而已。

【追古。还原场景，想象这屋子里曾经的奢华，营造一种落差与张力，帮助孩子们走进文字中去。】

师：现在屋子的主人是谁？

生：是周总理。

师：是总理，是堂堂的中华人民共和国的总理啊，他的权力大不大？

生：大。

师：大得很啊。那么你想，作为一国的总理，手中握有如此大的权力，肩上挑着如此沉重的担子，你想，他的屋子里应该有些什么？

生：我觉得至少应该有一个高大的文件夹。

师：一个高大的文件柜，是吗？这过分吗？

生：不过分。

生：我觉得还应该有台留声机和几张古典音乐的碟片，因为这可以让人心情舒畅。

师：你是希望总理在劳苦工作之后能够放松放松，休息一下？

生：对。

师：你看，女孩子就是心细。（众笑）不过分，一点都不过分！

生：我想，总理的房间里应该有张大一点的沙发。

师：干什么？

生：总理累了，可以在上面坐一会儿，歇一会儿。

生：我觉得总理的地板应铺有很软的地毯，踩上去很舒服的。

师：是啊，这都不过分啊。应该有沙发，有吗？

生：没有。

师：应该有地毯，有吗？

生：没有。

师：应该有文件柜，有吗？

生：没有。

师：什么都没有。只有——

生：（朗读）"一个不大的写字台，两张小转椅，一盏台灯，如此而已。"

【抚今。还原场景，想象这屋子里可以有什么，进一步强化这种落差与张力，孩子们终于读出文字背后的东西。】

师：简单吗？

生：简单。

师：怎样的简单？

生：极其简单。

师：但是，我们分明感受到了一种"极其不简单"的东西在我们的心中涌动，是什么？是什么让你感受到了极其不简单？

生：是总理的艰苦朴素。

师：一种极其不简单的作风。

生：是总理的不辞辛劳。

师：一种极其不简单的修养。

生：是他认真负责的精神。

师：一种极其不简单的精神！同学们，此时此刻，我们再读这一句话，你的感受、你的感情肯定和刚才初读那一句话的时候不一样了，完全不一样了。

生：（齐读）这是一座高大的宫殿式的房子，室内陈设极其简单，一个不大的写字台，两张小转椅，一盏台灯，如此而已。

师：看得出来，你们的表情、你们的眼神告诉了王老师，你们感动了。有一份深深的感动在你的心中涌动，是吗？来，再读一次，把你们的感动传染给在座的每一位老师。

生：（齐读）这是一座高大的宫殿式的房子，室内陈设极其简单，一个不大的写字台，两张小转椅，一盏台灯，如此而已。

【其实，作者对总理办公室陈设的描写也是"极其简单"。王老师却以高度的语言敏感，引领学生品味到"极其不简单"的语文盛宴。整个板块抚今追古，大开大合，通过想象、对比、还原，将学生带入了辽阔的时间与广阔的空间。更重要的是，王老师始终以关键词为点，注重训练学生对语言的直观感受和直接把握。"语言有温度，字词知冷暖"，在看似平淡无奇的地方，训练学生去感知语言之神妙，洞察语言之精髓，把握语言之理趣，平实的文字渐渐现出奇崛的韵味来。】

（四）聚焦一个"审阅"，一唱三叹，绕梁不绝

师：老师完全有理由相信，让你感动的地方比比皆是，比如——

【始终站在学生的角度言说。】

生：比如，"花生米几乎可以数得清颗数，好像并没有因为多了一个人而增加了分量"。

师：为什么这一句让你感动？

生：因为它说"花生米几乎可以数得清颗数"，这等于是很少的。

师：是啊，你能想象出，一个大国的总理应该吃些什么？

生：应该吃"鲍鱼"之类的！

师：是啊。以你的生活体验，他应该吃这些山珍海味、美味佳肴是吧？没想到他吃的竟然是花生米，而且数得清颗数。你怎能不为此而感动？再比如——

生：再比如"看完一句就用笔在那一句后面画一个小圆圈，他不是浏览一遍就算了，而是一边看一边思索，有时停笔想一想，有时问我一两句。"说明总理非常认真，而且是看了一遍还看一遍。

师：是啊，来，让我们一起再来感受一下这一份感动。

生：（齐读）"他一句一句地审阅，看完一句就用铅笔在那一句后面画一个小圆圈。他不是普通的浏览，而是一边看一边在思索，有时停笔想一想，有时还问我一两句。"

师：审阅。什么是"审阅"？你从哪儿读懂了"审阅"？

生：（自由读这句，独立思考。）

师：你是从哪儿读懂"审阅"的？从哪儿读懂他绝不是普通的浏览，而是在"审阅"？

生："看完一句就用笔在那一句后面画一个小圆圈……有时问我一两句。"这就是周总理怎样审阅文章的。

师：能把你的目光再缩小一下，缩小到一个词，缩小到几个词来谈谈你对"审阅"的感受吗？

生：（一边看一边思索）

师：你想说的是哪个词？

生：思索。

师：把"思索"这个词再放大了，你想到了什么？

生：我想到了周总理是想到了人民的困难，怎样来解决这些问题。

师：是啊。她聚焦到了"思索"，然后就想到了总理可能会想到很多很多的问题，只有这样看文件才叫"审阅"。

生："有时停笔想一想，有时问我一两句"这句话写出周总理不是很简单地看一遍就算了，有时还问"我"一两句。

师：对，说得挺好，要大声地说、自信地说。这才叫"审阅"。假如请你在"审阅"前再加一个词，你认为总理这是怎样地"审阅"？

生：他是在负责地审阅。

生：我觉得他是在用心地审阅。

师：多好啊，这个"心"用得太好了。

生：仔细地审阅。

生：专心地审阅。

师：专心——

生：专心致志地审阅。

师：对，这样语气就更强。

生：认真地审阅。

师：再加一个词——

生：对了，认真负责地审阅。

生：细心地审阅。

师：换一个词儿——，还可以是"一丝——"

生：一丝不苟地审阅。

师：是啊，让我们再来感受一下周总理这专心致志、这一丝不苟、这认真负责的审阅。大家一起来读这一段话。

生：（齐读）"他一句一句地审阅，看完一句就用铅笔在那一句后面画一个小圆圈。他不是普通的浏览，而是一边看一边在思索，有时停笔想一想，有时还问我一两句。"

师：同学们，难道总理他这样审阅的仅仅是最后一个文件吗？不是！何止是这个文件呀！大家看——

夜幕降临，华灯初上，我们敬爱的周总理坐在那张不大的写字台前，拿出了他今天晚上要审阅的第一份文件，只见他——（示意学生接读）

生：（朗读）一句一句地审阅，看完一句就用铅笔在那一句后面画一个小圆圈。他不是普通的浏览，而是一边看一边在思索。

师：夜很静，人们早已经进入了甜美的梦乡，而我们敬爱的周总理依然坐在那

张不大的写字台前，只见他——（示意学生读下去）

生：（朗读）一句一句地审阅，看完一句就用铅笔在那一句后面画一个小圆圈。他不是普通的浏览，而是一边看一边在思索。

师：东方发白，天将破晓，敬爱的周总理揉了揉疲倦的双眼，拿出了今天晚上他要审阅的最后一个文件，只见他——

生：（全体学生情不自禁地跟着读了起来）一句一句地审阅，看完一句就用铅笔在那一句后面画一个小圆圈。他不是普通的浏览，而是一边看一边在思索。

【《礼记·乐记》中讲的"一唱三叹，有遗音者"，就是这样了！一遍又一遍地反复诵读化为绕梁余音，袅袅不绝于耳，令听者唏嘘不已。】

（五）写一段话，如此星辰如此夜

师：这是一个多么漫长的夜晚，这是一个多么劳苦的夜晚，这又是一个多么不平常的夜晚啊。因为，这个夜晚，我们的总理审阅着一尺来高的文件，思考着许多许多的重要问题……

（轻音乐《银色的月光下》轻轻地响起，课件呈现：

"夜很静，周总理一句一句地审阅着文件，那不是普通的浏览，而是一边看，一边在思索。他想着 ＿＿＿＿＿＿＿＿＿＿＿＿＿＿"）

师：这个宁静的夜晚，周总理在想些什么呢？请用你的笔，走进总理的心，写下你的想象和感情。

（学生在音乐声中写作，教师边巡视，边提示：这是一位大国的总理，这是新中国刚刚成立以后受命于危难之际的总理！上自国家大事，下至普通百姓，他有多少多少的事要思考，他有多少多少的问题需要解决，想吧，写吧，写下来吧，写下总理的思考，也写下你对总理的那份感受和体验。）

师：同学们，停下你手中的笔，让我们一起走进总理的这一个夜晚，一起走进他的内心世界，一起用心去倾听总理的心灵独白。夜很静，周总理一句一句地审阅着文件，那不是普通的浏览，而是一边看，一边在思索。他想着——

生：（朗读小练笔）这个村里的粮食不够了，明天得派人给他们送去啊。

师：是啊，这是一些芝麻琐碎的小事，但是，民以食为天，如果老百姓过不上温饱的生活，国家怎么能够安定啊！他想着——

生：（朗读小练笔）为了新中国的强盛，我再苦再累也是值得的。

师：对啊，总理一生最大的心愿就是让中国强盛起来。他想着——

生：（朗读小练笔）我要为人民奉献一切，要做个好总理，我一定要一句一句认真负责地审阅这些文件。

师：说得多好啊，他一生的承诺，就是要做一个人民的好总理。他想着——

生：（朗读小练笔）加油啊，我不能睡。辛苦一点又如何，我一定要把这些文件批完。

师：是啊，正是总理的辛苦，才换来了人民的幸福呀。他想着——

生：（朗读小练笔）今天晚上我一定要把这些文件看完，明日复明日，明日何其多，我不能睡……

师：他想着——

生：（朗读小练笔）怎样才能让贫困地区富裕起来，怎样才能让人民都过上幸福的生活……

师：人民的幸福，才是总理的最大的幸福啊！他想着——

生：（朗读小练笔）山区的孩子能读上书吗？在中国，到底还有多少失学儿童呢？

师：孩子是祖国的希望和未来，他怎能忘记千千万万的中国儿童呀？（音乐停）同学们，听到了吗？这就是总理的思考，这就是总理的心声。他的心中，装着孩子，装着农民，装着工作，装着国家，装着全体人民。但是，他的心中唯独没有装的，却是他自己呀！所以，在回来的路上，我不断地想着，并且对自己说："这就是我们新中国的总理。我看见了他一夜的工作。他是多么劳苦，多么简朴！"我这样对自己说了几遍，我又想高声对全世界说——

（课件呈现）

"看啊，这就是我们中华人民共和国的总理。我看见了他一夜的工作。他每个夜晚都是这样工作的。你们看见过这样的总理吗？"

生：（高声齐读）看啊，这就是我们中华人民共和国的总理，我看见了他一夜的工作。他每个夜晚都是这样工作的。你们看见过这样的总理吗？

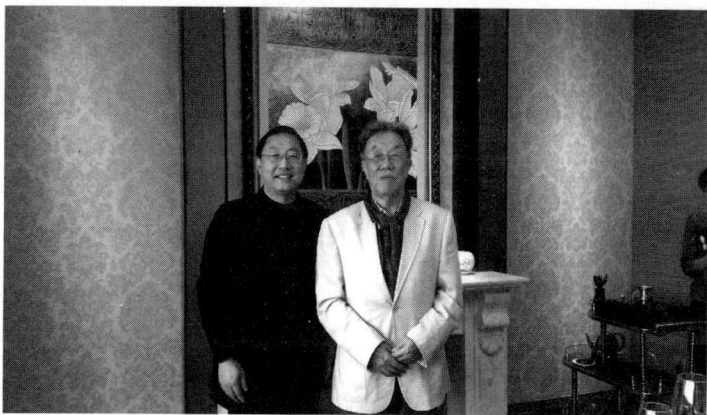

王崧舟与著名作家王蒙先生在一起

师：同学们，请问，你在读这段话的时候，是怎样的一种心情？

生：我是带着自豪的心情读的！

师：来吧，带着自豪的心情告诉全世界！

生：（自豪地朗读）看啊，这就是我们中华人民共和国的总理。我看见了他一夜的工作。他每个夜晚都是这样工作的。你们看见过这样的总理吗？

师：请问，你是带着一种怎样的心情来读的？

生：我是带着"佩服"的心情……

师：来，读吧。读出你的佩服，读出你的感动。

生：（高声朗读）看啊，这就是我们中华人民共和国的总理。我看见了他一夜的工作。他每个夜晚都是这样工作的。你们看见过这样的总理吗？

师：你呢？你的心情又是什么？

生：我是带着感动的心情来读的。

师：来吧，读出来，让我们一起来感受你的感动吧！

生：（充满激情地朗读）看啊，这就是我们中华人民共和国的总理。我看见了他一夜的工作。他每个夜晚都是这样工作的。你们看见过这样的总理吗？（读得非常投入，全场响起热烈的掌声。）

师：你们感动吗？你们自豪吗？你们敬佩吗？感动的请站起来，自豪的请站起来，敬佩的请站起来。让我们一起，感动地、自豪地、敬佩地告诉全世界——

生：（全班起来，高声朗读）看啊，这就是我们中华人民共和国的总理。我看见了他一夜的工作。他每个夜晚都是这样工作的。你们看见过这样的总理吗？

师：（学生坐下，全场静默了片刻）同学们，你们看到的是总理一个晚上的工作，是吧？但是，你们为什么会如此肯定地告诉全世界，他每个夜晚都是这样工作的？你们凭什么？你们凭什么如此肯定？你们凭什么如此感动？你们凭什么如此大声地告诉全世界？凭什么？

生：凭总理是个不辞辛劳、认真负责的人。

师：凭你对总理一生的了解，是吗？

生：因为周总理为了国家、为了人民而不辞劳苦地工作。

生：凭我的相信，周总理他一生都是为国为民的。

生：凭周总理这一夜的做法。一个人是不可能在一夜之间转变的。

师：说得多好啊！这一夜的工作习惯足以证明他的一生都是这样做的。

生：为了全中国，为了全中国人民，他值得，他想：他值得！

师：凭着他对人民的热爱和信念，是吗？说得多好啊！

【深刻地体会了总理一夜的劳苦之后，想象：在那个静静的夜，总理一边审阅文件，一边想些什么？读与写的结合那么自然、那么贴切。尽管孩子们的写作难免稚嫩、孩子们的话语难免单薄，但是，听得到，他们是在用自己的心言说。"心入于境，情会于物。"之后，书本上最后一段的语言就内化为学生内心深处的话语，唯有声声朗读最能传情达意。】

（六）铭记一段日子，音容宛在性长存

师：是啊，正像你们所讲的那样，他的一生都是这样做的。让我们一起走进总理生命中的最后一段日子吧——

（课件呈现字幕：总理在最后的日子里）

1972年，周总理被确诊患了癌症。

1975年，周总理的病情开始恶化。但他仍然拖着只剩30公斤的重病之躯，继续顽强地工作着。

6月7日，周总理会见菲律宾总统马科斯。

8月26日，周总理在医院会见柬埔寨首相西哈努克亲王。

9月7日，周总理不顾病情的严重恶化和医护人员的一再劝阻，坚持会见罗马尼亚党政代表团。

9月20日，周总理做第四次大手术。在进入手术室的前一刻，躺在推车上的周总理吃力地握住小平同志的手，鼓励他把工作做好。

10月24日，周总理做了第五次大手术。这次手术过后，他一再叮嘱邓颖超，死后不要保留骨灰。

12月20日，生命已经处于垂危状态的周总理，向应约前来的罗长青询问台湾的近况。谈话不到15分钟，周总理就昏迷了过去。

1976年1月7日11时，周总理从昏迷中苏醒，用微弱的声音对身边的医生说："我这里没有什么事了，你们还是去照顾别的生病的同志，那里更需要你们……"这是周总理生前留下的最后一句话。

1976年1月8日上午9时57分，周总理的心脏永远停止了跳动。

（教师充满深情地朗诵这段内容，语调时高时低，语速时缓时疾，极具感染力）

师：（问一学生）你哭了，为什么你哭了？

生：因为周总理为了人民，他生病了也还是想着人民，所以我哭了。

师：（对另一生）你感动了，为什么你的眼里饱含泪花？

生：因为周总理为了国家，在生命的最后一刻还是关心着其他的人。

生：总理生前留下的最后一句话就是："我这里没有什么事了，你们还是去照顾别的生病的同志，那里更需要你们……"总理也是病人呀，他为什么又要让护士去照顾别的人呢？

师：是啊，你想问问总理，为什么到了生命的最后一刻，你还不想想你自己啊！

生：我想说，总理把一生都贡献给了人民，为什么到最后还是想着别人！

师：是啊。

生：我还想问问总理，为什么还要告诉邓颖超死后不要保留骨灰？

师：他连自己的骨灰都没有留下来，而是撒向了碧蓝的大海！

生：我想对总理说，总理啊，您已经尽职了，为什么还要对自己的身体不负责呢？

师：我知道，这不负责是带引号的。所以，同学们，了解了总理事迹的每一个
　　人，都被他伟大的人格给深深地感动了。1998年3月5日，就在总理100
　　周年诞辰的那个日子里，作曲家三宝和我们一样，怀着对总理的无限崇敬
　　和爱戴，为《你是这样的人》谱写了一段极其感人的旋律。全体起立，让
　　我们怀着无限的崇敬和爱戴，走进我们伟大的总理——周恩来。

生：（学生起立，大屏幕播放电影《周恩来》的剪辑片断，并配有戴玉强原唱的
　　歌曲《你是这样的人》。师生共同观赏，全场肃穆，许多学生、许多听课的
　　老师，包括王老师本人，纷纷落泪。）

【课的最后，王老师以一组记录、一首歌曲、一个短片，在我们面前重现了周总
理的形象。音容宛在，永别难忘。在师生泪下的那一刻，所有的语言都化为胸中的
情感，可谓余音绕梁、绵延不绝。我们常追求文以载道，原来道在天成。（林志芳
点评）】

反思

致力于形成一种场

《一夜的工作》是我提出"诗意语文"的缘起。

2004年9月18日，我执教《一夜的工作》，该课在现场引起了强烈震撼和反
响。课后，我将自己的语文教育称为"诗意的语文"。嗣后，我在全国小语界正式提
出了"诗意语文"的主张。

读《一夜的工作》，就是读总理的人格。总理的人格，与日月同辉，与天地齐
寿。读《一夜的工作》，内心总有一种感动在激荡，有一种崇敬在升腾，那是总理的
人格力量。这简朴的一夜、这劳苦的一夜、这通宵达旦的一夜、这殚精竭虑的一夜，
一再激起我们对"高山仰止、景行行止"的感怀和敬仰。

以我当时的课堂体验，诗意语文的表现过程，应该是诗一般审美创造的心灵感
应和情绪感染的过程。刘勰云："夫缀文者情动而辞发，观文者披文以入情。"语文
负载着作者与读者之间的双重情感交流。诗意语文的力量，不仅仅在于引领学生感
受作品本身带来的审美愉悦，而且更在于借此唤醒学生诗意地面对现实生活本身，
从而重新品味生活，加深体验，最终领悟到生命的真谛。诗意语文，就是要在这样
的意境中，引导学生与作者进行深入的情感交流和心灵对话，从而愉悦性情，丰富

情感，陶冶情操，培养自己诗意般的心灵。

执教《一夜的工作》，我致力于形成一种场，一种交织和融合了师生的思想、情感、智慧、精神、心灵的场。这个场，统一于"情"。这里的情，有激荡的情绪，有弥散的情感，有深刻的情思，有升华的情操；这里的情，是感动于总理人格的真情，是洋溢着崇敬和缅怀的深情，是呼唤爱和真心的激情；这里的情，是作者的亲历之情，是编者的理想之情，是教师的熏陶之情，是学生的感悟之情。这种情，贯通于课的全过程，弥散于课的全方位，无论是诗歌朗诵的激情、沉入文本的悟情，还是拓展资源的融情、歌曲欣赏的抒情，都是旨在营构一个情的场、一个将情加以提炼和升华的审美场。

诗意语文的教学策略和路径应该是多维的、立体的，往往因人而异、因文而异、因课而异、因生而异，但在表面不一致的背后，则有某种更内在、更本质的同构。从执教《一夜的工作》开始，在以后一系列的课堂实践上，我自觉"气场"是诗意语文的某种本质的同构。

没有气场的课，不是诗意语文的课。课堂气场是一种无形的存在，但却无处不在、无时不在。有气场的课，有教学魅力，有精神吸引力，有浓浓的氛围和情调，它是一堂课的精神风貌和气质的集中诠释和高度表达，它对学生语文素养的影响是一种"随风潜入夜、润物细无声"般的濡染。不知不觉地投入、悄无声息地习得、自然而然地感染、深入骨髓地浸润，这一切，正是课堂气场对学生生命气场的诗意教化。

反思《一夜的工作》，在致力于课堂气场的形成与建构上，我的做法和策略主要体现在三个方面：

（一）营造气场，就是要准确把握一堂课的情感基调

作为文本的《一夜的工作》，如同一幅白描的人物画。文字质朴、简约、晓畅、蕴藉，少有作者本人感受的恣意铺排和激昂喷涌。但每一字、每一句都是从何其芳的心中汩汩溢出，真挚、细腻，字字见力、句句含情。作为课的《一夜的工作》，就是要引领学生沉入到字里行间，用心触摸文字的质地，感受文字的体温，把握文字的脉象，体味文字的气息。在课堂教学中，我一直提醒自己：这样质朴、简约的文字，需要用心的不是它们的表层意思，而是蕴涵的意味。意味不是文字本身，而是

文字的光泽、气韵、神采。譬如：写总理办公陈设的"极其简单"、写总理"一句一句地审阅"、写总理夜宵的"数得清颗数"、写总理将小转椅"轻轻地扶正"，这些文字都有着绵长而隽永的意味。

因此，课的情感基调就迥异于文本的基调，在课中，师生一起穿越文字的丛林，直抵作者的那份感动、那份崇敬。八十分钟的课堂教学，师生的心被深深地卷入一种无形却无处不在的气场。有听课者这样评述："记得《安徒生童话》里那位善良的夜莺对皇帝说过，每一滴眼泪都是一颗珠宝。是的，每一次感动，每一份真情，都会让我们刻骨铭心。当我们在王老师的课中远离平庸抛弃浅薄时，当我们一起为总理感动、为课流泪时，当我们在课堂凝重、深沉的基调中感受精神的华美时，从此，总理的人格如史诗般永存心头！"

（二）营造气场，就是要艺术构建一堂课的教学节奏

课堂节奏是一种合于规律的变化，起承转合是一种节奏，前后对比是一种节奏，螺旋递进是一种节奏。有节奏就有气场，有气场就有诗意。《一夜的工作》一课，所呈现的是一种首尾呼应、拾级而上的课堂节奏。全课从情感变化的角度看，分成四级台阶：

第一级，渲染情绪，未成曲调先有情。课始，我用深沉而内敛的情感，抑扬顿挫地朗诵宋小明的诗《你是这样的人》，一下子把人们对总理的怀念、爱戴、崇敬之情展现在学生面前，营造出"未成曲调先有情"的课堂氛围。有了这样的情感基调，学生的心就会迅速聚焦于总理的人格魅力上，于是，一次温暖而百感交集的心灵之旅就这样深情款款地迈出了第一步。

第二级，激发情感，便觉春光四面来。带着课始的情绪，在一种缅怀而景仰的氛围笼罩下，学生边读边想：总理的这一夜，到底是怎样的一夜。随后，每个学生都选择了一个词语来表达自己对这一夜的感受和理解。在一个开放的对话平台上，我让七个学生畅谈每个词语背后的细节回忆和生命体验，并以充满认同感和激励性的对话将学生对《一夜的工作》的第一印象引向深入。我的每一次理答，不仅指向认知，更贴近学生的情感、态度和价值观，课堂情感一如阵阵的风吹过松林，又如叠叠的浪涌向岸边。

第三级，启迪情思，梦回芳草思依依。对文中"极其简单"的品读与感悟，是

课中的一次小高潮。写"总理办公室陈设极其简单"这句话，没有深奥的字词，没有煽情的语言，一字一句都是"洗尽铅华呈素姿"。但是，我通过想象还原、场景比较、复沓引读、启迪深思，引领学生真正读懂总理"极其简单"的陈设背后所体现出的"极其不简单"的人格魅力。思想在深入，情感在浓化，课堂情感一跃上升到巅峰状态。

第四级，陶冶情操，意满便同春水满。课近尾声，当学生在音乐的渲染下，饱含深情地想象着总理审阅文件时的心情和心思时，课堂一下子弥漫在凝重、崇敬的氛围里；当我在寂静的课堂上，舒缓低沉地述说总理在生命尽头的时间安排表时，学生都被深深地感动着、折服着；当那一声"让我们一起走近这位伟大的总理——周恩来"（随之而起的是主题曲《你是这样的人》和周总理的电影片断剪辑）响起时，总理的音容笑貌在眼前闪现，总理的丰功伟绩在脑中浮现，总理的形象就这样"活"在了学生的心中。人格陶冶，如春风化雨，悄无声息地滋润着每一个单纯的生命。

（三）营造气场，就是要高度整合一堂课的多种元素

课堂元素，包括文本、语言、媒体、环境、手段等。每一种元素，既有认知的功能，又有启示的作用，还有审美的价值。诗意语文对课堂元素的关注，不仅指向认知的、启示的，尤为重视审美的。对于各种课堂元素的选择和使用，都力求在审美这一维度上得到整合。《一夜的工作》在音乐这一媒体元素的使用上，可谓苦心孤诣、水乳交融。无论是学生畅想总理审阅文件时所思所想的背景音乐《在银色的月光下》轻轻响起时，还是在《你是这样的人》的歌声伴随着周总理的电影片断剪辑播放时，我和学生一起穿行在催人泪下的音乐和画面之中，用生命的手掬起一捧捧盈盈的心灵泪花。

总之，《一夜的工作》让我邂逅了一种别样的语文教育。她的表征是一种气场的存在，她的指向是一种审美的情感，她的能量是让人感动、让人震撼。气场、情感和感动，成了我以后创作课品的三个最重要的元素，而"感动"又是形成气场、流淌情感的课堂脉象。这种感动是学生与作品的直接对话，是师生之间的心灵交融，是作者之情、文本之情、学生之情、教师之情汇流而成的生命润泽。语文教育的最大魅力在于她的"情"和她的"美"。

三、为了艺术而存在的课堂:《长相思》课堂品悟

第一次看《长相思》,是在杭州。静静的秋夜,一个人在工作室。尽管之前对这一课的文字稿早已谙熟,真的面对它时还是震惊到无语。

无语到叹息,走出门来,庭前一轮明月,碧空如洗。

那一刻,我恍惚觉得纳兰来过,他就站在三百年前的红尘里对我微微叹息。我承认,在这个课品里,我丢掉了所有关于语文、关于课程,甚至关于诗词的概念、原则、理念与判断,也完全丢掉了自己。

许多人与我一样,认为这一课是古诗词教学的奇迹。

在此之前,我们无法想象课可以上成这样!就像王小庆老师所言:"他的课已经不能算作课了,严格地说,应该是个艺术品才是。"

文本的解读、教师的语言、语境的拓展、互文的印证、角色的置换,甚至所选的音乐、所用的图片,没有一处不是恰到好处,没有一处不是动人心弦。

王崧舟和妻子、女儿在西塘古镇(摄于 2009 年)

　　确实，没有一节课能像《长相思》这样，完美地诠释着王崧舟语文教学思想中的艺术化追求，完美地体现着"诗意语文"的种种特质。这一课的成功应是王崧舟语文教育思想发展到一定程度的必然，诗意如水，缓缓流过，境界渐宽。

　　回到 2005 年。彼时的王崧舟正扛着"诗意语文"的大旗，经过了《圆明园的毁灭》的震撼，经过了《只有一个地球》的思索，经过了《一夜的工作》的轰动与确证，他的创作灵感正喷涌式地将他的语文教学推向新的境地。那前后他还开发了《亲情测试》，重上了《小珊迪》。彼时的课，多气象开阔，美不胜收，带着些风发的意气，"谈笑间，樯橹灰飞烟灭"。

　　《长相思》注定是王崧舟课堂教学中特别的一课，不仅仅是因为它堪称诗意语文的扛鼎之作，更是因为他是王崧舟的"率性之作"。读过《长相思"精神三变"》的老师都知道，这一课在上课前王老师的心里竟没有完全成型的教案，课的思路是在课的进程中自然地流淌出来的。

　　这种由"必然王国"到"自由王国"的境地可遇而不可求，也是这样的奇迹让我疑心课品的背后仍有我们所无法揣摩的深意。

　　我知道王老师对这个文本的钟情是由于对纳兰的喜爱，这份喜爱有一半源于《红楼梦》吧。而他对词意的解读与理解更多的是源于他对纳兰性情的参印与喜欢，那同样是"冷处偏佳，别有根芽"。其实王老师也该清楚地知道《长相思》所传达的绝不只是"爱祖国、爱故园"的纠结那么简单。纳兰的词常常"愁发无端"，流溢着对生命本质的叩问与追寻，那份与生俱来的忧伤令人沉迷，何处才是他真正找寻的"故园"？或许，王老师比我们更清楚地听到了纳兰的叹息，他知道，三百年的光阴流转，纳兰从来就不曾在红尘里。

　　不知道有多少人是因为爱纳兰词而迷上了这一课，也不知道有多少人因为这一课而迷上了纳兰词！

　　王崧舟与纳兰，这之间，到底是怎样的一种关联、怎样的一种成全？（林志芳文）

课文

古诗词三首

（人教版小学语文第九册第5课）

长相思

［清］纳兰性德

山一程，水一程，身向榆关那畔行，夜深千帐灯。

风一更，雪一更，聒碎乡心梦不成，故园无此声。

王崧舟执教《长相思》

实录

"见"到一种诗的境界

（一）借助注释，读懂词意

师：同学们，在王安石的眼中，乡愁是那一片吹绿了家乡的徐徐春风。而到了张籍的笔下，乡愁又成了那一封写了又拆、拆了又写的家书。那么，在纳兰性德的眼中，乡愁又是什么呢？请大家打开书本，自由朗读《长相思》

这首词，注意，仔仔细细读上四遍，读前两遍的时候，注意词当中的生字和多音字，要把词念得字正腔圆；读后两遍的时候，要注意把它念通顺，注意词句内部的停顿。明白吗？

【熟悉文本的都知道，这一首词原是《古诗词三首》中的第三首，前两首就是王安石的《泊船瓜洲》与张籍的《秋思》。】

生：（齐答）明白。

师：自由朗读《长相思》，开始。

生：（自由读课文《长相思》）

师：（课件出示《长相思》这首词）好，谁来读一读《长相思》？其他同学注意听，这首诗当中的一个生字、一个多音字，听他读准了没有。

生：（朗读）长相思，清，纳兰性德。山一程，水一程，身向榆关那畔行，夜深千帐灯。风一更，雪一更，聒碎乡心梦不成，故园无此声。

师：读得字正腔圆，真好！"风一更"这个"更"是多音字，"聒碎乡心"的"聒"是个生字，她都念准了。来，我们读一读，"风一更，雪一更，聒碎乡心梦不成"。预备起。

生：（齐读）风一更，雪一更，聒碎乡心梦不成，故园无此声。

师：再来一遍，预备，起。

生：（齐读）风一更，雪一更，聒碎乡心梦不成，故园无此声。

【一读，意在正音。】

师：很好！谁再来读一读《长相思》？请你，其他同学注意听，特别注意，他在读词句时中间是怎么停顿的，是不是读得有板有眼。

生：（朗读）长相思，清，纳兰性德。山一程，水一程，身向榆关那畔行，夜深千帐灯。风一更，雪一更，聒碎乡心梦不成，故园无此声。

师：真好，你们注意到没有，这位同学在读"身向榆关那畔行"的时候，哪个地方停顿了一下？

生：他在"身向榆关"的后面停顿了。

师：你有没有注意到，他在读"夜深千帐灯"的时候，哪个地方又停顿了一下？

生：他在"夜深"后面停顿了一下。

师：你们听出来了吗？

生：（齐答）听出来了。

师：对，这样读就叫有板有眼。我们读这两句词，"身向榆关那畔行，夜深千帐灯"。预备起。

生：（齐读）身向榆关那畔行，夜深千帐灯。

师：再来一遍，"身向榆关那畔行，夜深千帐灯"。读。

生：（齐读）身向榆关那畔行，夜深千帐灯。

【二读，重在节奏。】

师：真好，同学们，读古代的诗词，不但要把它读正确，读得有节奏，还要尽可能读出它的味道来。比如《长相思》这个题目，我们可以有许多种读法，有的读《长相思》（快速而平淡地），有长的味道吗？有相思的感觉吗？

生：（齐答）没有。

师：比如你这样读，《长相思》（缓慢而深情地），有感觉吗？有味道吗？

生：（齐答）有。

师：读词就要读出这样的味道来。你们试着读一读，争取读出你的味道和感觉来。

生：（自由读《长相思》）

师：谁来读一读《长相思》？读出你的味道、你的感觉来。注意听，注意听，你听出了什么味道？什么感觉？

生：（朗读）长相思，清，纳兰性德。山一程，水一程，身向榆关那畔行，夜深千帐灯。风一更，雪一更，聒碎乡心梦不成，故园无此声。

师：好一个"故园无此声"，有味道。谁还想读？

生：（朗读）长相思，清，纳兰性德。山一程，水一程，身向榆关那畔行，夜深千帐灯。风一更，雪一更，聒碎乡心梦不成，故园无此声。

师：好一个"聒碎乡心梦不成"！来，我们一起读，读出你自己的味道和感觉来。

生：（齐读）长相思，清，纳兰性德。山一程，水一程，身向榆关那畔行，夜深千帐灯。风一更，雪一更，聒碎乡心梦不成，故园无此声。

师：真好！同学们，词读到这儿为止，你的脑海里面留下了什么印象和感觉，谁来说一说？

生：我感到纳兰性德非常思念家乡。

师：这是你的感觉。谁还有别的印象和感觉？

生：我感觉到纳兰性德思念家乡，梦都睡不好了。

师：不是梦都睡不好，是觉都睡不好，根本就没有梦。同学们，梦都做不成，觉都睡不好，带着这种感觉，我们再来读一读《长相思》，把这种感觉读进去，读到词的字里行间去。

生：（齐读）长相思，清，纳兰性德。山一程，水一程，身向榆关那畔行，夜深千帐灯。风一更，雪一更，聒碎乡心梦不成，故园无此声。

【三读，贵在情韵。】

师：长相思，长相思，作者为什么会如此长相思呢？请大家默读这首词，读的时候，请大家仔细地看看书上的插图，仔细地看看书上的注解，然后，试着去想想这首词大概在讲什么意思，明白吗？

生：（齐答）明白。

师：好，默读《长相思》。

生：（默读《长相思》，按要求思考词的大意）

师：现在王老师提两个问题，看看你对这首词大概的意思，掌握了没有。（板书：身）第一个问题，听清楚了，作者的身，身体的身，身躯的身，作者的身在哪里？身在何方？

生：作者的身在前往山海关外。

师：请站着，山海关外。继续，谁还有不同的看法？

生：作者的身在前往山海关的路上。

师：路上，请站着。继续。

生：作者的身在山海关。

师：你也站着。谁还有不同的理解？身在何方？

生：他的身在山海关那边。

师：那边，山海关的那边。好，那么"山一程"呢？身在哪儿？还可能在哪儿？

生：身可能在山上。

师：可能在怎么样的山上？

生：非常高的山上。

师：在崇山峻岭上。那么，"水一程"呢？他的身还可能在哪儿？

生：他的身可能在船上。

师：可能在船上，是的。那么"夜深千帐灯"呢，他的身可能在哪儿？

生：他的身可能在营帐里面。

师：营帐里面，请站着。孩子们，这里站着一、二、三、四、五、六、七位同学。作者的身在哪儿？七位同学就是作者的身经过的点，他经过了崇山峻岭，他经过了小河大川，他经过了山海关外，他经过了军营的帐篷，他还经过了许许多多的地方，这就是作者身在何方。一句话，作者身在征途上。
（板书：在"身"后面写"在征途"）

师：请坐。已经读懂了一半，下面我提第二个问题。（板书：心）纳兰性德的心，心情的心，心愿的心，心在哪儿？

生：他的心在故乡。

生：他的心在家乡。

生：（齐答）纳兰性德的心在家乡。

师：用课文里的一个词，一起说，纳兰性德的心在哪儿？

生：（齐答）纳兰性德的心在故园。

师：好。（板书：在"心"的后面写"系故园"）孩子们，身在征途，心却在故园。把它们连起来，（板书：在这两句上画了一个圆圈）你有什么新的发现？新的体会？

生：我发现了，他身在征途，却很思念故乡。

师：不错。你说。

生：我发现纳兰性德既想保家卫国，又很想自己的家人。

师：你理解得更深了一层。

生：我觉得纳兰性德肯定很久没有回家乡了。

师：你的心思真是细腻啊。

生：我还觉得纳兰性德不管在什么地方，心里总是有家乡的。

师：好一个"不管……心总是……"！

生：我觉得纳兰性德虽然远离家乡，可是心总是牵挂家乡的。

师：一个远离，一个牵挂。同学们，就是这种感受、这种感情、这种心灵的长

相思。我们带着这样的感觉，再来读一读《长相思》。先自己读一读，试着把作者身和心分离的那种感受、那种心情读出来。

生：（自由读《长相思》）

师：好，咱们一起读一读《长相思》。

生：（齐读）长相思，清，纳兰性德。山一程，水一程，身向榆关那畔行，夜深千帐灯。风一更，雪一更，聒碎乡心梦不成，故园无此声。

【课的第一板块常常被认为是朗读指导的范式——在诵读的层次上，其意义远远不限于古诗词。第一层，字正腔圆，读准字音；第二层，有板有眼，读出句子的停顿与节奏；第三层，附着情感，读出自己的感觉与味道。

三层朗读之后，学生对词意已经有了大概的认识，正是披文入情的契机。】

（二）展开想象，读出词情

师：（课件播放音乐《怆》——曲出张维良的《天幻箫音》，在音乐声中朗读全词）长相思，清，纳兰性德。山一程，水一程，身向榆关那畔行，夜深千帐灯。风一更，雪一更，聒碎乡心梦不成，故园无此声。

师：一起来，预备起。

生：（齐读）长相思，清，纳兰性德。山一程，水一程，身向榆关那畔行，夜深千帐灯。风一更，雪一更，聒碎乡心梦不成，故园无此声。

【这时的课境与带来的震撼是难以描述的，旋律和声音总有文字所无法表达的妙处。课内的学生与课外的我们早被一个强大的气场直接掳了去。】

师：孩子们，请闭上眼睛，让我们一起，随着纳兰性德走进他的生活，走进他的世界。随着老师的朗读，你的眼前仿佛出现了怎样的画面、怎样的情景？（稍作停顿，动情朗读）山一程，水一程，身向榆关那畔行，夜深千帐灯。风一更，雪一更，聒碎乡心梦不成，故园无此声。

师：孩子们，睁开眼睛，现在你的眼前出现了怎么样的画面和情景，你仿佛看到了什么？听到了什么？你仿佛处在一个怎么样的世界里？

生：我看见了士兵们翻山越岭到山海关，外面风雪交加，士兵们躺在帐篷里，翻来覆去怎么也睡不着，在思念他的故乡。

师：你看到了翻山越岭的画面。

生：我看见了纳兰性德在那里思念家乡、睡不着觉的情景。

师：你看到了辗转反侧的画面。

生：我看到了纳兰性德走出营帐，望着天上皎洁的明月，他思乡的情绪更加重了起来。

师：你看到了抬头仰视的画面。

生：我看到山海关外，声音杂乱，士兵们翻来覆去睡不着，但是在他们的家乡没有这种声音，很宁静。

【第一处见。

"闭上眼睛，展开你的想象"，这"诗意的境界"实乃"自由的境界"！因为是闭上眼睛"看"，也就把外界的纷繁挡在了词的外面，所"见"的就只能是属于自己心灵的画面。】

师：你们都看到了，你们看到了跋山涉水的画面，你们看到了辗转反侧的画面，你们看到了抬头仰望的画面，你们看到了孤独沉思的画面。但是，同学们，在纳兰性德的心中，在纳兰性德的记忆里面，在他的家乡，在他的故园，又应该是怎么样的画面？怎么样的情景呢？展开你的想象，把你在作者的家乡看到的画面写下来。

生：（伴随着乐曲《琵琶语》，想象写话）

师：（在学生的写话过程中插话）那可能是一个春暖花开的日子，在郊外，在空旷的田野上……那也可能是几个志趣相投的朋友围坐在一起，一边喝酒，一边畅谈着……那也可能是在暖暖的灯光下，一家人围坐在一起，喝着茶，拉家常……那还可能是……

生：（继续在音乐声中想象写话）

【当《琵琶语》的音乐响起，心中的感动不能自已。那种低低的追忆与倾诉，带着忧伤带着隐忍却没有怨恨，说着的似乎就是世界上最远的距离。】

师：好，孩子们，请停下你手中的笔，让我们一起回到作者的家乡，走进纳兰性德的故园。我们去看一看，在他的家乡有着怎么样的画面和情景。

生：我看见了纳兰性德的家乡鸟语花香，纳兰性德的家人在庭院中聊天，小孩子在巷口玩耍嬉戏，牧童赶着牛羊去吃草，姑娘们就在门口绣着花，放学归来的孩童们，放下书包，趁着风，放起了风筝，还有的用花编成花环戴

在头上。家乡一片生机勃勃。

师：好一幅乡村乐居图啊。这是他看到的，你们看到了哪些？

生：我看到了晚上，月光皎洁，星星一闪一闪的。他的亲人坐在窗前，望着圆圆的月亮，鸟儿也不再"叽叽喳喳"地叫，只听见外面"呼呼"的风声，花儿合上了花瓣，亲人是多么希望纳兰性德能回到家乡与他们团聚啊。

师：一个多么宁静多么美好的夜晚。你看到了——

生：在一个晴朗的日子里，妻子正绣着锦缎，孩子们在门外的草地上玩耍，一会儿捉蝴蝶，一会儿又玩起捉迷藏的游戏。汉子们正挑着水，一家人做好饭后，围在一起，喝酒聊天。

师：故园的生活真是其乐融融啊！

【第二处见。】

又是画面。因为文学作品并不是一种"自在之物"，而是一种"为他之物"。审美解读就是将文本从静态的物质符号中解放出来，还原为鲜活生命的唯一魔术。

师：但是，此时此刻，这样的画面却都破碎了，这样的情景却都破碎了。（板书：在"身在征途，心系故园"上面写个大大的"碎"）谁再来读读《长相思》？在这里，没有鸟语花香，没有亲人的絮絮关切，这里只有——

生：（朗读）山一程，水一程，身向榆关那畔行，夜深千帐灯。风一更，雪一更，聒碎乡心梦不成，故园无此声。

师：在这里，没有皎洁的月光，没有在皎洁月光下和妻子相偎在一起的那一份温暖、那一份的幸福，这里只有——

生：（朗读）山一程，水一程，身向榆关那畔行，夜深千帐灯。风一更，雪一更，聒碎乡心梦不成，故园无此声。

师：你是在用自己的心读啊！在这里，没有郊外的踏青，没有牧童的短笛，没有跟孩子们在一起的天伦之乐。这里只有——我们一起读。

生：（齐读）山一程，水一程，身向榆关那畔行，夜深千帐灯。风一更，雪一更，聒碎乡心梦不成，故园无此声。

师：长相思啊，长相思。山一程，水一程，程程都是长相思；风一更，雪一更，更更唤醒长相思。孩子们，闭上眼睛，想象画面，进入诗人那个身和心分离的世界，我们再一起读《长相思》。

生：（齐读）山一程，水一程，身向榆关那畔行，夜深千帐灯。风一更，雪一
　　更，聒碎乡心梦不成，故园无此声。

【除了一遍又一遍逐层深入的诵读、想象与体验，似乎这一课就再也没有其他
了，正因如此，词的"完形"得以保全。

我们似乎无法从这一课里找到明晰的教学内容——那些基于工具主义的目标或
技术。但是，在一个又一个的画面里，我们分明看到了孩子们用自己的心贴到了词
的脸颊，真的体会到了这个作品特殊的温度。

卢梭说，教育是一种梦想。王老师是不是把自己的梦带入了"根本没有梦"的
《长相思》中？】

（三）互文印证，读透词心

师：同学们，《长相思》读到现在为止，我们已经非常真切地感受到了作者那一
　　颗身在征途、心系故园的破碎之心。我想，读到现在为止，读到这个时候，
　　你是不是该问一问纳兰性德了，你的脑子里冒出了什么问题，想问一问纳
　　兰性德？

生：纳兰性德，既然你这么思念家乡，为什么还要去从军呢？

师：问得好。谁还想问？

生：纳兰性德，你快点回家吧，纳兰性德，你为什么不回家呢？

师：你为什么不早点回家呢？是吗？好，继续问。

生：纳兰性德，如果你想回家，你就应该早点用心打仗，为什么不用心打仗，
　　不然的话，如果仗打不好，你还会死在途中。

师：是啊，你既然身在征途，你就应该一心干你的事业，为什么还要对故园牵
　　肠挂肚、辗转反侧呢？

生：你既然这么想念家乡，那你为什么不把想念家人的话写下来，让一个老乡
　　帮你送过去呢？

【一问，旁观之问。】

师：孩子们，你们都问过了，是吧？你们可曾知道，这些问题，纳兰性德也问
　　过自己。就在征途上，纳兰性德还写过一首词，题目叫《菩萨蛮》，其中有
　　这样两句词，就是纳兰性德问自己的。（课件呈现：问君何事轻离别，一年

能几团圆月？）谁来读一读？

生：（朗读）问君何事轻离别，一年能几团圆月？

【二问，自我之问。】

师：问得好，孩子们，请你再想一想，除了纳兰性德在问自己外，还会有谁要问一问纳兰性德：问君何事轻离别，一年能几团圆月？还有谁？

生：还有深深思念他的妻子。

师：对，你就是纳兰性德的妻子，你问一问纳兰性德？

生：（朗读）问君何事轻离别，一年能几团圆月？

师：妻子问丈夫，那个"君"字改一下，改成——

生：问"夫"。

师：对！你再来问一问。等一下，我们一起到一个地方去问，好吗？长亭外，杨柳依依，妻子站在送别的路上，问纳兰性德——

生：（朗读）问夫何事轻离别，一年能几团圆月？

师：好一个深情的妻子啊！谁还会问纳兰性德？

生：纳兰性德的儿子，

师：儿子，好，儿子问一问，你现在是纳兰性德的儿子，你来问一问，你把"君"字改成——

生：父。

师：父，好。长亭外，芳草萋萋，儿子拉着父亲的手问——

生：（朗读）问父何事轻离别，一年能几团圆月？

师：毕竟是儿子，感受还不是很深。（笑声）

生：还有他的父亲。

师：你就是他的父亲了。长亭外，秋风瑟瑟，白发苍苍的老人问纳兰性德——

生：（朗读）问儿何事轻离别，一年能几团圆月？

师：老父来日不多了，不知还能见几面啊！还有谁也会问纳兰性德？

生：还有他的哥哥。

师：虽然纳兰性德没有哥哥，但是你可以暂且做他的哥哥。长亭外，雨雪霏霏，兄长递上一杯酒，问道——

生：（朗读）问弟何事轻离别，一年能几团圆月？

师：是啊，孩子们，许许多多的人，他的老父，他的爱妻，他的娇儿，他的兄长，还有他的朋友，都在问纳兰性德。我们再一起问一问纳兰性德吧：问君何事轻离别，一年能几团圆月？

生：（齐读）问君何事轻离别，一年能几团圆月？

【三问，移情之问。】

师：轻离别？你们居然说我轻离别？（板书：轻）我，纳兰性德真的轻离别吗？真的对离别无所谓吗？再读《长相思》，默读，你在哪儿体会到，我纳兰性德没有轻离别啊，我不是轻离别啊。

生：（默读《长相思》）

师：我是纳兰性德，我想先问一问我的老父。老父，你说我是轻离别吗？

生：不是，我从"风一更，雪一更，聒碎乡心梦不成，故园无此声"中看出你不是轻离别，而是为了保家卫国。

师：好一位深明大义的父亲。我想再问一问我的爱妻，我是轻离别吗？

生：你不是，"风一更，雪一更，聒碎乡心梦不成，故园无此声"。你是为了保卫祖国，你离别家乡是为了到前线去杀敌，所以我不怪你。（笑声）

师：好一位贤良的妻子啊。是的，我何曾是轻离别啊，我是何等的重离别啊。可是，我身为康熙皇帝的一等侍卫，我重任在肩，我责任如山，我不得不离，不得不别啊！我舍不得离开年迈的老父，舍不得离开温柔的妻子，舍不得离开生我养我的故园啊！这一切的一切都已化在了《长相思》中。我们一起读！

生：（齐读）长相思，清，纳兰性德。山一程，水一程，身向榆关那畔行，夜深千帐灯。风一更，雪一更，聒碎乡心梦不成，故园无此声。

师：这就是为什么我身在征途却心系故园的原因所在，这就是我的那个梦会破碎、我的那颗心会破碎的原因所在。

【互文印证，角色置换。声声问后，学生已经读懂了词人破碎的心，也实现了真正的阅读，那是读者与作者的心灵对话，是"物我回响交流"的审美体验。】

师：建功立业的壮志和理想，思念家乡的孤独和寂寞，就这样交织在一起，化作了纳兰性德的《长相思》。（课件出示题目并播放音乐《怆》）

师：山一程，水一程，程程都是——

生：（齐读）长相思

师：风一更，雪一更，更更唤醒——

生：（齐读）长相思。

师：爱故园，爱祖国，字字化作——

生：（齐读）长相思。

师：下课。（热烈的掌声）

【只是，一问再问之下，我们还怎堪这次次的复沓与回还！

正如钱正权老师在点评此课时说道："尽管崧舟老师在课堂胜似闲庭信步，浑厚而有磁力的男中音给人以一种优雅、一种从容、一种儒将气度，然而，笔者和学生一样，所感受到的绵绵乡思、浓浓乡情恰似一座大山沉重地压在心头。这些都充分显示了教师的智慧与真情。在笔者看来，本课已臻出神入化的地步，堪称诗词教学之经典。"（林志芳　点评）】

反思

在"可解"与"不可解"之间寻求"和解"

打着我的提灯，

我找到了一个人：

我。

我观察他。

从某种意义上讲，课堂教学就是一个"文本"。按照英美新批评派的观点，文本一旦完成，作者就已经死亡。在这里，对这一命题我权且做一次教学论上蹩脚的迁移："课堂教学一旦完成，执教者就已经死亡。"我抛出这样一个观点，意在强调"课"本身就是一个独立的自足的存在。当课被执教者演绎完成后，课的意义已经不再为执教者本人的意图所支配，"课"用自己的存在向每一位听课者言说它自己的意义。这个时候，不管你愿意与否，执教者只能将自己转换成听课者的角色重新倾听"这一课"的言说。

基于这样一种观点，也就有了课后的王崧舟与课中的王崧舟之间的对话：

我以为，王崧舟的《长相思》一课（这样的言说总有点怪怪的，人要抽身而出看自己，难！说不定哪天你就成了神经病）是在诗（词也是诗）的"可解"与"不可解"之间寻求着一种"和解"之道。

诗是不可解的，但诗又是不得不解的，这就是我们面临的两难境地，抑或说是一种教学策略上的悖论。诗被卷入课程，既是她的幸运，更是她的不幸。语文老师的责任就是用自己的智慧和才情保护"诗"的存在，使她免于被拆解、被蒸发。在《长相思》一课中，我们似乎看到了王崧舟在这方面所做的努力。

一方面，我们看到了他对"诗是不可解的"这一命题的艰难守望和维护。"诗"之不幸，就在语文老师漠视"诗"作为一种完形的存在。"诗"是一个极易被糟践和摧残的小生命，教学上稍不留神，我们就可能毁掉"诗"的存在。其毁灭之道，即在于将"诗"置换成另一样式的言语存在。诗是不能搬家的，作为诗栖居的言语形式就是她唯一的精神家园。从这个意义上说，"诗"像"树"，一挪就死。

因此，一个有智慧的语文老师，教诗的最好途径就是不教诗。让"诗"凭着自己的言语存在说话，让学生直接贴在诗的面颊上感受她的诗意。王崧舟的《长相思》，走的大约就是这样一个路径。保护"诗"，就是保护"诗"作为一种"完形"的存在，这种保护的最佳策略就是诵读。我们可以从"器"和"用"的层面上理解"诵读"，但那是远远不够的。我们更有必要从"道"和"体"的高度看到"诵读"对诗作为一种完形存在的本体论上的意义。诗活在诵读的当下，诵读保护了诗的存在，诗即诵读。于是，我们看到，在王崧舟的《长相思》上，不管学生懂与不懂，先让学生读了再说。让《长相思》在诵读中流淌，这不是一个简单的"读正确、读流利"的问题，这是对诗作为一种完形存在的深刻尊重和理解。

诗不能诉诸理性，诗只存在于直观、直感和直觉之中，对于诗的了悟是当下的、瞬间的，这就是所谓"意会"。《红楼梦》第四十八回写香菱跟黛玉学诗，香菱道："据我看来，诗的好处，有口里说不出来的意思，想去却是逼真的；有似乎无理的，想去竟是有理有情的。"她举例道："我看他《塞上》一首，那一联云：'大漠孤烟直，长河落日圆。'想来烟如何直，日自然是圆的。这个'直'字似无理，'圆'字似太俗。合上书一想，倒像是见了这景的。若说再找两个字换这两个，竟再找不出两个字来。"宝玉听了香菱的讲诗赞道："既是这样，也用不着看诗，'会心处不在多'，听你说了这两句，可知'三昧'你已得了。"如果说"完形"是诗之不可解的一个本体论层面上的因素的话，那么，"意会"就是主体论层面上对诗是不可解的又一注脚。在《长相思》一课中，王崧舟总是不厌其烦地让学生交流读词的感觉，前

前后后不下十多次。其实，唤醒感觉的过程，就是意会的过程，就是激活诗意的过程。这种思维方式具有很强的直觉内省、体验感悟的情感色彩。用维柯的话说叫"诗性逻辑"，用卡西尔的话说叫"隐喻思维"。在我看来，"意会"是一种比言传更本质、更内源、更真实的生命方式。这种意会，不光基于直感和直觉，还基于联想和想象。事实上，对诗的意会，是一个直觉和想象纠缠不清的过程。在《长相思》一课中，王崧舟前后安排了四次不同类型的想象。读词后谈印象是一种再造想象，听诵读看画面是一种表现想象，听音乐写故园是一种创造想象，多维度问作者是一种角色想象。这里的种种想象，既是对词的整体性和生命性的一种小心翼翼的呵护，又是对词作为一种召唤结构、一种空白张力的主动回应。

　　但是，在另一方面，我们又发现，王崧舟正试图以一种"明修栈道，暗度陈仓"的方式，对"诗是不可解的"这一命题进行着艰难的突围和颠覆。换言之，他努力想在"可解"与"不可解"之间达成一种互信互谅的和解。之所以尝试这样的突围和颠覆，我想个中缘由是比较复杂的。第一，诗的学习，尤其是古诗词的学习，他不能不考虑学生的言语解读习惯和言语思维方式；第二，在小学阶段学诗，他不能不尊重学生的生活积累、人生积淀和文化底蕴；第三，在教学评价尚未实现革命性的转型之前，他不能不顾及仍然流行着的古诗词学习效果的检测方式和标准。于是，他不得不冒着"诗一解就死亡"的风险，在"可解"的沼泽地上艰难地跋涉着。我们从中发现王崧舟课堂教学的两处细节，这可以成为这种尝试的标识：1. 在学生默读思考《长相思》的大意后，他设置了这样两个问题：作者的身在哪里？作者的心又在哪里？这两个问题，是对"解诗"的一种打探。这种打探有着明确的方向性，这种打探必须基于对词义的初步理解，这对诗的存在而言无疑是一种危险的动作。但这种打探并不死抠词中的字眼，他不想"字字落实"，不想因此将学生的诗性思维与字词的肢解绑在一起。他想通过这种打探，让学生对其中的诗意形成一种敏感和警觉，学生对此的回答不一而足，但这无伤诗之大雅。2. 在学生沉入词境后，他采用互文印证的策略，用纳兰性德另一首词中的一句"问君何事轻离别，一年能几团圆月？"来引发学生对词的深层意蕴的解读。这种侧面的、迂回的解读策略，依然折射着王崧舟面对诗的"可解"与"不可解"的矛盾之情。互文作为一种解读策略，其用意是十分明显的；但互文策略用在这里，王崧舟是有自己的主张的。那就是借助"互文"在诗的"可解"与"不可解"之间达成一种谅解备忘录。

　　诗说到底是对人生、宇宙的一种直观的洞悉，对事物的一种普遍性的了悟。从这个意义上说，诗只能去"见"、去"会"、去"悟"。但是，诗毕竟是一种言语的存在，尽管这种言语以自足和完形存在着，她处处设防，她把自己保护得严严实实。但百密终有一疏，只要有一条缝，只要有一孔眼，我们就有窥见的机会和可能。正是这样的一条缝、一孔眼，让诗暴露了自己最隐秘的灵魂，于是，诗终于在自己的疏忽中败下阵来。这才给了王崧舟和王崧舟们以"解诗"的可乘之机，一片中间地带在跋涉中被他们发现了。

　　但不知这种发现，对"诗"们而言，是幸耶？是不幸耶？

四、语文意识的回归之旅：《慈母情深》课堂品悟

　　王崧舟老师的每一个经典课例的背后，大都承载着他彼时对语文教育的思考。2007 年王老师的《慈母情深》一课，彰显的是他对语文意识的关注与探索。

　　当时，王老师"诗意语文"的思想体系已比较完备，他将"文本细读"、"感性陶冶"、"多维对话"、"节奏建构"归纳为"诗意语文"的四大支柱，继而提出了"举象""造境""入情""会意""求气""寻根"等六大审美化的实践智慧。在此基础上，王老师呼唤语文意识烛照下的语文教学之道。

　　语文意识的提法源自王尚文先生，王崧舟老师将其进一步作了教学论方面的阐释，他说道：

　　所谓语文意识，就是关注文本"怎么写""为什么这么写"的意识。"怎么写"是"话语形式"问题，"为什么这么写"是"话语意图"问题。"话语形式"涉及遣词造句、谋篇布局、表达方式、修辞方式、语法结构等问题，简言之就是关于语感的问题。而"话语意图"涉及言语动机、交际目的、语言环境、文体特征、语言风格等问题，概言之就是关于境感的问题……一个称职的语文老师应该既有良好的语感素养，又有良好的境感素养，既能够关注话语形式又能够关注话语意图。这才是圆融的、完整的语文意识。

　　不难看出，"语文意识"关注的是"语言文字的形式"，这也正是语文学科教学的独当之任。它承接了王老师对"文本细读"的探究与实践，并为其后来强调"文

本秘妙"的发掘做了理论与实践的准备。

从当代语文教育史的角度看，这种思考紧贴着近几年理论界对教学内容的关注与热议，是语文教育改革发展到一定阶段的内在反思与审视，并最终指向语文教育的价值叩问。

确实，课程改革以来，我们研究与评价的中心大都指向了教学方法、教学模式等外在的"形而下"的"术"。但是我们关注"怎么教"的同时却忽略了"教什么"这一根本的逻辑起点。教学内容的不适切、教学目标不明确或者偏颇是近些年语文教育存在的主要"病疾"。于是，语文教育出现了"泛语文""反文本""去知识化"等"病象"，用李海林先生的话说，这是语文的"自我放逐"。

在2007年前后，语文界喊得最多的口号就是"让语文回家"，王老师对语文意识的关注与探索无疑走的是一条回家的路。对语文意识的呼唤，也是王崧舟语文教育思想成熟与发展的标志。

教育思想的成熟与发展必带来课堂教学的精彩绽放。

《慈母情深》一课的经典片段几乎俯首皆是，"龟裂""攥""鼻子一酸""震耳欲聋"，三个"我的母亲"，四个"立刻"……王老师以他敏锐的语文意识，开掘出这一文本语言形式的眼眼清泉。

这清泉流淌是鲜明的课程边界意识下的"诗意语文"与文本清风明月般的安静晤谈，自此，王崧舟语文教育的实践和探索更趋回归姿态，更入言语表现范畴。

诗意无痕。

华枝春满，天晴月圆。（林志芳　文）

课文

慈母情深
（人教版小学语文第九册第18课）

我一直想买一本长篇小说——《青年近卫军》。书价一元多钱。

母亲还从来没有一次给过我这么多钱。我也从来没有向母亲一次要过这么多钱。

但我想有一本《青年近卫军》，想得整天失魂落魄。

我从同学家的收音机里听到过几次《青年近卫军》的连续广播。那时我家的破收音机已经卖了，被我和弟弟妹妹们吃进肚子里了。

我来到母亲工作的地方，呆呆地将那些母亲扫视一遍，却没有发现我的母亲。

七八十台缝纫机发出的噪声震耳欲聋。

"你找谁？"

"找我妈！"

"你妈是谁？"

我大声说出了母亲的名字。

"那儿！"

一个老头儿朝最里边的角落一指。

我穿过一排排缝纫机，走到那个角落，看见一个极其瘦弱的脊背弯曲着，头和缝纫机挨得很近。周围几只灯泡烤着我的脸。

"妈——"

"妈——"

背直起来了，我的母亲。转过身来了，我的母亲。褐色的口罩上方，一对眼神疲惫的眼睛吃惊地望着我，我的母亲……

母亲大声问："你来干什么？"

"我……"

"有事快说，别耽误妈干活！"

"我……要钱……"

我本已不想说出"要钱"两个字，可是竟说出来了！

"要钱干什么？"

"买书……"

"多少钱？"

"一元五角……"

母亲掏衣兜，掏出一卷揉得皱皱的毛票，用龟裂的手指数着。

旁边一个女人停止踏缝纫机，向母亲探过身，喊道："大姐，别给他！你供他们吃，供他们穿，供他们上学，还供他们看闲书哇！"接着又对着我喊："你看你妈这是在怎么挣钱？你忍心朝你妈要钱买书哇？"

母亲却已将钱塞在我手心里了，大声对那个女人说："我挺高兴他爱看书的！"

母亲说完，立刻又坐了下去，立刻又弯曲了背，立刻又将头俯在缝纫机板上了，

立刻又陷入了忙碌……

那一天我第一次发现，母亲原来是那么瘦小！那一天我第一次觉得自己长大了，应该是个大人了。

我鼻子一酸，攥着钱跑了出去……

那天，我用那一元五角钱给母亲买了一听水果罐头。

"你这孩子，谁叫你给我买水果罐头的！不是你说买书，妈才舍不得给你这么多钱呢！"

那天母亲数落了我一顿。数落完，又给我凑足了够买《青年近卫军》的钱。我想我没有权利用那钱再买任何别的东西，无论为我自己还是为母亲。

就这样，我有了第一本长篇小说。

实录

慈母情深深几许

（一）擦亮"深"这个题眼

师：请大家看黑板！我们一起，恭恭敬敬地读题目！

生：（齐读）慈母情深。

师：读得不错。请注意这个"深"字的读法，我们再读一遍！

生：（齐读）慈母情深。（"深"字读成了重音）

师：好极了！孩子们，你们一定已经发现，在这个"深"字底下，有一个大大的着重号，是吧？

生：（齐答）是！

师：为什么？（稍顿）为什么？

生：它是提醒我们这个"深"字很重要。

师：你对文字有相当不错的感觉。（对另一生）你请！

生：可怜天下父母心，这说明慈母对孩子的感情非常深。

师：能为"深"字组个词语吗？

生：深厚。

师：是的，感情深厚。往下读的时候，你得特别留心这个深厚啊。（对另一生）

你也有话想说，请说！

生：我觉得这个"深"字就是题目中最重要的一个字。

师：也就是我们平常说的"题——"

生：（紧接话头）题眼。

师：对！题眼！好眼力啊，虽然你的眼睛长得并不大。（众笑）有了这些感觉和发现，我们再来读一读题目！

生：（齐读）慈母情深。

师：对这个"深"字，你难道就没有什么问题要问问大家吗？（对一生）你请！

生：慈母的情到底深在哪里呢？

师：这的确是个问题。（对另一生）你请！

生：为什么说慈母的情很深很深呢？

师：问得好！还有别的问题吗？（对另一生）你还有问题，问吧！

生：慈母的情有多深呢？

师：桃花潭水深千尺，慈母情深深几许？（稍顿）有了问题，你的感觉会变得更加敏锐，你思考的大门也就自然而然地打开了。

【开课就恭恭敬敬地读课题，为全文的学习奠定了基调。

课文选自梁晓声的《母亲》，编者将题目定为"慈母情深"。王老师曾如此解读"深"字的分量："挣钱不易、给钱慷慨，是为母爱之深厚；支持读书、崇尚文化，是为母爱之深刻；大爱无言、春风化雨，是为母爱之深远。"

擦亮了"深"这个题眼，也就找到了通往作者心中的路。

慈母情深深几许？问题自然而出，学习自然进入。】

（二）品尝"鼻子一酸"的味道

师：好！请大家带着这些问题，我们先来做一个课堂练习。

（大屏幕呈现以下内容：

我一直想买《青年近卫军》，想得整天失魂落魄。于是，我来到母亲工作的地方，那里的噪声_____。我发现母亲极其瘦弱，当知道我想要一元五角钱买书，母亲用_____的手将钱塞给我，立刻又陷入了_____。我鼻子一酸，____着钱跑了出去。）

师：不准看书，请大家凭着自己在预习课文时留下的印象，在括号里填上课文中出现过的词语。好，现在开始！

生：（各自在练习纸上默写新词）

师：（一边巡视一边插话）请注意自己写字的姿势，头要正，肩要平，背要挺。

生：（随着老师的提醒，主动纠正自己的写字姿势）

师：（见部分学生已经做完练习，再次插话）有的同学已经全部写完，有的同学才写到第二个。做课堂练习，既要讲正确，又要讲速度，所以，理想的状态应该是四个字——又好又快。

生：（有的开始轻声朗读练习，有的加快了书写速度）

师：好！把笔放下！全部完成的请举手！好！抓紧时间，自己校对。

　　（大屏幕呈现以下内容：

我一直想买《青年近卫军》，想得整天失魂落魄。于是，我来到母亲工作的地方，那里的噪声震耳欲聋。我发现母亲极其瘦弱，当知道我想要一元五角钱买书，母亲用龟裂的手将钱塞给我，立刻又陷入了忙碌。我鼻子一酸，攥着钱跑了出去。）

　　（生校对练习，做错的主动修改）

师：全部正确的请举手。

　　（全班约三分之二的学生举手示意）

师：不错！说明我们班的同学做了相当充分的预习准备，好习惯！

师：谁来读一读这段文字？（对一生）你请！

生：（朗读这段文字，将"龟（jūn）裂"读成了"龟（guī）裂"）

师：读得不错，声音响亮，语气连贯。可惜，就差了一个字。谁听出来了？
　　（该生恍然大悟，举手）哦！你也发现了，那就给你一次将功补过的机会。

生：龟（jūn）裂。

师：完全正确！我们一直习惯把这个字读成龟（guī），乌龟的龟。所以，读"龟裂"的时候，你要特别留意、特别小心才是。来！我们一起读！

生：（齐读）龟裂。

师：再读！

生：（齐读）龟裂。

师：再读！

生：（齐读）龟裂。

师：孩子们，你们看见过龟裂的手吗？（对一生）你请！

生：我爷爷的手是龟裂的。

师：你爷爷的手，给大家描述描述。

生：我爷爷手的皮肤很糙的，像裂缝的土地一样。

师：这样的手用一个词来形容，就叫——

生：龟裂。

师：没错！谁还看到过龟裂的手？

生：我外婆的手。

师：给大家说一说你外婆的手。

生：我外婆年纪很大了，她的手全都是皱纹，筋都暴出来了，皱纹很明显是一条一条的。

师：嗯，你外婆的手就叫——

生：龟裂。

师：都明白"龟裂"了，是吧？

生：（齐答）是！

【没有生硬的解释，而是让学生调动自己的生活经验，说一说"谁见过龟裂的手"，在学生们的描述中，"龟裂"这个词语就鲜活起来，形象起来。这种教学策略，王老师称之为"举象"。

在"言"与"意"中寻找了一个中介"象"，教师引导学生所举的"象"其实就是学生的生活体验、生命感悟呀。

夏丏尊先生对教育有个著名的比喻：教育就像造一个池子，有人说圆形的好，有人说方形的好，其实，池子最关键的要素是"水"，没有水顶多算个坑。

如果说语文如水，它随物成形，跃动流淌，那么生活就是它清澈的源头。因为语文本就是生活的美丽呈现，是生命的浅唱轻吟。】

师：其实，在咱们刚才默写的新词中，有一个字写起来特别烦，谁注意到了？哪个字？（见很多学生举手）一起说——

生：（齐读）攥！

师：对！就是这个"攥"字。我已经数过了，整整 23 画，这么多笔画的字，在常用字里面可以说是凤毛麟角、寥寥无几啊！来，伸出你的右手，张开你的左手，在手掌心上把这个"攥"字再清清楚楚地写一遍，一共 23 画。

生：（按要求书写）

师：好！确定自己已经牢牢记住这个"攥"字的，请将左手牢牢攥紧。

生：（自觉地攥紧左手）

【整整 23 画，"攥"确实是写字教学的难点。王老师让学生在左手手心写一遍，记住了，就把左手攥紧。多么巧妙的一"攥"！】

师：很好！来，我们一起来读一读这段文字，争取读得字正腔圆、精神饱满！

生：（齐读）我一直想买《青年近卫军》，想得整天失魂落魄。于是，我来到母亲工作的地方，那里的噪声（震耳欲聋）。我发现母亲极其瘦弱，当知道我想要一元五角钱买书，母亲用（龟裂）的手将钱塞给我，立刻又陷入了（忙碌）。我鼻子一酸，（攥）着钱跑了出去。

师：孩子们，"鼻子一酸"是一种怎样的感觉？

生：想哭的感觉。

生：鼻子酸酸的，心里很难受。

生：特别伤心，都快掉眼泪了。

生：内心很痛苦。

师：想哭，难受，伤心，痛苦，这一切的一切搅在一起，就是"鼻子一酸"。但是，孩子们，不对呀！母亲明明已经将钱给了我，一元五角，一分没少，一句责怪的话都没有，按理，我应该感到——

生：高兴。

生：满足。

生：幸福。

生：喜气洋洋。

师：没错！但是，此刻的"我"不但没有丝毫的高兴、丝毫的激动、丝毫的快乐，相反，此刻的"我"只有想哭，只有伤心，只有难受，只有痛苦，只有——（大屏幕突现：鼻子一酸）

生：（齐读）鼻子一酸。

师：再读。

生：（齐读）鼻子一酸。

师：再读，读出那种想哭的感觉。

生：（齐读）鼻子一酸。

师：为什么？（稍顿）为什么"我"会鼻子一酸？（稍顿）请大家打开课文，细细地默读《慈母情深》这个故事。一边读，一边用心体会，文中母亲的哪些表现、哪些细节令"我"鼻子一酸？请在这些地方，用波浪线恭恭敬敬地画下来。

【"鼻子一酸"既是本课的一个切入点，又是贯穿全课的一条主线。探究"鼻子一酸"的缘由，慈母情之深厚必将跃然课上；回味"鼻子一酸"的余韵，则儿子在母爱滋养下的成长和觉悟亦将灿然心间。】

生：（默读课文，边读边画）

师：（巡视，不时轻声与个别学生交流）

【在这个板块的教学中，王老师巧妙地浓缩了课文情节，让学生不看书凭记忆填空。细细品来】

此设计的作用有三：一是检查了课文的预习，对文中最能体现"慈母情深"的几个关键词进行随文解读，如"震耳欲聋、龟裂、攥"；其二因为本文篇幅较长，老师设计用填空的方式理清文章主要情节，降低了学生阅读的难度，实现了学生对课文的整体感知；其三是由"酸"切入，引向深度探究，使"鼻子一酸"作为全堂课情感巅峰体验的一个制高点。

一石三鸟，妙不可言。

（三）拉开"震耳欲聋"的张力

师：孩子们！是母亲的哪些表现、哪些细节令"我"鼻子一酸？（稍顿）请画出了有关语句的同学举手示意。

生：（纷纷举手）

师：人人有收获，看来，这四分钟的默读效果相当不错啊！也说明大家读得很用心，很会思考。在刚才的巡视中，我发现有位同学发现的一个句子相当

特别、与众不同。来，我们来听听她的发现。（对那位学生）你请！

生：（朗读）七八十台缝纫机发出的噪声震耳欲聋。

师：（大屏幕呈现这个句子，以下简称"句一"）你为什么会特别留意这个看起来极不显眼的句子？

生：我觉得七八十台机器发出震耳欲聋的声音，震耳欲聋，可以体现出母亲的工作环境十分恶劣。

师：请问，还有谁也特别留意过这个句子？

生：（三位学生举手示意）

师：好！那么，你们几位对她的发言有补充的吗？

生：因为"我"是第一次发现母亲工作的环境这样恶劣，所以，"我"才会鼻子一酸的。

师：补得好！你这一补，把我们的理解和体会就引向了"鼻子一酸"这个问题的核心了。来！孩子们，我们一起来读一读这个并不显眼的句子。

生：（齐读"句一"）

师：读好了"震耳欲聋"，也就读好了整个句子。来，我们再读一遍。

生：（再次齐读"句一"，将"震耳欲聋"读成了重音）

师：你们是怎么理解"震耳欲聋"的？（对一生）你请。

生：就是声音很大，耳朵都要被震聋了。

师：是这个意思。但我还想再问一下，"震耳欲聋"的"欲"是什么意思？

生：好像。

师：不对！不是"好像"。（对另一生）你请。

生：将要，快要。

师：对！就是"将要"的意思。耳朵都快要被震聋了，这是多大的噪声啊！我们一起读一读，读出"震耳欲聋"的感觉来。

生：（齐读"句一"，声音很响）

师：孩子们，假如是你自己置身在这样的环境里，耳边传来的是震耳欲聋的噪声，请问，你的第一反应是什么？

生：我觉得很烦，感觉耳朵都快聋了。

师：一个字"烦"。（对另一生）你呢？

生：我会觉得很吵，想赶快离开这个鬼地方。

师：不光是你，除非迫不得已，谁也不愿意待在这样的鬼地方。

生：我的心情会很糟糕，因为那噪声实在是太厉害了。

师：所以，你愿意待在那里吗？

生：不愿意！

师：所以，你们，孩子们，你们愿意待在这样的地方吗？

生：（齐答）不愿意！

师：你们不愿意吧，你们可以转身就走。可是，母亲呢？"我"的母亲呢？她能走吗？她能离开这个鬼地方吗？她只能待在这样的环境里，读！

生：（齐读"句一"）

师：这噪声，这震耳欲聋的噪声，停止过吗？

生：（齐答）没有。

师：消失过吗？

生：（齐答）没有。

师：依据何在？（稍顿）依据就在课文中，就在课文的字里行间。请大家快速浏览，找一找，文中的哪些词句、哪些描写向我们传递着"噪声不断、噪声不停"这个事实。

生：（快速浏览课文）

师：（对一生）你请。

生：（朗读）我大声说出了母亲的名字。

师："我"为什么要大声地说？因为——（手指大屏幕中的"句一"）

生：七八十台缝纫机发出的噪声震耳欲聋。

师：这是第一个依据，请继续。

生：（朗读）母亲大声问："你来干什么？"

师：母亲为什么要大声问？因为——

生：七八十台缝纫机发出的噪声震耳欲聋。

师：这是第二个依据，这样的依据在课文中可以说比比皆是。（对另一生）你请。

生：（朗读）旁边一个女人停止踏缝纫机，向母亲探过身，喊道。

师：那个女人就在母亲的身旁，为什么说话还要喊，还要大声地喊？因为——

生：七八十台缝纫机发出的噪声震耳欲聋。

师：已经是第三个依据了，还有吗？

生：（朗读）接着又对着我喊。

师：又是喊，为什么呀？因为——

生：七八十台缝纫机发出的噪声震耳欲聋。

师：这是第四个依据了，还能找出别的依据来吗？看看谁对课文读得细、读得深？

生：（朗读）母亲却已将钱塞在我手心里了，大声对那个女人说。

师：看，又是一个"大声"！为什么？还不是因为——

生：七八十台缝纫机发出的噪声震耳欲聋。

师：够了！一次又一次的"大声"，一次又一次的"喊道"，分明是在告诉我们、提醒我们——

生：（齐读）七八十台缝纫机发出的噪声震耳欲聋。

师：孩子们，这还只是在今天，只是在那么一段时间里。我们完全可以想象得出，昨天的母亲在怎样的环境下工作——

生：（齐读）七八十台缝纫机发出的噪声震耳欲聋。

师：明天的母亲还将在怎样的环境下工作——

生：（齐读）七八十台缝纫机发出的噪声震耳欲聋。

师：夏日炎炎，母亲在怎样的环境下工作——

生：（齐读）七八十台缝纫机发出的噪声震耳欲聋。

师：寒风凛冽，母亲在怎样的环境下工作——

生：（齐读）七八十台缝纫机发出的噪声震耳欲聋。

师：就这样，日复一日，年复一年，为了生活、为了家庭、为了我们这些孩子，母亲只能在这样的环境下，在震耳欲聋的噪声里，工作着，煎熬着。当你亲眼看到母亲在这样的环境里挣钱，当你亲身体验到这一刻不停的噪声震耳欲聋，孩子们，你的心头涌起的是什么滋味儿？

生：难受，我希望母亲不要在这里干活了。

生：我想哭。

生：我感到非常惭愧。

师：是的，这种种滋味儿搅在一起，"我"的鼻子怎能不为之一酸啊！来！让我们怀着各自的感受和体会，再来读一读这个并不显眼却意味深长的句子——

生：（齐读）七八十台缝纫机发出的噪声震耳欲聋。

师：所以，为了表达"慈母情深"，这个句子能少吗？

（边说边在课题下画一条波浪线，形成板书：

慈　母　情　深

▲

～～～～～～　　　）

生：（齐答）不能。

师：能轻易地放过去吗？

生：（齐答）不能。

师：文中一次又一次的"大声说"、"大声喊"能少吗？

生：（齐答）不能。

师：能不加留意，蜻蜓点水般掠过吗？

生：（齐答）不能。

师：学语文，不但要留意课文写了什么，更要思考课文为什么要写这些内容。如果你能经常这样想，你的语文能力就会百尺竿头更进一步。

【一句看似平常的环境描写，王老师竟能用其制造出"震耳欲聋"的效果。学生反复朗读了十几次，你一定发现了，在教师层层引导下，学生每读一次，体验都会更深一层。这一句也是制造课堂张力的第一个支点。于学生浑然不觉之处切入，先声夺人，营造一个持续不断、层层推进的"震耳欲聋"的场，为全课的高潮涌现积蓄情感的能量。】

（四）一唱三叹"我的母亲"

师：好！我们继续交流，令"我"鼻子一酸的，还有哪些描写、哪些句子。

生：（朗读）背直起来了，我的母亲。转过身来了，我的母亲。褐色的口罩上方，一对眼神疲惫的眼睛吃惊地望着我，我的母亲……

师：为什么发现母亲的这副神情，"我"会鼻子一酸呢？

生：因为，我发现母亲非常疲惫，说明母亲工作十分辛苦。

师：（大屏幕呈现这个句子，以下简称"句二"）好！我们一起来读一读这几个句子。

生：（齐读"句二"）

师：这几个句子写得非常特别，谁发现了？（对一生）你请。

生：这几句话，每一句话中都有"我的母亲"。

师："我的母亲"一共出现了几次？

生：三次。

师：整整三次，一模一样。我们再来读一读，感受感受句子中连续出现的三次"我的母亲"。

生：（齐读"句二"）

师：谁的背直起来了？（对一生）你请。

生：母亲。

师：请把话说完整，谁的背直起来了？

生：我的母亲的背直起来了。

师：谁的身转过来了？（对一生）你请。

生：我的母亲的身转过来了。

师：谁的眼睛吃惊地望着我？（对一生）你请。

生：我的母亲的眼睛吃惊地望着我。

师：照刚才三位同学说的，"我的母亲"应该放在每个句子的最前面才是啊！但是，课文呢？作者呢？却把应该放在最前面的"我的母亲"放在了最后，是吧？

生：（齐答）是！

师：特别！写得太特别了！按照常理，"我的母亲"出现一次就足够了，而且，完全应该放在最前面才是。大家看！（大屏幕呈现）

我的母亲背直起来了，转过身来了，褐色的口罩上方，一对眼神疲惫的眼睛吃惊地望着我……

我们一起读一读。

生：（齐读此句）

师：孩子们，这两个句子，意思并没有变化。但是，相同的意思，不一样的写法不一样的表达，什么发生了变化呢？请大家自由朗读这两个句子，体会两句话的味道有什么不同。

生：（自由朗读，各自体味）

师：孩子们，读第一句，你读出了一种什么味道？而这种味道在第二句中却是感受不到的。（对一生）你请。

生：第一句读起来好像感情更深一些。

生：第一句感觉母亲很累的样子，而且我有点不太相信。

师：我不太相信什么？

生：我不太相信这个人到底是不是我的母亲，一直到看清母亲的脸才相信。

师：你对文字有一种很敏锐的直觉。来，孩子们，大家看过电影吗？

生：（齐答）看过。

师：好，都看过。那大家一定都记得电影中的一些慢镜头吧？这样，如果用电影中的慢镜头和快镜头来比喻这两种写法，那么，哪一句带给你的是慢镜头的感觉？

生：（异口同声）第一句。

师：第一句，是吗？想一想，为什么要用慢镜头来描写母亲的神情呢？（稍顿）请大家闭上眼睛，用心想象，随着这个慢镜头地推移，你看到了什么。

生：（闭上眼睛，听老师的朗读）

师：（深情地、富有节奏感地朗读）背直起来了，我的母亲。
　　孩子们，睁开眼睛，你看到了母亲一个怎样的背？（对一生）你请。

生：极其瘦弱的背。

师：极其瘦弱的背。（对另一生）你呢？

生：弯曲的背。

师：弯曲的背、佝偻的背。（对另一生）你呢？

生：脊柱突出的背。

师：因为瘦骨嶙峋，你看到了突出的脊柱，你看到了一根根的肋骨。但是，不对呀！这是我母亲的背吗？在我的记忆中，我母亲的背可不是这样的啊！

我母亲的背是——

生：笔直的。

师：是笔直的呀！我母亲的背是——

生：挺拔的。

师：对啊，是挺拔的呀！我母亲的背是——

生：胖胖的。

师：确切地说，是结实的、丰满的、健壮的，这才是我记忆中母亲的背呀！可是，如今，现在，我分明发现，母亲的背不再挺拔了，不再结实了，不再健壮了。孩子们，我们闭上眼睛，继续往下看。

生：（闭上眼睛，继续听老师的朗读）

师：（深情地、富有节奏感地朗读）转过身来了，我的母亲。
你看到了母亲的脸，孩子们，那已经是一张怎样的脸了？

生：一张粗糙的脸。

师：粗糙的脸。

生：布满了皱纹的脸。

生：苍白的脸。

师：孩子们，这是我母亲的脸吗？这是我母亲的脸吗？我母亲的脸不是这样的呀！她的脸是——

生：光洁的。

师：光洁，这才是我母亲的脸。她的脸是——

生：美丽的。

师：洋溢着青春的朝气。她的脸是——

生：红润的。

师：这才是我记忆中母亲的脸啊！她是那样光洁，那样红润，那样美丽。可如今，这张脸不见了，消失了。我们闭上眼睛，继续往下看。
（学生闭上眼睛，继续听老师的朗读。）

师：（深情地、富有节奏感地朗读）褐色的口罩上方，一对眼神疲惫的眼睛吃惊地望着我，我的母亲……
孩子们，你看到了一双怎样的眼睛？细细地看，慢慢地看。

生：布满血丝的眼睛。

师：布满血丝。（对另一生）你看到了——

生：疲惫的眼睛。

师：疲惫。（对另一生）你还看到了——

生：一圈一圈的黑眼袋。

师：（点头）这是我母亲的眼吗？孩子们，母亲的眼睛曾经是那样的——

生：炯炯有神。

师：没错。曾经是那样的——

生：清澈。

师：对呀！曾经是那样的——

生：有魅力。（众笑）

师：母亲的眼睛会说话呀！然而，这一切，如今都已经不复存在了。此时此刻，我第一次真真切切地发现，母亲的背不再坚挺，母亲的脸不再红润，母亲的眼睛不再清澈，不再炯炯有神。母亲啊，我的母亲！你怎么会变得如此憔悴，如此瘦弱，如此疲惫？（稍顿，全场一片静寂。）

师：来！孩子们，我们一起再来读一读描写母亲神情的这段文字。怎么读呢？我读三次"我的母亲"，其余的文字你们一起读。好！带着你刚才的种种想象、种种疑惑，我们一起用自己的朗读来重现这个慢镜头。

生：（齐读）背直起来了，

师：（低声朗读）我的母亲。

生：（齐读）转过身来了，

师：（语调上扬）我的母亲。

生：（齐读）褐色的口罩上方，一对眼神疲惫的眼睛吃惊地望着我，

师：（语势下挫、语速放缓）我的母亲。

一定要找到这样一种感觉，用声音，更用自己的心来朗读这段文字。来，我们重读一遍。现在我们做一下调换，三次"我的母亲"由你们来读，注意语调和语速的变化。好，现在开始！

师：（充满深情地朗读）背直起来了，

生：（齐读）我的母亲。

师：（充满深情地朗读）转过身来了，

生：（齐读）我的母亲。

师：（充满深情地朗读）褐色的口罩上方，一对眼神疲惫的眼睛吃惊地望着我，

生：（齐读）我的母亲。

师：好！就是这种感觉。现在，请你们把整段话连起来，用心用情地读好这个描写母亲的慢镜头。

生：（齐读"句二"，读得声情并茂）

师：生活的重担、工作的艰辛、岁月的煎熬，让我的母亲变得如此憔悴、如此瘦弱、如此疲惫，请问，你的心里又是一番什么滋味儿？

生：很不好受。

生：很难过。

生：伤心。

师：我发现你的眼眶都红了。是的，此时此刻，作为儿子的"我"，鼻子怎能不为之一酸啊？怀着这种心情，让我们再来动心动情地读一读。

生：（齐读"句二"，读得很感人）

师：孩子们，为了充分地表达"慈母情深"，这个句子能少吗？

（边说边在刚才的波浪线下面再画波浪线，形成板书：

慈　母　情　深

▲

~~~~~~

~~~~~~　　　）

生：（齐答）不能。

师："我的母亲"能改吗？

生：（齐答）不能。

师：现在你明白梁晓声为什么要这样写了吗？要真正学好语文，我们就应该多琢磨琢磨这样的问题。

【三次"我的母亲"的迭现，是本课语文味的点睛之笔。情感性语言，不讲道理，却讲情理，它总是按照情感本身的逻辑来行文布局、遣词造句的。情感来自意境，意境来自形象。因此，还原形象、创设意境、激活情感，就自然而然地成

了感悟和理解三次"我的母亲"这一情感性语言的三大策略,一唱三叹,余音绕梁。】

(五) 与"立刻"的语言节律谐振

师:好!令我鼻子一酸的,除了刚才读过的这两处文字,还有别的发现吗?(稍顿)比如,描写母亲干活的动作的。(对一生)哦!你留意了,好!你请。

生:(朗读)母亲说完,立刻又坐了下去,立刻又弯曲了背,立刻又将头俯在缝纫机板上了,立刻又陷入了忙碌……

师:(大屏幕呈现这个句子,以下简称"句三")你读的这一句,跟鼻子一酸有什么关系吗?

生:这句话写出了母亲干活非常忙碌,我从四个"立刻"中体会到了。看到母亲干活这样辛苦,所以我会鼻子一酸。

师:你对文字的把握非常准确,看来,你是真读懂了。孩子们,如果说前面一句对母亲神情的描写,是一个典型的慢镜头的话,那么,这一句,描写母亲挣钱动作的这个句子,就是一个再典型不过的快镜头了,是哪个词语带给你这种快镜头的感觉?

生:(齐答)立刻。

师:对!"立刻"。几个"立刻"?

生:(齐答)四个。

师:四个。一个不够,两个;两个不够,三个;三个不够,四个。整整四个"立刻"。谁来读一读,读出这种快镜头的感觉。

生:(朗读"句三",语速稍慢)

师:注意四个"立刻",用一口气读完它。谁再读?(对另一生)你请。

生:(朗读"句三",效果不错)

师:好!我们一起读。

生:(齐读"句三")

师:"立刻"是什么意思?找个同义词。

生:马上。

生:迅速。

生：立即。

师：我查过《同义词词林》，"立刻"的同义词多达 20 几个。我就纳闷儿了，既然有这么多的同义词，作者为什么不用它们呢？你们看！（大屏幕呈现）
母亲说完，马上又坐了下去，赶紧又弯曲了背，迅速又将头俯在缝纫机板上了，立刻又陷入了忙碌……

师：（朗读此句）这样多好！第一，显得词汇丰富；第二，整句话不呆板，显得有变化。是吧？

生：（随声应答，有说"是的"，有说"不是的"）

师：看来意见不统一。这样，你们自个儿来读一读这两个句子，体会体会各自不同的味道。

生：（自由朗读，体会不同的表达味道）

师：好！孩子们！我先提一个问题，这两句话，都在写母亲干活非常忙碌，意思完全相同。是吧？但是，哪句话带给你一种十分急促、十分忙碌的感觉和节奏？

生：第一句。

生：第一句。

生：第一句。

师：都是第一句，是吗？

生：（齐答）是！

师：我的感觉跟你们的感觉完全一致。但是，这是为什么呢？（稍顿，对一生）你请。

生：因为，四个"立刻"，就是一个排比句，排比句会带给我们这样的感觉。

师：说得好！这就叫作"一语中的"啊！第二句呢，尽管意思完全相同，但是，四个表示"立刻"的词不同了，所以，就无法形成一种排比的语势、排比的节奏，所以，那种急促的、忙碌的感觉就被淡化了。是这个理儿吧？

生：（齐答）是。

师：好！带着这种非常急促、非常忙碌的感觉，带着这种排比的语势和节奏，谁再来读一读这句话？（指一生）你请。

生：（朗读"句三"）

师：眼睁睁地看着极其瘦弱的母亲为了挣钱、为了养家糊口，如此忙碌、如此疲惫，你的心里翻腾着一种怎样的滋味？

生：难过，非常难过。

师：把这种滋味带进去，谁再来读一读这个句子？（指另一生）你请。

生：（朗读"句三"）

师：母亲陷入了忙碌。此时此刻、此情此景，做儿子的"我"却深深地陷入了——

生：痛苦。

生：悔恨。

生：鼻子一酸。

师：来！我们一起，再来读一读这个令人难受、令人悔恨、令人鼻子一酸的快镜头。

生：（齐读"句三"）

师：所以，孩子们，为了表达"慈母情深"，这个快镜头能少吗？

（边说边在刚才的波浪线下面再画波浪线，形成板书：

慈　母　情　深

▲

~~~~~~

~~~~~~

~~~~~~　　　）

生：（齐答）不能。

师：四个"立刻"能改吗？

生：（齐答）不能。

师：这就是语言的味道，记住，同样的意思，用不同的语言表达往往有着不同的味道。我们一定要仔细体会，仔细理解。

【无独有偶，从语文味的视角解读，四个"立刻"仿佛是对三次"我的母亲"的一种回归、一种呼应。此句的表达，同样对"词汇丰富、要有变化"的文法不理不睬，它专注于情感的节奏和韵律，单调的用词、排比的张力，将母亲工作的忙碌、

急促、机械、枯燥渲染得淋漓尽致、天衣无缝。】

（六）攥紧"塞"的温度

师：孩子们，在母亲工作的地方，"我"第一次发现母亲在这样恶劣的环境下工作，第一次发现母亲原来已经变得这样瘦弱、这样憔悴，第一次发现母亲干活是这样拼命、这样劳累，你们说，母亲挣钱容易吗？

生：（齐答）不容易。

师：你知道母亲这样拼死拼活地干，一个月能挣多少钱吗？（稍顿）二十七块钱！注意啊，不是二百七十块，更不是二千七百块，而是二十七块钱！那么，一天呢？一天挣多少钱？

生：九毛钱。

师：没错，只有九毛钱。而"我"呢，开口向母亲要了多少钱？

生：一元五角钱。

师：一元五角，相当于母亲拼死拼活干两天的工资啊！如果说，来工厂之前，你还找不到某种感觉，那么，现在，此刻，你目睹了母亲的工作环境，你目睹了母亲憔悴的神情，你目睹了母亲忙碌而极其瘦弱的身影，作为儿子的你，这么多的钱，你还想要吗？

生：不想了。

生：不想了。

生：不想了。

生：不想了。

师：心酸啊！心疼啊！要不出口啊！可是，母亲呢？当儿子开口要钱，一次要这么多钱，"我"的母亲是怎么说的？

生：（朗读）我挺高兴他爱看书的！

师：母亲丝毫没有犹豫，丝毫没有舍不得，她是高兴，是挺高兴。母亲是这样说的，又是怎样做的？

生：（朗读）母亲掏衣兜，掏出一卷揉得皱皱的毛票，用龟裂的手指数着。

师：先是数钱，数了钱之后呢？

生：（朗读）母亲却已将钱塞在我手心里了

师：（大屏幕呈现此句，以下简称"句四"）

母亲却已将钱塞在我手心里了，大声对那个女人说："我挺高兴他爱看书的!"

如果说，写母亲神情用的是慢镜头，写母亲干活用的是快镜头，那么，写母亲给钱用的是——

生：特写镜头。

师：特写镜头! 这个特写镜头，放大了母亲的手、龟裂的手，放大了一张张揉得皱皱的毛票，更放大了母亲给钱的动作，一个字——

生：（齐答）塞。

师：塞! 把"塞"圈出来! 请问，这是怎样地"塞"呀？

生：这是有力地塞。

师：有力，好! 把"有力"这个词放到"塞"的前面，你来读读这句话。

生：（朗读）母亲却已将钱有力地塞在我手心里了，大声对那个女人说："我挺高兴他爱看书的!"

师：母亲给钱犹豫了吗？那么，这又是怎样地"塞"？

生：这是毫不犹豫地塞。

师：把"毫不犹豫"这个词放进去，大声地读!

生：（朗读）母亲却已将钱毫不犹豫地塞在我手心里了，大声对那个女人说："我挺高兴他爱看书的!"

师：母亲给钱吝啬吗？这还是怎样地"塞"？

生：这是慷慨地塞。

师：把"慷慨"这个词放进去，请你慷慨地读!

生：（朗读）母亲却已将钱慷慨地塞在我手心里了，大声对那个女人说："我挺高兴他爱看书的!"

师：有力也罢，慷慨也罢，毫不犹豫也罢，其实都无须再说，因为，它们都已经深深地嵌入了这个"塞"字，深深地印在了母亲的这个特写镜头上。来，我们一起读!

生：（齐读"句四"）

师：孩子们，请你再琢磨琢磨，母亲塞给我的，仅仅是那一元五角钱吗？

生：是爱。

师：无私的母爱。

生：是希望。

师：望子成龙的希望。

生：是感情。

师："感情"这个词太苍白了，你看看题目。

生：是深情。

师：说得好！母亲塞给儿子的，是，我们一起读！

生：（齐读）慈母情深

　　　（教师在黑板上画下第四条波浪线，形成板书）

慈　母　情　深

▲

<p style="text-align:center">~~~~~~
~~~~~~
~~~~~~
~~~~~~</p>

师：孩子们，我们已经读懂了《慈母情深》的四个重要镜头。母亲的工作环境，那是一个广角镜头；母亲瘦弱而憔悴的神情，那是一个慢镜头；母亲工作的忙碌和疲惫，那是一个快镜头；母亲塞钱给儿子，那又是一个特写镜头。现在，让我们把这四个镜头重新放回课文。请大家打开课文，你们读四个镜头，其余的话由我来读。

师生：（合作朗读课文，从课文开头一直读到"立刻又陷入了忙碌"为止。）

【语言是有温度的，譬如母亲的这个动作——"塞"。"塞"是心甘情愿的，"塞"是不假思索的，"塞"是千言万语的极致，"塞"是大爱无言的平淡。让学生先扩词，咀嚼"塞"的意味；再缩词，充实"塞"的意蕴；最后拈连，升华"塞"的意义。攥紧了"塞"，也就攥紧了母爱的无私、纯真和伟大。】

（七）由"我的母亲"到"天下母亲"

（大屏幕呈现以下内容，电影《我的父亲母亲》中的插曲缓缓响起。）

我鼻子一酸，攥着钱跑了出去，我在心里一遍又一遍地对母亲说：＿＿＿＿＿＿＿

＿＿＿＿＿＿＿＿＿＿＿＿＿＿＿＿＿＿＿＿＿＿＿＿＿＿＿＿。

师：就这样，我鼻子一酸，攥着钱，攥着母亲的辛劳和血汗，更攥着母亲那伟大而无私的爱，跑了出去。此刻，此景，作为母亲的儿子，作为她的亲生骨肉，我有多少话要对母亲说、有多少情要对母亲倾诉啊！

孩子们，拿出你的笔，写下"我"的悔恨、我的心疼、我的感激、我的愧疚、我的决心、我的懂事、我的内心独白。无论你写什么，请千万记住，"母亲"这个词语至少出现三次。

（学生各自写话，教师巡视。）

师：孩子们！面对慈母的深情，感受慈母的深情，咀嚼慈母的深情，我心情澎湃，我感慨万千，于是，我在心里一遍又一遍地对母亲说——（对一生）你请。

生：（朗读小练笔）母亲，别再这样拼命了，再这样下去，您的身体会被压垮的啊！母亲，对不起，您是为了我们才这么操劳、这么辛苦、这么憔悴的，可我是多么无知，还向您要血汗钱。母亲，等我长大成材了，我一定好好孝顺您，让您享享清福，您实在是太累了啊！母亲，我对不起您啊！母亲，我爱您！

师：多么真诚的表白。你对不起的是母亲的辛劳，但你对得起的却是自己的一片孝心！你长大了！

生：（朗读小练笔）母亲，您这么辛苦，这么劳累，这么瘦弱，您全是为了我们这几个不懂事的儿女啊！母亲，您是这个世界上最伟大、最无私的母亲。别人果然说得不错，这个世界上有一种最美丽、最崇高的爱，那就是母爱。母亲，您一心期待，只为子女成材。母亲，我的好母亲！

师：多么感人的倾诉。你理解了母爱，你就理解了人类最无私、最美好的感情。孩子，你也长大了！

生：（朗读小练笔）母亲，我真是太对不起您了！您在这个鬼地方这么辛苦地挣钱，用血汗和疲惫换来的钱，您却这样毫不犹豫地给了我。母亲，我一定好好读书，将来有出息，不辜负您对我的希望。母亲，我虽然还没有长大，但是，等我长大了，我一定会好好报答您的。母亲，我只想对您说："我

爱您!"

师:谁言寸草心,报得三春晖。其实,母爱是不图回报的。你的内疚、你的志向,就是你对母爱最好的回报。孩子们,慈母的情,滋润着我的心田,震撼着我的灵魂,在无言的教诲中,我长大了,我们共同长大了。这一切,因为什么?因为这春风化雨般的四个字!

生:(齐读课题)慈母情深。

师:慈母情深深几许?慈母情深深似海啊!孩子们,读着梁晓声的《慈母情深》,感动于梁晓声的慈母深情,你会很自然地想到哪个人?

生:我的妈妈。

生:我的妈妈。

生:我的妈妈。

生:我的妈妈。

师:老师相信,你们都会很自然地想到——

生:(齐答)我的妈妈。

师:其实,作家梁晓声跟你们的想法是完全一样的。他在小说原文的结尾,有过这样一段充满深情、意味深长的话:(大屏幕呈现下述文字,教师朗读)

由我的老母亲,能想到千千万万的几乎一代人的母亲中,那些平凡的甚至可以认为是平庸的在社会最底层喘息着苍老了生命的女人们,对于她们的儿子,该都是些高贵的母亲吧?一个个写来,都是些充满了苦涩的温馨和坚忍之精神的故事吧?

孩子们,来!让我们恭恭敬敬地抬起头,挺起胸!为文中的母亲、为我们的母亲、为普天之下所有平凡而高贵的母亲,献上一首《懂你》的心曲吧!

(满文军《懂你》的歌声缓缓响起,大屏幕播放视频《献给母亲》。)

【诚如惠特曼所言:"全世界的母亲多么相像!她们的心始终一样。每一个母亲都有一颗极为纯真的赤子之心。"文中的母亲,是普天之下所有母亲的一个缩影、一扇窗户,打开她,必将打开一切母爱的情感闸门。因此,由"我的母亲"到"天下母亲",由"一位母亲"到"千万母亲",是全文情感逻辑的一个必然走向和最后归宿。一曲《懂你》,一段《献给母亲》不知道让多少"母亲的孩子"或"孩子的母

亲"泪如雨下。】

板书：

慈　母　情　深
▲
～～～～～～
～～～～～～
～～～～～
～～～～～

【课终，再看板书】王老师的深意豁然明了——那一道道的波浪线代表着文中一个又一个典型的句子，精彩的片段，分明在说：这就是慈母的情，这就是慈母的爱——温柔如水，深沉似海，恩重如山。（林志芳　点评）

反思

植入"语文意识"

在《慈母情深》之前，诗意语文一再被诟病"人文强势、语文弱势"，至于人文如何强势，语文又如何弱势，反倒无人一一开示。

我不大主张将"工具性和人文性的有机统一"视为语文课程的根本属性，因为"工具性"与"人文性"在逻辑上根本不是一对相反的范畴，两者既非相对，则谈何统一？我主张"言语性"方为语文课程的根本属性。言语素养、言语人生、诗意人生，乃是语文课程的三级目标，或曰三重境界。

意识到这一点时，我开始留意并研究"语文意识"了。在这里，我更愿意将"语文"一词解读为一个动词、一个过程化的产物。"语文"，就是用语言说、用文字写；"语文意识"就是时时处处留心关注作者"为什么说写""如何说写"。如果说"语文意识"是一个上位概念、集合概念，那么，在《慈母情深》一课中，我试着将这一混沌未开的概念细化为"字法意识""句法意识""章法意识"加以探索。

先说《慈母情深》的"字法意识"。众所周知，"炼字"是汉语言文字的一个优秀传统。杜甫说"为人性僻耽佳句，语不惊人死不休"，贾岛说"吟安一个字，拈断数茎须""两句三年得，一吟双泪流"，这些都道出了人们对炼字的高度重视。当然，这是从创作的角度看，那么，从阅读的角度看，关注"炼字"，推敲所炼之字的

王崧舟在"千课万人"会场执教《慈母情深》后为老师们签名

佳妙与精彩，则是一种基础的语文意识。《慈母情深》一课，安排了两处比较典型的"字法意识"的唤醒：

第一处在课题揭示的时候。编者将文题定为"慈母情深"而非"慈母情"，足见这个"深"字的分量。挣钱不易、给钱慷慨，是为母爱之深厚；支持读书、崇尚文化，是为母爱之深刻；大爱无言、春风化雨，是为母爱之深远。擦亮了"深"这个题眼，必将进一步擦亮整个文本的言说意图和人文意蕴。于是，在课题揭示的时候，我事先有意在"深"字底下标注了一个鲜明的着重号。通过朗读时对重音的强调、为"深"组词、围绕"深"字质疑等方式，逐步让学生明白"深"为全文题眼这一特殊的字法现象。

第二处是在细读母亲给钱动作的时候。语言是有温度的，譬如母亲给钱的这个动作——"塞"。"塞"是心甘情愿的，"塞"是不假思索的，"塞"是千言万语的极致，"塞"是大爱无言的平淡。教学中，让学生先扩词，咀嚼"塞"的意味；再缩词，充实"塞"的意蕴；最后拈连，升华"塞"的意义。攥紧了"塞"，也就攥紧了母爱的无私、纯真和伟大。

茶要品，品方能知味，同样的道理，好的字眼也要反复品味，如此，方能体会个中的精微之义、精妙之思、精彩之笔。语文意识往往始于字法意识，而从表达、运用、写作的视角唤醒字法意识，则更是语文意识的一种绽放。

再说《慈母情深》的"句法意识"。朱光潜先生曾经在《文学与语文》一文中指出："从前我看文学作品，摄引注意力的是一般人所说的内容。如果它所写的思想或情境本身引人入胜，我便觉得它好，根本不很注意到它的语言文字如何。反正语文是过河的桥，过了河，桥的好坏就可不用管了。近年来我的习惯几已完全改过。一篇文学作品到了手，我第一步就留心它的语文。如果它在这方面有毛病，我对它的情感就冷淡了好些。我并非要求美丽的词藻，存心装饰的文章甚至使我嫌恶；我所要求的是语文的精确妥帖，心里所要说的与手里所写出来的完全一致，不含糊，也不夸张，最适当的字句安排在最适当的位置。那一句话只有那一个说法，稍加增减更动，便不是那么一回事……这种精确妥帖的语文颇不是易事，它需要尖锐的敏感、极端的谨严和极艰苦的挣扎。"这里所言"最适当的字句安排在最适当的位置"、"那一句话只有那一个说法，稍加增减更动，便不是那么一回事"等，即为"句法意识"。句法意识，就是高度眷注"这个意思怎么说、写"的意识。"怎么说、写"呢？排列顺序、修辞手法、语句长短、调子起伏，等等，都是需要我们加以留心和关注的。在《慈母情深》一课的教学中，有两处颇为出彩的"句法意识"的训练：

第一处在三次"我的母亲"的叠现时。课文是这样写的：

"背直起来了，我的母亲。转过身来了，我的母亲。褐色的口罩上方，一对眼神疲惫的眼睛吃惊地望着我，我的母亲……"

这是一个非常独特的句式。那么，它的独特性表现在哪里呢？

独特之一，"我的母亲"连续出现了三次，其实，按照通常的写法，"我的母亲"只要出现一次就够了。

独特之二，"我的母亲"是后置的，也就是说，它是放在后面说出来的。通常，"我的母亲"作为主语的修饰限定成分，应该放在前面说出来。

所以，按照常理，这段话可以写成这个样子：

"我的母亲背直起来了，转过身来了，褐色的口罩上方，一对眼神疲惫的眼睛吃惊地望着我。"

显然，这是两种不同的句法。粗略一读，句子的意思并无多大区别。但是，一比较、一细读，我们就不难发现，句子的情味和意蕴却有天壤之别：

首先，原句写出了一种缓慢的节奏感。这种写法仿佛电影中的慢镜头，母亲的每一个动作、每一个神情，都深深地印在儿子的眼中，乃至心中。

其次，原句写出了一种艰辛的形象感。事实上，也的确如此，母亲因为长久伏案劳作，要一下子直起背、转过身，是很艰难、很酸疼的。她也只能慢慢直起背、转过身，这就从另一个侧面烘托出母亲挣钱的辛劳和不易。

再有，原句写出了一种惊讶的情味感。作为儿子的我，第一次在工厂真真切切地看到了母亲，看到了如此憔悴、如此疲惫的母亲，我简直不敢相信自己的眼睛。这是我的母亲吗？这是我记忆中的母亲吗？三次"我的母亲"，有惊讶，有疑惑，有心酸，有慨叹，包含了作者复杂而丰富的情感体验。

应该说，三次"我的母亲"的迭现，是本课语文味的点睛之笔。情感性语言，不讲道理，却讲情理，它总是按照情感本身的逻辑来行文布局、遣词造句的。情感来自意境，意境来自形象。因此，还原形象、创设意境、激活情感，就自然而然地成了感悟和理解三次"我的母亲"这一情感性语言的三大策略，一唱三叹，余音绕梁。

第二处则是在四个"立刻"的铺排时。无独有偶，从语文味的视角解读，四个"立刻"仿佛是对三次"我的母亲"的一种回归和呼应。此句在表达上的最大特色，是以单调的用词与节奏来刻画母亲挣钱的忙碌、急促、机械、枯燥。四个"立刻"，一方面有意凸显用词的单调，使之与母亲劳作的单调与辛苦相谐振；另一方面，则是营构出一种排比句式的逼人气势，突出母亲劳作的忙碌和急促。学生由用词比较、朗读品味中终于琢磨出句法形式与句子内容之间的某种同构关系。

在小学语文教学中，句法意识的渗透和彰显乃是整个语文意识的重中之重。

如果说，字法意识、句法意识更多地侧重于语感的话，那么，最后要说的章法意识则主要关注境感。事实上，语感和境感才是语文素养最核心的要素。

章法是指修饰篇章的方法，由句子组成段落，再由段落组成文章的方式。章法又称谋篇布局的技巧。章法形态和文章结构有关，结构包括层次、段落、开头、结尾、过渡、照应等内容。不同的文体有着不同的章法，譬如，小说有小说的章法，散文有散文的章法，因此，《慈母情深》一课，我主要关注的是小说的章法意识。

小说的章法，就整体上、共性上看，主要是三个要素，即完整的故事情节，典型的人物形象，具体的环境描写。其中，人物形象是核心，故事情节是骨架，环境描写是依托。因此，三个要素不是简单的并列关系，而是一种以塑造人物形象为核心的向心关系。

《慈母情深》一课，在教学重点的处理和把握上，就是围绕文中"母亲"这一人物形象逐层展开的。

"七八十台缝纫机发出的噪声震耳欲聋"抓住的是"母亲"的劳作环境，三次"我的母亲"的迭现抓住的是"母亲"的外貌神态，四个"立刻"的铺排及"塞"钱的描写抓住的是"母亲"的细节动作，正是通过对上述种种语言现象的聚焦和品读，才最终在学生心中建构起一位含辛茹苦、勤劳节俭而不失眼界、尊崇文化的慈母形象。

总之，以《慈母情深》一课为标识，诗意语文在课堂实践这一层面上，开始自觉关注并积极探索"语文意识"。如前所述，语文意识，就是关注文本"怎么写""为什么这么写"的意识。"怎么写"是"话语形式"问题，"为什么这么写"是"话语意图"问题。"话语形式"涉及遣词造句、谋篇布局、表达方式、修辞方式、语法结构等问题，简言之就是语感问题。而"话语意图"涉及言语动机、交际目的、语言环境、文体特征、语言风格等问题，概言之就是境感问题。光有语感没有境感，那是小语文；光有境感没有语感，那叫空语文。所以，一个称职的语文老师应该既有良好的语感素养，又有良好的境感素养，既能够关注话语形式又能够关注话语意图。这才是圆融的、完整的语文意识。

五、语文教学的文化视野：《枫桥夜泊》课堂品悟

2008 年 10 月，王崧舟老师用一课《枫桥夜泊》把我们带到了千年前那个静谧落寞的秋夜。

月落乌啼，霜气满天，诗人张继泊船枫桥，一夜难眠。我们看得见江上点点的渔火，看得见两岸瑟瑟的枫叶，甚至听得到诗人轻声的叹息，但是，我们不知道诗人为何辗转。

抑或是落第之愁，抑或是羁旅之思，抑或是家国之忧，抑或都有？

诗的妙处就在于没有明说，课的妙处也就在于不肯点破。

　　王老师绕过了一般执教者常常做足做实的"愁眠"二字，让我们站在时光前静静聆听，那夜半的钟声就穿越时空，贴着水面，敲到了心坎。

　　在那个万籁俱寂的夜里，诗人忽然听到远远传来的钟声，也猛地想起著名的寒山寺就在旁边。想起名寺，自然也会想起曾住在这里的僧人寒山吧。寒山曾有诗云："我心似秋月，碧潭清皎洁。无物堪比伦，更与何人说？"想着这些，人生逆旅中的种种境遇和遭际是否可以释怀？

　　张继把谜语永远留了下来。王老师的课上，我们也只听到寒山寺的钟声在千载之下依然悠悠，舒缓、飘渺，敲打着历史的回声，透着禅意与空灵，古雅而庄严。

王崧舟在国际教育创新大会上执教《枫桥夜泊》

　　钟声无言，又分明有言。那一夜张继不眠，千秋百代的文人也不眠。

　　在张继之前，从没有人把钟声写得这样扣人心弦；在王老师之前，也从来没有人将钟声讲得这样厚重与丰满。

　　在语文教材中，《枫桥夜泊》当属"定篇"。王老师清楚地知道面对这样的经典，教学应侧重理解、欣赏、传承。他敏锐地抓住了"钟声"这一意象的内涵，并将它放在文化的时空里，于是，这首诗的教学就超越"文字"与"文学"而触及"文化"的层面。

　　其实我们常常忽视了，汉语言文字不是单纯的符号系统，它有深厚的文化历史积淀和文化心理特征，每一个汉字都体现着汉民族的特质，负载着汉民族的智慧与情怀。作为母语教育的语文教育是一种文化传递的过程，因为语文是文化的载体，更是文化的存在、文化的构成。因此，语文教育应具有独特的文化功能，特别是当我们面对古诗词，面对经典。

或许王老师是希望用《枫桥夜泊》的钟声消解人们对文化的漠视，诉说当代语文教学对文化欲理还乱欲说还休的无限思绪，让语文可以仰望星空，带着乡愁的冲动，寻找精神的家园。（林志芳　文）

课文

古诗二首
（北师大版小学语文第十册第 10 课）

枫桥夜泊
［唐］张继

月落乌啼霜满天，江枫渔火对愁眠。

姑苏城外寒山寺，夜半钟声到客船。

实录

钟声出寒山，经典传千年

（一）起：枫桥钟声越千年

师：当代诗人陈小奇写过一首歌，歌名叫《涛声依旧》。听过这首歌吗？

生：（自由应答）听过。

师：好听吗？

生：（自由应答）好听。

师：都喜欢听是吧？

生：（自由应答）是的。

师：王老师也喜欢。其实这首歌十多年前非常流行，我估计你们的爸爸妈妈也喜欢。这首歌不但曲谱得好，而且词也写得相当不错。我选了其中的两句——

（屏幕出示）

留连的钟声

还在敲打我的无眠

尘封的日子

始终不会是一片云烟

　　　——陈小奇《涛声依旧》

师：谁来读一读？

生：（朗读歌词）

师：读得真好！我们一起来读——

生：（齐读歌词）

师：大家注意看，歌词中有一个词儿叫"无眠"，谁知道"无眠"的意思？

生：说得通俗一点，"无眠"就是睡不着觉，就是难以入睡。或者说是因为一种愁而睡不着觉。

师：说得好！既有通俗一点的说法——"睡不着"，又有文雅一点的说法"因为愁而无法入眠"，这叫雅俗共赏啊！既然他说到雅了，我倒有个建议，看你们能不能给"无眠"找一个意思相近的词语，比方说——

生：愁眠。

师：好的。

生：难眠。

师：好极了。

生：失眠。

生：不眠。

师：看来咱们的词汇量很丰富。无眠，就是"失眠"，就是"难眠"，就是"不眠"，就是"未眠"，用大白话来说，就是睡不着觉啊！想一想，一个人睡不着觉的滋味儿。也许你们有过，也许现在还不曾体会，但是，慢慢地长大了，这种感觉一定能体会到的。我们揣摩着这种滋味儿再来读一读这两句歌词。

【年纪尚小的孩子们还不能充分体会"无眠"的愁苦，但是通过解释"无眠"的意思，为"无眠"找近义词，那辗转难眠的感觉渐渐真切起来。】

生：（齐读歌词）

师：那么，是谁在敲打着我的无眠呢？

生：留连的钟声。

【"无眠"与钟声相连。】

师：是钟声，是留连的钟声在敲打我的无眠。于是，我们就会想：这是从哪里传来的钟声呢？大家看——

（屏幕出示）

十年旧约江南梦，

独听寒山半夜钟。

——［清］王士祯《夜雨题寒山寺》

师：其实，早在两百多年前，清朝诗人王士祯在自己的一首诗中，就写到过这样的钟声。谁来读一读？

生：（朗读诗句）

师：真好，读出了古诗特有的节奏和味道来了。你听听，这是哪里的钟声呢？

生：寒山寺的。

师：你怎么知道是寒山寺的钟声？这两句诗什么地方向你传递着这样的信息？

生：因为诗句中"半夜钟"前面两个字是"寒山"，所以我认为是寒山寺。

师：好的，找的一处依据了，谁找到第二处了？

生：我是从诗的题目《夜雨题寒山寺》上看出的。

师：很显然，这里的钟声就是——

生：（齐答）寒山寺的钟声。

师：诗人在诗中说，为了独听寒山寺的夜半钟声，他梦啊想啊，盼啊望啊，一等就等了多少年？

生：十年。

师：十年可不是一个小数目。一个人能有几个十年？整整十年，可见这钟声的魅力之大！这寒山寺的钟声为什么会有那么大的魅力呢？大家接着看——

（屏幕出示）

几度经过忆张继，

月落乌啼又钟声。

　　　　　　　　　　　——［明］高启《泊枫桥》

师：其实，早在五百多年前，明朝诗人高启在他自己的一首诗中也写到过这样的钟声，谁来读一读？

生：（朗读诗句）

师：知道这是哪里的钟声吗？

生：我觉得这也是寒山寺的钟声。

师：依据何来？

生：因为诗题是《泊枫桥》。我查过历史资料，知道寒山寺就在枫桥这个地方，又名枫桥寺。

师：好极了。没错，寒山寺就在枫桥的边上，枫桥的边上就有寒山寺。所以寒山寺又叫枫桥寺，枫桥寺又叫寒山寺。高启所写的也是寒山寺的钟声。然而，问题又来了，诗人却说：他每次经过枫桥，每次听到寒山寺的夜半钟声，都会情不自禁地想起一个人，谁？

生：张继。

师：张继何许人也？我们继续看——

　　　　　　　　　　（大屏幕出示）

　　　　　　七年不到枫桥寺，

　　　　　　客枕依然半夜钟。

　　　　　　　　　　——［宋］陆游《宿枫桥》

师：还有比这更早的。早在八百多年前，宋朝诗人陆游也写到过寒山寺的夜半钟声。来，我们一起读！

生：（齐读诗句）

师：从诗中看，七年前陆游到过哪儿？听到过什么？

生：陆游当时去过枫桥，听到了寒山寺的钟声。

师：那是在几年以前？

生：七年。

师：没错，七年以前，陆游到过枫桥寺，听到了寒山寺的钟声。七年之后，诗人陆游又到了哪儿？又听到了什么？

生：七年之后，他又到了枫桥寺，依然听到了夜半钟声。

师：是的。时间一晃就是七年。人在变，心情在变，但是听寒山寺的夜半钟声的那份感觉却依然如故。假如不是"七年"，而是"十年"，诗人会怎样说呢？十年不到枫桥寺——

生：十年不到枫桥寺，客枕依然半夜钟。

师：十年不变是钟声啊！如果不是"十年"，我们把时间继续往前推，百年不到枫桥寺——

生：百年不到枫桥寺，客枕依然半夜钟。

师：我们把时间继续往前推，千年不到枫桥寺——

生：（齐诵）客枕依然半夜钟。

师：你看，十年不变是钟声，百年不变是钟声，千年不变的还是钟声。让我们回过头来看——

> （大屏幕出示）
>
> 留连的钟声
>
> 还在敲打我的无眠
>
> 尘封的日子
>
> 始终不会是一片云烟
>
> ——陈小奇《涛声依旧》
>
> 十年旧约江南梦，
>
> 独听寒山半夜钟。
>
> ——［清］王士祯《夜雨题寒山寺》
>
> 几度经过忆张继，
>
> 月落乌啼又钟声。
>
> ——［明］高启《泊枫桥》
>
> 七年不到枫桥寺，
>
> 客枕依然半夜钟。
>
> ——［宋］陆游《宿枫桥》

师：你看，在陈小奇的笔下，有钟声——

生：（齐读陈小奇的歌词）

师：在两百多年前清朝诗人王士祯的笔下有钟声——

生：（齐读王士祯的诗句）

师：在五百多年前明朝诗人高启的笔下也有钟声——

生：（齐读高启的诗句）

师：在八百多年前宋朝诗人陆游的笔下也有这样的钟声——

生：（齐读陆游的诗句）

师：问题来了！什么问题？

生：（有的静静思考，有的欲发言）

师：个别同学已经迫不及待，有人还在静静思考。听听，你们都想到了什么问题？

生：明朝的高启为什么每次经过寒山寺，听到寒山寺的钟声都要想起张继这个人？

师：其实，不光是高启这样想，所有写寒山寺钟声的诗人都会这样想。这的确是一个问题。

生：这几首诗里为什么都提到了寒山寺的夜半钟声？

师：怪啊！你看，搁着那么多的景物、景色不写，偏偏写寒山寺的钟声，而且偏偏要写夜半钟声！而不是早上的钟声，也不是黄昏的钟声。这又是为什么？

生："十年""几度""七年"这些字眼都告诉我们寒山寺的钟声是很古老的。我的问题是寒山寺的钟声为什么这样古老，这样的令人怀念？

师：这钟声十年也罢、百年也罢、千年也罢，偏偏就是能吸引那么多的诗人，一代又一代。这钟声怎么会有那么大的魅力呢？

师：其实，你们想过的所有的问题都跟一个人息息相关，所有的问题都跟一首诗紧紧相连。这个人叫张继，这首诗叫——《枫桥夜泊》。

（大屏幕出示）

枫桥夜泊

［唐］张继

月落乌啼霜满天，江枫渔火对愁眠。

姑苏城外寒山寺，夜半钟声到客船。

【千年之下，寒山寺的钟声依然悠悠，敲打着我们的无眠。

循声追寻。王老师带着我们经过当代的陈小奇、清代的王士祯、明代的高启、宋代的陆游，终于回到初唐的那个秋夜，站在张继的面前。

超乎想象的开篇。

王老师曾说，"一个不会抬头仰望星空的老师，决不会是一个好老师。抬头仰望的繁星中，最闪亮的就是诗"。难得的是王老师将《枫桥夜泊》这首诗放在了历史与文化语境的夜空中来阐释，课堂由此厚重而丰满。】

（二）承：张继独听寒山钟

师：请大家打开课文，自由朗读《枫桥夜泊》，反复读，一直把这首诗读清爽了、读顺口了为止。

生：（自由反复朗读诗歌）

师：不用听，只是看，我就特别感动，你们每个人的脸上都写着两个字"投入"。真好！读书要的就是这种状态！谁来读一读这首诗？清清爽爽地读。

生：（朗读全诗）（掌声）

师：听了你的读，王老师想送你四个字——声情并茂！真好！还想读吗？

生：（均跃跃欲试）

师：都想读。我们一起读！来！抬头，坐正，然后深深地吸下一口气，气沉丹田。怎么读呢？每句诗的前四个字你们读，后三个字我来读。

师生：（合作朗读全诗）

师：好！味道出来了。现在，前后顺序调换一下，我读每句诗的前四字，你们读后三字。

师生：（再次合作朗读全诗）

【《枫桥夜泊》在北师大版本的教材里，是出现在五年级。但是这首诗其实是"小学生必背古诗词"里的一首，学生们在学习这课之前，应该都是熟背了。所以，读得流畅准确绝对不在话下，基础好的孩子完全可以读得声情并茂。但是，真正读出诗的味道来，在深入理解诗歌之前还很难。此处的师生合作朗读，确是针对学情的恰切引领。

教师一开口，学生的诗味立即就有了。如果在现场，学生们模仿老师拖着长腔的"到客船——"一定会令你会心一笑。】

师：味道更浓了！我们把整首诗连起来读，注意保持刚才的那种节奏和感觉，揣摩你在读这首诗时心底泛起的那种情绪。

生：（齐读诗歌）

师：这首诗我们已经反反复复地读了许多遍。读古诗，特别是读经典的古诗，我们不但要注意它的节奏、韵律，更要注意你自己在读这首诗时切切实实体会到的那种情绪、那种感觉。假如现在，王老师请你选一个词儿来形容你读完这首诗的那份情绪、那份感觉，你想到的是哪个词语？

生：愁。

师：一个大大的"愁"。这是她的感觉，你可以把这个词写在课文边上。

生：幽幽的。

师：这也是一种感觉。还有不一样的感觉吗？

生：宁静。

师：宁静？厉害！其实还有比宁静更准确的一个词儿。什么"静"？

生：幽静。

师：他体会到的是一种幽静的感觉。谁还有不一样的感觉？

生：孤寂。

师：厉害！"戴眼镜的"，到底不一样啊。读过不少书。肚子里要没点货绝对想不到"孤寂"这个词儿。会写吗？

生：会。孤独的孤，寂寞的寂。

【"用一个词来形容你读完这首诗的那份情绪、那份感觉"，这个词找到了，也就有了一份属于自己的对这首诗的整体感知。】

师：好了，孩子们，《枫桥夜泊》这首诗，有人读出的是愁，有人读出的是幽幽，有人读出的是幽静，更有人读出的是孤寂。我就纳闷了，大家不妨对比着想一想，读李白的"朝辞白帝彩云间，千里江陵一日还"，你会感到孤寂吗？

生：（自由应答）不会。

师：肯定不会！读杜甫的"两个黄鹂鸣翠柳，一行白鹭上青天"，你会有忧愁的感觉吗？

生：（自由应答）不会。

师：我想也不会。吟白居易的"日出江花红胜火，春来江水绿如蓝"，你会有幽
　　静的感觉吗？

生：（自由应答）不会。

师：怪了，那么，为什么读《枫桥夜泊》，你偏偏感到的却是孤寂，是幽静，是
　　忧愁的情绪呢？

【通过对比，使得这份情绪与感觉更加鲜明。】

生：（多数沉默，个别学生举手）

师：不着急回答。咱们静静地再读一读《枫桥夜泊》，找一找，诗的哪些地方，
　　哪些字眼儿向你传递着这样的感觉和情绪，你可以在上面做一些记号。

生：（默读，圈点批注）

师：好！每个同学都有了自己的圈、点，甚至是批注。其实你画下的，不仅是
　　记号，更是自己的思考、自己的体会，这是最珍贵的。

【再读诗歌，找出"哪些字眼儿向你传递着这样的感觉和情绪"。阅读由整体感
知转向细读赏析。】

师：大家对这首诗都有了自己的体会，我只提一个问题考考大家，敢不敢接受
　　挑战？

生：（自由应答）敢。

师：注意听！我们知道，枫桥夜泊的时候，应该是张继休息的时候、睡觉的时
　　候，对吧？

生：（自由应答）对。

师：但是，这个晚上，诗人张继睡着了吗？

生：（自由应答）没有。

师：没有？何以见得？诗中的哪个字眼儿直截了当地告诉你，张继没睡，根本
　　就睡不着？

生：愁眠。

生：愁眠。

生：愁眠。

生：愁眠。

师：把"愁眠"二字圈出来。（板书"愁眠"）

生：（动笔圈出"愁眠"）

师：来，一起读。

生：（齐读）愁眠。

师：不愁，再读。

生：（齐读）愁眠。

师：把声音压低了，再读。

生：（齐读）愁眠。

师："愁眠"是什么意思？

生："愁眠"就是因为忧愁而不能入睡。

师：给"愁眠"找个近义词，比如——

生：难眠。

生：不眠。

生：无眠。

生：失眠。

【为"愁眠"找近义词，与前一板块"无眠"的教学相映成趣。

课堂的结构里出现了一个小小的圆。】

师：愁眠啊愁眠，因为愁眠，诗人在这个晚上看到了一些什么？咱们按照诗的
　　顺序一样一样地说，看到了什么？

生：月落。

师：（板书：月落）请把"月落"用一条线画下来。睡不着觉啊，张继看着月亮
　　缓缓地升起来，又看着月亮沉沉地落下去。当月亮完全落下的时候，天地
　　之间，一片幽暗，一片朦胧。在一片幽暗和朦胧之间，诗人还看到了什么？

生：江边的枫树。

师：（板书：江枫）请把"江枫"用一条线画下来。看到的是怎样的江枫呢？想
　　看吗？

生：想。

师：把眼睛闭上，（师描述）月亮落下去了，天地之间一片幽暗，一片朦胧。这
　　时秋风瑟瑟地吹来，吹过枫树，吹过枫林，吹着火红的枫叶，吹呀，吹
　　呀……——现在看到枫树了吗？请睁开眼睛。你脑海里出现了关于江枫的

一幅怎样的画面？

【又是闭上眼睛"看"。】

生： 一条小河，边上有一排枫树，秋风吹来，枫树的叶子在一片一片地飘落。有的飘落在地上，有的飘落在水面上，甚至还有一两片飘到了渔船上。

师： 当你眼前出现了这样的画面，看到这样一番情景时，你的心里是一种什么感觉？

生： 特别忧愁。

师： 这就是诗人啊。诗人就和你一样，触景生情。谁还看到了江枫的画面？

生： 我看到月亮落下了，整个村子一片漆黑，只有渔船上的灯还隐隐约约地亮着。枫叶像红雨一样地飘落下来，那种美景无法形容，有几片隐约飘到了渔船上。

师： 假如当时你就在那渔船上，看到这样的一番景致，你的心头又会涌起一份怎样的情绪？

生： 我会想：我这份孤枕难眠的心情谁能理解？（笑声）

师： 一位女诗人诞生了！什么叫诗人？你这就叫诗人！你刚才说那是一番美景，那是一份怎样的美？

生： 凄凉的美。

师： 对！一个词儿——凄美。我们继续看，在一片幽暗和朦胧之间，诗人在江边看到了落叶飘零，江枫瑟瑟。

【"湛湛江水兮上有枫，目极千里伤春心""青枫浦上不胜愁"，"江枫"这个景物往往摇曳着诗人们沉郁的感情。多么难得，学生通过想象，体会到了。】

师： 那么，诗人在江中又看到了什么呢？

生： 他看到了"渔火"。

师： （板书：渔火）请把"渔火"用一条线画下来。谁能找一个词来形容形容，那可能是怎样的渔火？

生： 隐隐约约的。

生： 星星点点的。

生： 忽明忽暗的。

师： 那星星点点、隐隐约约、忽明忽暗的渔火就这样伴随着张继"愁眠"。

【"江枫"与"渔火"，一暗一明，一江边一江上。】

师：睡不着啊，睡不着。因为愁眠，张继又听到了一些什么？

生：乌啼。

师：（板书：乌啼）请把"乌啼"用两条线画下来。乌鸦啼叫的声音是凄凉的，甚至还有点儿令人恐惧。当几声凄厉的乌啼，在寂静的秋夜消失的时候，茫茫秋夜变得更加沉寂，就在这个时候，诗人又听到了什么？

生：钟声。

师：是的，姑苏城外寒山寺的夜半钟声。（板书：姑苏城外寒山寺　夜半钟声到客船）请把"钟声"用两条线画下来。

生：（画下"钟声"）

师：从看到的，我们读出了张继的愁眠；从听到的，我们也同样感受到张继的愁眠。然而还有一处地方更让人奇怪。因为睡不着，因为忧愁，因为愁眠，诗人身体的感觉竟然在悄然发生变化。他似乎觉得——

生：霜满天。

师：（板书：霜满天）用波浪线画下来。你在生活中看到过霜满天吗？

生：（自由应答）没有。

师：谁都知道，霜华凝结的时候是在地上的，在草上，在树枝上，在瓦片上，在窗台上，不可能在天上。所以，大诗人李白才写过这样的诗句，床前明月光——

生：（接答）疑是地上霜。

师：对啊！所以我就奇怪，我就纳闷了，我百思不得其解，不可能"霜满天"，只可能"霜满地"。只有一种可能，尽管我很不愿意说出这种可能，但我还是实话实说，这种可能就是——张继写错了！同意吗？

【"欲擒故纵"。】

生：（齐答）不同意！

师：不同意？为什么？

生：我认为这个"霜满天"是表示张继心情的，此时不一定真的天气是"霜满天"，但是对于张继来讲，只是这种心情让他感到非常的寒冷。

师：你太有才了！贵姓？（笑声）

生：比较难记，我叫翟晟钧。

师：来，咱握个手。小翟老师，厉害。你们都听到了么？说得真好，把王老师说动了。在这点上他可以做我的老师。他说了一个非常关键的地方，谁听出来了？

生：（沉默思考）

师：一个人在语文课堂上能滔滔不绝地说那叫能力、水平，但是能够专心致志地听那叫修养。学好语文不光要有能力，更要有修养。

生：我认为他说的"霜满天"不是下的霜，而是心里的那种孤独。

师：你不但记住了，而且理解了；你不但理解了，而且转化了。是啊，哪里是"霜满天"啊，是冷满天，是寒满天。那是因为作者的心是冷的，作者的心是寒的。在这个秋夜，在背井离乡的这个夜晚，在客船之上，他的心是冷的，于是他才会有这样的幻觉，不！这是他最真的感觉，这感觉就是三个字——

生：（齐读）霜满天。

师：再读。

生：（齐读）霜满天。

（最后形成如下板书）
月落乌啼霜满天
江枫渔火对愁眠
姑苏城外寒山寺
夜半钟声到客船

师：（指着板书）大家看，月落是景，乌啼是景；江枫是景，渔火是景；霜天是景，钟声是景。这景那景，都一层又一层地包围着——

生：（齐读）愁眠。

师：（在"愁眠"下画上波浪线）都一层又一层地伴随着——

生：（齐读）愁眠。

师：（在"愁眠"下再画波浪线）都一层又一层地笼罩着——

生：（齐读）愁眠。

【从"看到"的、"听到"的，到"感觉"到的，诗歌中出现的景物一一呈现。

王老师将月落乌啼、霜天寒夜、江枫渔火、孤舟客子、半夜钟声等景象叠加整合，使我们轻易地走进了诗歌所创造的艺术意境里。】

师：（在"愁眠"下再画波浪线）用张继自己的话来说，江枫渔火——

生：对愁眠。

师：（板书：对）孩子们，你们注意过这个"对"字吗？我查了一下字典，我发现这个"对"主要有四个义项。什么是"对"？为什么要用这个"对"？大家看——

（大屏幕出示）

对

①对待；对付。如：对事不对人。

②面向；朝着。如：对着高山。

③对面的；敌对的。如：对手。

④使两个东西配合或接触。如：对对联。

——见《现代汉语小词典》（第 4 版）第 156 页

师：这是我从《现代汉语小词典》中摘录下来的一些义项。想一想，你选哪一个？

生：（看屏幕，思考）

师：选①的举手。

生：（无人举手）

师：没有。选②的举手。

生：（部分举手）

师：说说，为什么选第二个？

生：张继是面对着江枫和渔火才产生的愁眠。

师："愁眠"是面向着江枫、渔火，还面向着——。

生：月落、乌啼、霜天、钟声

师：是的。选②完全说得通。有选③的吗？

生：（无人举手）

师：也没有。选④的呢？

生：（部分举手）

师：哦，有。为什么选第四个呢？

生：我觉得这些景色是配合张继忧愁的心情的。

师：在你看来，言下之意，似乎愁眠的不仅仅是张继一个人，还有谁也陪着张继一块儿忧愁？

生：月亮。

生：乌鸦。

生：江枫。

生：渔火。

师：是啊，似乎天地万物都跟着愁眠的诗人一块儿愁眠。那真是愁上加愁，愁不堪愁！这个"愁"的背后，这个"对"字的背后，恰恰"对"出了张继这样的一种寂寞、孤独、忧愁。

【这首诗中的"对"很奇妙，王老师曾将它与"伴"字做过比较。其实，"对"字包含了"伴"的意蕴，不过不像"伴"字外露。

王老师让学生选义项其实是一种高明的引导。在给学生"对"字释义的四个选项中，选择集中在"面对"和"配合"两个义项。如果是选义项"面对"，则诗人面对的江枫、面对的渔火是孤立的，是用"以物观物"的审美感应方式感受内心的愁绪；如果是选义项"配合"，则江枫、渔火的意象与诗人是互动的，感觉到舟中的旅人与舟外景物之间有一种无言的交融和契合，化为浓浓的物我一体的愁。这是一种沉浸和交融，是"以我观物"的审美感受。

当然，"对"的意思没有标准答案，"一切景语皆情语"而已。】

师：于是，情动于中而辞发于外，《枫桥夜泊》就这样诞生了！（音乐——邓伟标的《空》——响起，教师范读全诗）（掌声）

生：（随着音乐，学生齐读全诗）

师：（随着音乐）月亮西沉，乌啼声声，霜气布满了天地之间；江枫瑟瑟，渔火点点，寒山寺的夜半钟声悠悠传来。睡不着啊，睡不着，无限愁绪涌上心头。《枫桥夜泊》就这样从张继的口中轻轻地流出。月落乌啼——

生：霜满天。

师：江枫渔火——

生：对愁眠。

师：姑苏城外——

生：寒山寺。

师：夜半钟声——

生：到客船。

师：（随着音乐，大声朗诵）姑苏城外寒山寺——

生：（随着音乐，大声齐读）夜半钟声到客船。

师：（随着音乐，小声朗诵）姑苏城外寒山寺——

生：（随着音乐，小声齐读）夜半钟声到客船。

师：（音乐消失，更小声朗诵）姑苏城外寒山寺——

生：（更小声齐读）夜半钟声到客船。（掌声）

【读——赏——读。这一板块是诗歌赏析的主体。

　　这首诗的前两句布景密度很大，十四个字写了六种景象，后两句却特别疏朗，两句诗只写了一件事：卧闻山寺夜钟。一繁一简，体现出来的感觉一实一虚，对比非常清楚。王老师在教学的过程中，抓住所见、所闻、所感将诗歌中的七个意象叠加整合，并在板书中一一呈现，使诗人所营造的情景交融物我两忘的意境如在眼前。

　　充分的赏析之后，《空》的音乐响起，水声轻荡，梵音禅响于心湖处划过，王老师深情的朗读适时传来，课境的美令人无法抗拒。

　　是的，有时候我们无法分清是因为一段音乐爱上一首诗、一堂课，还是因为爱上一堂课、一首诗，而爱上一段音乐。

　　末了，师生对读声越来越弱。音乐理论里称之为"声音渐弱"，电影表现手法里称其为"画面渐隐"。听着这样的对读，诗歌中那空灵孤寂的愁就悄无声息地钻进我们内心深处了。】

（三）升：夜半钟声化愁眠

师：月亮落下去了，还看得见吗？

生：（自由应答）看不见了。

师：（擦去板书"月落"）乌鸦凄厉的啼叫声划破了秋夜的宁静，也消失了。（擦去"乌啼"）那满天的霜气不是看到的，而是——

生：（自由应答）心里感到的。

师：（擦去"霜满天"）在一片幽暗和朦胧之中，那瑟瑟的江枫看得清吗？

生：（自由应答）看不清。

师：（擦去"江枫"）那点点渔火忽明忽暗，若有如无。（擦去"渔火"）还有那姑苏城外的寒山寺，看得见吗？

生：（自由应答）看不见。

师：（擦去"姑苏城外寒山寺"、"夜半"、"到客船"）天地之间，一片幽暗，一片朦胧，似乎已经没有什么景物可以相对了。（擦去"对"）

（形成如下板书）

愁眠

~~~

~~~

~~~

钟声

师：就在这个时候，听——（钟声悠悠响起）

师：钟声来了，那是寒山寺的钟声。（在"钟声"下面画上三条波浪线，最后形成如下板书）

愁眠

~~~

~~~

~~~

钟声

~~~

~~~

~~~

【波浪线，就是层层水波。水波之上，"钟声"伴着"愁眠"。】

师：在这个夜半时分，那钟声穿过枫林，贴着水面，它来到了张继的客船之上。你听，这钟声那样真切，似乎在对张继说些什么……孩子们，展开你的想象，写写钟声的诉说。注意，此时此刻，你要化身为寒山寺的钟声。你来到客船，你想对孤独的张继说什么？对寂寞的张继、对忧愁的张继说些

什么？

（大屏幕出示）

这钟声仿佛在说：

张继啊张继，＿＿＿＿＿＿＿＿＿＿＿＿＿＿＿＿＿＿＿＿＿＿＿＿＿

＿＿＿＿＿＿＿＿＿＿＿＿＿＿＿＿＿＿＿＿＿＿＿＿＿＿＿＿＿＿＿。

生：（随着音乐，想象写话）

师：（巡视）

师：好！请停下你手中的笔。有的已经写完，正迫不及待要表达自己的心声；有的还在静静地书写，其实有没有写完不重要，写多写少，写长写短也不重要，重要的是当你提笔的一瞬间，你真的感到有话想对张继说。那悠悠传来的钟声，好像在对张继说——

生：（朗读）张继啊张继，不要觉得孤独，天地间万物虽若有若无，可现在有钟声陪你做伴，有何可愁的呢？放下一切不开心之事，放下人情的冷，放下不应有的愁与仇，心静自然凉。（掌声、笑声）

师：好一个放下！唯有放下，才有快乐；唯有放下，才有自在。（笑声）

生：（朗读）张继啊张继，你心里想说的那千言万语只有我这钟声能静听；你那孤寂的心情，也许只有我这钟声能明白；你那思乡的情感，也许只有我这钟声能体会。那么，就让我来陪伴你吧！（掌声）

师：好一个深情款款的钟声。

生：（朗读）张继啊张继，不要忧愁，不要孤寂，这钟声能带给你快乐的心情。假如生活欺骗了你，不要烦躁，不要发愁，拾起快乐和自信，保持好心情，挺过这个难关，快乐的日子就会来到。（掌声、笑声）

师：这是激励的钟声，它让人振奋！让人昂首向上。当寒山寺的夜半钟声款款消失的时候，王老师相信，随着你们那温暖的钟声、那激励的钟声、那大彻大悟的钟声一起消失的一定还会有张继的——

生：（齐答）愁眠。

师：（擦去板书"钟声"和"愁眠"）

【板书——擦掉，景物逐一褪去。只剩下"钟声"荡着水波，对着"愁眠"。

但是，诗人为何而愁绪满怀辗转难眠？诗的妙处就在于没有明言，而是着力写出一种情绪、一种氛围、一种色彩。王老师正是深谙中国抒情诗的这一特点，也并不带领学生探究作者的愁怀何在，而是着力在课上营造一种情绪、一种氛围、一种色彩。

绕过"愁眠"，王老师带我们关注"钟声"。其实，寒山寺的钟声相当特别，它在每天子夜23点40分开始响起，均匀响108下，最后一声恰合午夜与凌晨之瞬间。依照佛教传说，凡人在一年中有一百零八种烦恼，只要闻钟声，便可"烦恼清，智慧长，菩提生"。

课上，王老师并没有对生活体验尚浅的孩子们讲透这些，王老师让他们代"钟声"说，孩子们的书写流畅但难免简单，他们没有察觉，一份禅意已悄然生于心间。

最后，王老师擦掉"钟声"与"愁眠"，我们的眼前就是钟声响过之后的朦胧与幽暗。】

（四）转：月落时分听钟声

师： 孩子们，其实"愁眠"是人人会有的一种心情。这种心情，会伴随人的一生，也伴随着人类的全部历史。所以，古今中外，写愁眠的诗歌成千上万，数不胜数。在中国的古典诗歌中，写愁眠，尤其是写思乡的愁眠，更是比比皆是。大家看——

（大屏幕出示）

举头望明月，低头思故乡。

——（唐）李白《静夜思》

露从今夜白，月是故乡明。

——（唐）杜甫《月夜忆舍弟》

海上生明月，天涯共此时。

——（唐）张九龄《望月怀远》

春风又绿江南岸，明月何时照我还。

——（宋）王安石《泊船瓜洲》

明月几时有，把酒问青天。

——（宋）苏轼《水调歌头·明月几时有》

师： 因为愁眠，大诗人李白曾经这样写道——

生：（齐读李白的诗句）

师：因为愁眠，大诗人杜甫曾经这样写道——

生：（齐读杜甫的诗句）

师：因为愁眠，诗人张九龄曾经这样写道——

生：（齐读张九龄的诗句）

师：也是因为愁眠，王安石曾经这样写道——

生：（齐读王安石的诗句）

师：还是因为愁眠，苏轼曾经这样写道——

生：（齐读苏轼的诗句）

师：大家一定已经发现，所有的愁眠都跟一种景物连在了一起，这个景物就是——

生：明月。

生：明月。

生：明月。

生：明月。

生：明月。

生：明月。

师：正所谓，明月千里照愁眠，愁眠一夜望明月。于是，诗人的思乡之愁、怀人之情，都寄托在了那一轮皎皎的明月上。那么，在没有明月的夜晚，在月亮落下去的夜晚，诗人张继又把这份浓浓的思乡之愁、怀人之情寄托给了谁呢？

（大屏幕出示）

枫桥夜泊

（唐）张继

月落乌啼霜满天，江枫渔火对愁眠。

姑苏城外寒山寺，夜半钟声到客船。

师：我们一起再来读一读张继的《枫桥夜泊》。

生：（齐读《枫桥夜泊》）

师：劝解张继这份愁眠的是——

生：（齐答）钟声。

师：抚慰张继这份心情的是——

生：（齐答）钟声。

师：温暖张继这颗心灵的，还是——

生：（齐答）钟声。

师：孩子们，在张继之前，没有人这样写过钟声；在张继之后，尽管有很多人写过钟声，但是，没有一个人写得像张继这样扣人心弦，感人肺腑。这，正是《枫桥夜泊》这首诗能够流传千古的秘密所在。让我们再次满怀深情地走进这首千古绝唱——《枫桥夜泊》。

生：（齐读《枫桥夜泊》）

【意象是通往诗人心中的路。王老师将"钟声"与"明月"相对比，彰显出"钟声"这一极富诗意且有着丰富文化内涵的意象。】

（五）合：钟声悠悠情满天

师：于是，从张继之后，从《枫桥夜泊》之后，除了"明月千里寄相思"，在中国诗人的心中，又多了一种寄托愁绪的美好景物，那就是——钟声！这钟声穿越时空，穿越历史，在一代又一代的诗人笔下悠悠回荡。

（大屏幕出示）

七年不到枫桥寺，

客枕依然半夜钟。

——（宋）陆游《宿枫桥》

师：这钟声穿越时空，穿越历史，悠悠传来。四百多年过去了，这钟声在陆游的笔下悠悠回荡——

生：（齐读诗句）

师：（大屏幕出示）

几度经过忆张继，

月落乌啼又钟声。

——（明）高启《泊枫桥》

师：八百多年过去了，这钟声在高启的笔下悠悠回荡——

生：（齐读诗句）

师：（大屏幕出示）

> 十年旧约江南梦，
>
> 独听寒山半夜钟。
>
> ——（清）王士禛《夜雨题寒山寺》

师：一千多年过去了，这空灵的钟声在王士禛的笔下悠悠回荡——

生：（齐读诗句）

师：（大屏幕出示）

> 留连的钟声
>
> 还在敲打我的无眠
>
> 尘封的日子
>
> 始终不会是一片云烟
>
> ——陈小奇《涛声依旧》

师：一千两百多年过去了，到了今天，到了现在，这钟声还在陈小奇的笔下继续回响——

生：（齐读诗句）

师：孩子们，这就是经典！这就是文化！

（形成板书）

经典　　文化

【由远及近，王老师带我们又经过宋代的陆游，经过明代的高启，经过清代的王士禛，经过当代的陈小奇回到了今天。教学结构似一个大大的圆，但是，再读那些诗词，感觉已然不同，我们回到的绝不是当初的原点。】

师：今天很有幸和你们一块儿学习张继的《枫桥夜泊》，我想，读了张继的《枫桥夜泊》，我们的心中，可能会有那么一点点的感触、那么一丝感动。然后这首诗就这样进入了你的心坎。于是，它伴随着你一起成长。假如，你长大了，有那么一天，你真有机会到苏州去，我相信，你一定要去看一座桥，哪座桥？

生：枫桥。

师：你一定要去看一座寺——

生：寒山寺。

师：也许，你更想去听听寒山寺的——

生：钟声！

师：真想去吗？

生：想！

师：请闭上眼睛。光阴似箭，日月如梭，一转眼十年过去了，"十年旧约江南梦，独听寒山半夜钟。"你们都成了小伙子、大姑娘。你真的来到了苏州，于是，在一个夕阳西下的黄昏，你来到了姑苏城外，来到了古运河边。你找啊找，你在找一座桥，那座桥就是枫桥。找啊找，终于找到了那横跨在古运河上的彩虹一般的枫桥，青石砌成，上面还有斑斑的痕迹，那是历史留下的沧桑。来到桥上，你抚摸着桥的栏杆，你抬头望着不远处掩映在一片绿荫中的寒山寺，你情不自禁地想到了一个人，谁？

生：张继。

师：想到了一首诗——

生：《枫桥夜泊》。

师：于是，你突然又想起来了，那是在十年以前，有一位来自杭州的王老师，曾经在一家影剧院和我们一块儿美美地读过张继的《枫桥夜泊》。这时候，你的心里突然升起一份无法用语言表达的感动。于是，你的口中就这样情不自禁地轻轻地吟诵起《枫桥夜泊》——

生：（轻声齐诵《枫桥夜泊》）

师：孩子们，睁开眼睛。其实你很不愿意睁开眼睛，你想就这么让自己永远地沉浸在那一份诗情和诗意当中。时光把我们生生地拽了回来。现在，你还是你，我还是我。但是，现在，你再去读《枫桥夜泊》，感觉又会不一样了。你发现尽管你跟张继相隔千年，但是，好像你们并不陌生，甚至此刻还是朋友。尽管你跟寒山寺、枫桥相隔百里、千里，甚至万里，但是，你觉得，那枫桥就在你的眼前，就在你的心中。它是那样让你感到熟悉，那样让你感到亲切。孩子们，这就是经典的魅力，这就是文化的力量！（在"经典""文化"后补上感叹号）

（会场响起热烈的掌声）

（最后形成板书）

经典！　文化！

课的结尾落脚在经典与文化。

是的，诗以寺传，寺以诗名，寒山寺与张继共同构筑了一个超越时代、超越国界的空灵境界。王老师带我们置身其间，流连忘返。

那寒山寺的钟声不仅温暖了张继的心灵，同样温暖着一代又一代跟张继一样"愁眠"的心灵，温暖了课堂上学生的心灵，也温暖了中华民族近一千二百多年的文化历史。

这就是经典的力量。唯有阅读经典，传承文化，我们才有可能记住自己的血脉，在喧嚣的物质主义时代，守住自己精神的家园。（林志芳　点评）

反思

返回中国文化的原点

如果说，我的《长相思》一课是诗意语文在艺术层面上的一次巡礼，那么，《枫桥夜泊》则是在文化层面上的一次朝圣了。

杨义先生在《中国诗学的文化特质和基本形态》一文中郑重提出："把重要的经典当作伟大的个案，进行细读，进行感悟，把它上升到学理的高度进行思辨，这是我们返回中国文化的原点，确认中国作家的文化发明专利权的基本方法。这就需要我们直接面对经典文本，重视自己的第一印象。"

《枫桥夜泊》一课从设计理念到课堂实践，正是把重要经典当作伟大个案进行细读和感悟的，尽管就小学语文的实际而言，尚无可能也无必要提升到学理高度进行思辨。于此，也算是对复兴中国文化的一个交代吧。

当然，这种觉醒并不意味着我放弃了"语文"，事实上，见与不见，"语文"就在那里。所不同的是，站在"大地"看语文是一番景象，站在"巅峰"看语文则是另有一番情致。

我站在文化之巅看《枫桥夜泊》，对语文的体悟与演绎便有了如此这般的视野和思路。

（一）时间："钟声文化"的传承性

人们往往赋予文化以时间性，在时间范畴内讨论和思考文化问题，这就是文化的时间意识。从某种意义上讲，文化与时间是同构共生的。基于这种文化时间意识，我在《枫桥夜泊》的设计和实施中，便打破了对一首诗的基本阅读模式，而是从一个更为开阔的时空背景下引领学生感受和领域《枫桥夜泊》作为一种文化符号的时间流变和历史穿越。

我以当代诗人陈小奇的《涛声依旧》为基点，逆时间而上，逐步拈出清代诗人王士祯的《夜雨题寒山寺》、明代诗人高启的《泊枫桥》、宋代诗人陆游的《宿枫桥》等诗句，让学生以一种直观、形象的视角发现一种文化传承的密码：为什么一年又一年、一代又一代，变的是南来北往的诗人，不变的却是那寒山寺的夜半钟声？

如果说启课是一种时间性的逆向追溯，那么，结课则反其道而行之，让时间性重新回到顺向的流变和承续上。我以张继的《枫桥夜泊》为基点，顺时间而下，又一次复现了陆游、高启、王士祯和陈小奇的诗句，在穿越千年的寒山寺钟声的心灵回响中，使学生切实感悟到经典的魅力、文化的力量。

（二）意象："钟声文化"的象征性

中国诗学是以生命作为它的内核，以文化作为它的血肉的。而构成诗学细胞的"意象"也当仁不让地成为文化象征的一种符号，被一代又一代的中国人所识别、所记忆。古典诗歌的意象，是和我们的文化体验与生命感悟融合在一起的。因此，意象的感受与分析，总是和文化内涵联系在一起的。

张晓风在《不朽的失眠》一文中敏锐的指出："感谢上苍，如果没有落第的张继，诗的历史上便少了一首好诗，我们的某一种心情，就没有人来为我们一语道破。"落第是否成了张继创作《枫桥夜泊》的生命缘起尚待考证，但是，此诗"道破了我们的某一种心情"倒是明明白白的实情。这种心情，张继以神来之笔叠用了一连串密集的意象加以抒写："月落"生愁、"乌啼"听愁、"霜天"映愁、"江枫"弄愁、"渔火"照愁，最终汇聚到"愁眠之人"，可谓"只恐双溪舴艋舟，载不动、许多愁"了。

但是，且慢，倘若此诗果真只是抒写了"愁情"，那么，纵观几千年的中国诗学和诗史，则张继的半首《枫桥夜泊》断乎上不了传世经典的排行榜，更遑论它的文化穿透力和千年不朽的记忆了。

就文化的象征意义看，最终让一代又一代的人们惦记和回味的不是这"许多

愁"，恰恰是抚慰、荡涤张继无限愁绪的寒山寺的"夜半钟声"。张晓风所言的"某一种心情"在张继的诗中并未一语道破，相反，寒山寺的夜半钟声倒是真真切切地勾起了人们的另一种心情，那曾经被尘世蒙蔽、被功名掩埋了的一种内在的宁静和澄明。

是的，"钟声"被张继发现并赋予其特定的生命体验之后，这一"意象"从此在古典文化丛林中占据了难得的一席之地，并一次又一次引发后人的精神共鸣和心灵呼应。即便到了今天，即便是"不识愁滋味"的少年们，也对"钟声"抒写着充满灵性和智慧的心声——

师：好！请停下你手中的笔。有的已经写完，正迫不及待要表达自己的心声；有的还在静静地书写，其实有没有写完不重要，写多写少，写长写短也不重要，重要的是当你提笔的一瞬间，你真的感到有话想对张继说。那悠悠传来的钟声，好像在对张继说——

生：（朗读）张继啊张继，不要觉得孤独，天地间万物虽若有若无，可现在有钟声陪你作伴，有何可愁的呢？放下一切不开心之事，放下人情的冷，放下不应有的愁与仇，心静自然凉。（掌声、笑声）

师：好一个放下！唯有放下，才有快乐；唯有放下，才有自在。（笑声）

生：（朗读）张继啊张继，你心里想说的那千言万语只有我这钟声能静听；你那孤寂的心情，也许只有我这钟声能明白；你那思乡的情感，也许只有我这钟声能体会。那么，就让我来陪伴你吧！（掌声）

师：好一个深情款款的钟声。

生：（朗读）张继啊张继，不要忧愁，不要孤寂，这钟声能带给你快乐的心情。假如生活欺骗了你，不要烦躁，不要发愁，拾起快乐和自信，保持好心情，挺过这个难关，快乐的日子就会来到。（掌声、笑声）

师：这是激励的钟声，它让人振奋！让人昂首向上。当寒山寺的夜半钟声款款消失的时候，王老师相信，随着你们那温暖的钟声，那激励的钟声、那大彻大悟的钟声一起消失的一定还会有张继的——

生：（齐答）愁眠。

意象折射人的精神，精神编撰人的文化变迁史。可以说，诗的意象是文化开出来的一朵审美之花，没有文化，诗的意象之花就会凋零，枯萎。

（三）比较："钟声文化"的独创性

从某种角度讲，文化是一个比较的产物。方文山在《文化多元的意义》中如此感慨："试想，如果我们生活在只有一种选择、一种美学鉴赏、一种文化价值、一种固定的统一的色香味世界里，那简直就是一场灾难。"

没错，《枫桥夜泊》在古典文化史上的独特与珍贵，恰恰在于后人在乎其文化意象、文化符号上的独创性。其实，感受《枫桥夜泊》的情绪和意境对学生而言并非难事。难就难在如何分析和体验此诗在文化范畴上的个性和价值，因为，这须得将此诗的核心意象"钟声"置于一个相当开阔的诗学背景下，而且，须对张继之前一代又一代诗人抒写"愁绪"，寄怀"心情"的常见意象有着相当的了解和体认。

对此，我的选择只有一条道——比较。不少人质疑在"钟声"的意蕴逐层揭示之后，为什么还要呈现一连串的关于"明月"的诗句——

> 举头望明月，低头思故乡。
>
> ——（唐）李白《静夜思》
>
> 露从今夜白，月是故乡明。
>
> ——（唐）杜甫《月夜忆舍弟》
>
> 海上生明月，天涯共此时。
>
> ——（唐）张九龄《望月怀远》
>
> 春风又绿江南岸，明月何时照我还？
>
> ——（宋）王安石《泊船瓜洲》
>
> 明月几时有，把酒问青天。
>
> ——（宋）苏轼《水调歌头·明月几时有》

其实，目的只有一个，没有跟"钟声"相异的文化意象的存在，如何证明张继的"钟声"在文化上的差异性和独创性呢？

以"明月"寄怀某一种心情大有人在，但在张继之前，却没有人这样写过钟声；在张继之后，尽管有很多人写过钟声，但是，没有一个人写得像张继这样扣人心弦、感人肺腑。这正是《枫桥夜泊》这首诗能够流传千古的秘密所在。从张继之后，从《枫桥夜泊》之后，除了"明月千里寄相思"，在中国诗人的心中，又多了一种寄托愁绪的美好景物，那就是——钟声！这钟声穿越时空、穿越历史，在一代又一代的

诗人笔下悠悠回荡。

　　总之，对《枫桥夜泊》的设计与课堂演绎，我以文化的时间意识为纵轴，以文化的意象符号为横轴，着眼于文化在"同一种心情"这一断面上的比较和还原，引领学生进入古典情怀、中国文化的原点，感受其千年不朽的审美精神和生命力量。就文化意识而言，此课是诗意语文在古诗词教学上的一次新的尝试和超越。

　　当然，在语文学习中涵养文化精神，得到情感和精神世界的自我建构，不是一种短期行为，而是一种长线规划。诚如曹明海先生在《语文教育文化学》中所指出的这样："我们不能只热衷于短期效应，而忽略语文对心灵启蒙和人文意识启蒙的影响力。只重视记忆性和固定格式的知识，一切为应试服务，是一种寻捷径、找窍门儿的急功近利的浮躁之举，对真正意义上文化素质的培养毫无裨益。它使人们习惯于浮光掠影，常常是仅凭一斑之见妄断全豹，使语文的文化丧失了它需要的感悟与体验的深度和整体性。"

　　这也算是我对"八十分钟只上了一首古诗"这一质疑的回答吧。

诗意守望

——我的社会反响

　　"诗意语文"，一种刚柔相济的语文教学艺术，一朵在中国传统文化滋润下绽放的艺术奇葩。朱光潜先生认为一切艺术到精妙处都必有诗的境界。而王崧舟老师的语文课堂，不仅呈现出了艺术的诗意美，它还将语文和生命完美融合，在理想和现实之间搭建桥梁，推进了语文教育的发展。它的提出，既是对过去语文教育呈现出的不足的一大补充，又是语文课程改革的一大进步。

　　"诗意语文"是生命化的语文，它的生命化体验不仅属于学生，也属于老师。有的老师当了一辈子的教书匠，教书之于他们，只是糊口的营生；而有的老师恰恰相反，三尺讲台不仅成就了他们的事业，还圆满了他们的人生。正如王崧舟老师所言："这个时候，我意识到，语文已经不再外在于我的生命，语文和生命，职业和生命融为了一体，达成了一片。当我们真正具备了关于生命的学问和修养之后，我们完全可以从职业过程中体认到人生的幸福和意义。"人即是课，课即是人，人课合一便是教师生命化体验的最高境界。（郑朵朵　文）

王崧舟和工作室学员在一起（左三系作者）

一、诗意是这样炼成的

浙江省杭州市拱宸桥小学王崧舟老师在接受"特级教师成长因素研究和培养策略"课题组访谈时，就职业幸福感、职业压力、特级教师的成功标志等问题给出了独特而精彩的答案。

（一）我们需要"生命的学问"

问：您的职业幸福感如何？影响您职业幸福感的主要因素有哪些？

答：幸福感不过在一念之间。职业幸福感的高低，取决于职业高峰体验的状态。高峰体验越是强烈、越是高频，职业幸福指数就越高。从这个意义上讲，我的职业幸福感处于高位状态。

对于这个话题，我想谈两个基本的观点：

第一，我觉得教师的职业幸福感不是一个职业问题。如果我们的视域始终囿于教师职业本身，那么我们可能永远都体认不到职业幸福感。我以为，这是一个人生的问题、一个生命的问题，职业幸福感是对职业生命意义的终极体认和关怀。就教师的专业成长看，说真的，我们其实并不缺少专业知识、专业技能、专业修养甚至专业精神，但为什么我们依然找不到职业幸福感？一个重要的原因是，我们缺少生命的学问、生命的修养、生命的教育。牟宗三先生在《关于生命的学问》中指出："人们只知研究外在的对象为学问，并不认生命处亦有学问。人只知以科学言辞、科学程序所得的外延真理为真理，而不知生命处的内容真理为真理。所以生命处无学问，无真理，只是盲爽发狂之冲动而已。心思愈只注意外在的对象，零零碎碎的外在材料，自家生命就愈四分五裂，盲爽发狂，而陷于漆黑一团之境。"我以为，职业幸福感不能外求，越外求，离真实的幸福越远。职业幸福感只能到自己的内心深处去寻求，它不能"告诉"，不能复制，不能灌输，只能从自己的内心深处滋生起来，膨胀起来，氤氲起来。幸福无处不在，无时不在，但人对幸福的感受却因了职业境界的不同而全然不同。我们不是缺少幸福，而是缺少发现幸福，体验幸福的那颗清净而灵动的心。

因此，我们在将自己的才情和智慧投向外在于生命的专业的同时，更应用自己的才情和智慧去观照自己的精神、自己的心灵乃至自己的整个生命。

第二，我觉得当我们真正具备了关于生命的学问和生命的修养之后，我们完全可以从职业过程中体认到人生的幸福和意义。荷尔德林说：人充满劳绩，但诗意地栖居在大地上。是的，我们说，一方面教师职业充满劳绩，但另一方面也是更重要的一方面，教师职业同样充满诗意。有了生命的境界，我们完全能够诗意地栖居在教育大地上。同样是上课，缺乏生命修养的教师，为上课而上课，教师的心只是在等待，等待学生的回答，等待结果的到来，等待结果与"标准答案"的契合。教师是活在"下一刻"的，是活在等待中的，过程本身所具有的种种意义和价值全部让位给了结果。教师在苦苦的等待中变得紧张、烦恼、焦躁，甚至痛苦，幸福被等待无情地遮蔽了。而具有生命学问和生命修养的教师，他是在上课，但他同时又是在享受上课。他在课堂上彻底放松，全然进入课堂中的每一个当下，和学生情情相融，心心相印。他会彻底打开自己的生命，让生命中的每一个细胞、每一寸肌肤去感受，去触摸，去体认。他会时时产生生命的高峰体验，在课堂上率性而为，和学生一起欢笑，一起流泪，一起沉思，一起震撼。于是，他就是课，课就是他，他和学生一起全然进入一种人课合一的境界。这种境界就是深深的职业幸福感。所以，"彻底敞开、全然进入、活在当下、享受过程、率性而为、高峰体验"等关于生命的学问和修养，是我们收获职业幸福感的必由之路。

因此，无论是从教师专业成长的角度，还是从体认职业幸福感的角度，我以为我们都需要"生命的学问"。

（二）人格成功才是主要标志

问：您的职业压力如何？您是如何理解职业压力的？

答：从某种角度说，我的高位职业幸福感在很大程度上遮蔽、消解了我对职业压力的感受。不是没有压力，也不是压力不大，而是无暇顾及压力的存在，更无心放大压力对我的影响。

《周易·系辞》上说："一阴一阳之谓道。"痛苦为阴，则幸福为阳；压力为阴，则动力为阳。有职业就有压力，这是自然之道。这样想来，压力自然就减轻了几分。

对幸福，要敏感；对压力，要钝感。一个人的钝感力，可以有效抗压。

压力带来的紧张与焦虑，只要适度，只要能够悦纳，对于克服和超越人的精神惰性，是大有补益的。

居危思危，往往是被逼无奈；居安思危，就是人为地制造压力，这是生命发展的一种自觉。

压力与动力，往往相反相成。压力一旦实现转化，往往会产生更大、更为持久的动力。动力一旦失去方向和价值皈依，往往成为某种压力。

压力说到底是一种心理感受。因此，减压和增压，也不过是一念之间。这一念，则是生命境界的全息体现。一个人，只有超越了功利境界、道德境界，而进入生命境界的时候，才能真正做到：宠辱不惊，坐看庭前花开花落；去留无意，闲望天外云卷云舒。

问：您认为，一个特级教师成功的主要标志是什么？

答：记得白岩松在《人格是最高的学位》中讲到这样一个故事：很多很多年前，有一位学大提琴的年轻人去向21世纪最伟大的大提琴家卡萨尔斯讨教："我怎样才能成为一名优秀的大提琴家？"

卡萨尔斯面对雄心勃勃的年轻人，意味深长地回答："先成为优秀而大写的人，然后成为一名优秀而大写的音乐人，再然后就会成为一名优秀的大提琴家。"

我想，一个特级教师的成功，不能只是以他专业发展的成功作为主要标志。从根本上说，这种成功只能以，也必须以做人的成功为最主要的标志。因此，人格的成功乃是特级教师成功的主要标志。

人格的成功，具体展开说，即为儒家的"三不朽"——立德、立功、立言。立德就是做人，立功就是做事，立言就是做学问。特级教师通过立德，在成就自身的德行和修养的同时，也践行着"以身立教、不教而教"的教育真理；通过立功，在实现自己的职业理想，担当高尚的社会责任的同时，也帮助和促进了学生的全面发展、个性发展、身心的和谐发展；通过立言，在不断总结自身的育人经验、传递育人智慧、探寻育人规律的同时，也在不断捍卫自身的言说权利和尊严，发现生命成长的痛苦和幸福，并最终实现自己的言语人生和诗意人生。

无论立德、立功还是立言，都是对人格的某种确证。我相信，在自己的职业生涯中，没有什么能比这更幸福的了！

（三）有信仰才能安身立命

问：你成长的关键词是哪几个，为什么？

答：第一是"天赋"，第二是"机遇"，第三是"抱负"，第四是"修炼"，第五是"信仰"。

天赋是成长的基础。有些人天生不适合做教师，有些人天生适合做教师；有些人天生成不了特级教师，有些人天生具备成为特级教师的潜质。

机遇是成长的外因、现实条件。机遇可以是某项政策、某个环境、某位关键人物、某次活动等。机遇的核心是"贵人"，即在成长过程中能遇到对自己至关重要的师长、领导、同事、朋友、爱人等。

抱负是成长的前进方向。一个人只有拥有"人生为一大事而来"的抱负，才能成就一番大事业。

修炼是成长的加油站、助推器。修炼是一个不断朝着终身抱负和终极愿景调整路径、修正行为、补充能量、坚定理想的过程。修炼的路径，第一是读书，无限相信书籍的力量；第二是践行，行动是实现人生价值的最高准则。

信仰是成长的价值皈依。有信仰就有精神家园，有家园就能安身立命，就能行当所行、止当所止，就能全神贯注，一以贯之，就能忘我，就能献身，就能实现自我，走向永恒。信仰为教师提供了专业发展、生命成长的精神动能！

问：您的专业发展目标定位是什么？

答：安安静静读书，认认真真教书，自自在在写书。不刻意成名成家，顺其自然，一切随缘。在读书、教书和写书中，感悟生命，确证自我，诗意地栖居在教育大地上。

从某种角度看，放逐、架空了生命发展的专业发展，只能是缘木求鱼、隔靴搔痒。所谓皮之不存，毛将焉附？只有融入了自身生命发展的专业发展，才是职业成长的不二法门。这既是职业的解放，也是人自身的解放。

（四）自我超越是喜悦之源

问：您在工作过程中，什么时候或什么事情会让您有成功和喜悦的感觉？

答：泛泛而论，只要是学生获得发展，教师在我的帮助下获得发展以及自身获

王崧舟学术专著首发式（摄于 2011 年）

得发展，我都有成功和喜悦的感觉。但这种泛泛而论，并不真诚，也不深切。我想，应该在成功和喜悦之前加上一个程度副词——"特别"。那么，什么事会让我特别有成功和喜悦的感觉呢？

一位久转不化的"后进生"，我在即将丧失对他最后的教育希望时幡然醒悟，找到了自己的问题所在，于是，再次点燃热情，重拾希望。那位"后进生"的身上终于出现了一丝进步的曙光。这时的我会特别喜悦。

一位青年教师，在我手把手的帮助和指导下，在教育信念、课程理解、教学艺术等方面与我的共鸣越来越多。在我的期待中，他跨越了一道又一道关卡，终于在全国赛课中夺得一等奖。我敢说，那一刻，最喜悦、最幸福的人，是我是我还是我！

一次公开课的教学中，一位学生的意外表现让整堂课原有的理想氛围陡然消失。我焦虑，甚至有些愤怒，但却束手无策，无力回天。课后，我一直沉浸在失败的阴影中，也因此不得不逼迫自己血淋淋、赤裸裸地解剖自己的教育理念和实践智慧，寻求破解之道。思之思之，思之不得；思之思之，又复思之；思之不得，鬼神通之。在高度紧张、高度思虑无所得，决定彻底放弃的那一瞬间，教育灵感突然光顾，破解之道豁然开朗。那种喜悦如过电一般席卷全身，真是妙不可言！

类似这样的事情还不少，它们往往可遇而不可求，需要自己以更大的心力和智慧考量并最终超越自己。我发现，正是一次又一次偶然的、不经意的自我超越，让我体验到了特别的成功和喜悦，而那，正是产生职业幸福感的源头活水。

问：在工作过程中，什么时候或什么事情会让您有失望和沮丧的感觉？

答：工作中我很少有失望和沮丧的时候，偶尔会有愤怒和无奈。对那些违背教育规律、以牺牲学生的童年幸福和身心健康发展为代价的某些活动或统考等，迫于诸多现实条件和因素，只能冷眼面对，心里既感愤怒又颇无奈。

在我看来，失望和沮丧是意志薄弱的一种表现。在工作中，我不是没有失败和遗憾，譬如课上砸了，譬如自己信奉的教学思想竟然不被理解甚至还遭到无端的批评、攻击和谩骂，譬如某项改革举措让学生获得了实实在在的发展，但却被家长讥为沽名钓誉、形式主义等。但这些事情不会让我失望和沮丧，相反，只要教育良知告诉我，这条路是对的，哪怕前面荆棘密布，我也决不妥协，决不放弃，我会义无反顾，勇往直前。我相信，士不可以不弘毅，任重而道远。

这样一个过程，既无失望之感，亦无沮丧之痛。它让我在直面挫折、突围困境中获得新感悟、新成长。也许，痛并快乐着，是对这种心境的最佳描述。

（五）教育家点亮人生梦想

问：在您的成长历程中，哪几位教育家对您影响最大？

答：第一位是孔子。在孔子那里，我们能感受到真正的教育情怀，一种基于现世功利又超越现世功利、直指人的内心世界的诗意教育。在我心中，孔子是一位多么可爱、多么亲切的老师啊！

第二位是苏霍姆林斯基。在苏氏的教育思想中，既有形而上的教育哲学的关怀，更有形而下的教育实践学的奉献。他是一位近乎完美的真正的教育家——他的一生自始至终与教育连在一起；他的教育就是他的人生，他的人生就是他的教育，他是伟大的教育家，更是一个伟大的人；他的一生有着大量真诚而富有原创意义的教育发现和教育主张，他的教育哲学是行动的哲学，他的教育思想有着坚实的教育艺术和教育技术的支撑。

问：在您的成长历程中，哪几件事给您留下了深刻的印象？它们是如何影响您的？

答：在我的成长历程中，对几件事印象极深：

第一件事发生在 1985 年。那年，参加工作才一年的我，闯五关斩六将，连着被评为镇教坛新秀、县教坛新秀、市教坛新秀。特别是在参评市教坛新秀时，我上的《我的伯父鲁迅先生》获得专家和同行的一致好评。而其时，我并非语文教师。这极大地振奋了我的精神。看来，教学经历和教学经验并非专业成长中一道不可逾越的鸿沟。只要肯学习，肯钻研，肯思考，"雏凤清于老凤声"的心愿并非不能实现。

第二件事发生在 1996 年。那年，我虽然因健康原因没有参加绍兴市小学语文青年教师阅读教学赛课活动，但绍兴市教研室最终还是决定由我代表全市参加浙江省首届小学语文青年教师阅读教学赛课活动。他们对我给予了充分的信任，也寄托了很高的期待。赛课的地点在金华，我上的是《飞夺泸定桥》。前半堂课上得很"顺"，也很"靓"，后半堂课却因一个环节的僵持而一败涂地。我只拿到了三等奖，而三等奖是所有参赛选手都会有的奖，说白了不过是个安慰奖而已。当时我承受的压力不可谓不大。让我气愤的是，事后我才知道，我上课所借的班级竟然在课前被某些人以一个堂而皇之的理由给调换了，而我真正所借班级是同年级四个班中最差的一个班，且当年的语文老师还是一名代课教师。当我知道这一情况后，气得真想狠狠揍一顿组委会的负责人。但在随行教研员的劝诫下，我静了下来。后来我想，千怪万怪，最终只能怪自己没本事，教学功夫不过硬。这一课，狠狠地杀了杀我的傲气和锐气，让我的心境变得平和起来，也沉潜下来。

第三件事发生在 1998 年。我做梦也没有想到，自己竟然被评为浙江省的特级教师。时年 32 岁的我成为全省最年轻的小学语文特级教师。同年，应浙江大学教育系的邀请，我在全国小学语文特级教师课堂教学艺术观摩会上作课《万里长城》。又是一个做梦也没有想到，这一课竟然是本次活动 12 堂课中最受欢迎的课。上完课，居然还有桂林、温州等地教研部门的人员上台邀请我去他们那里上课。平生第一次体验到什么叫欣喜若狂、受宠若惊。这一课成了我的"成名作"，从此，我在中国小语界一炮走红，一鸣惊人。

第四件事发生在 2004 年。在上海浦东，我应《小学语文教师》编辑部的邀请，在庆祝该杂志创刊 200 期的纪念大会上作课《一夜的工作》。上完课，台上台下一片哭声，我也是哭着走下讲台的。这一幕，怕是终生难忘。这一课，让我深深感受到周总理无限的人格魅力，让我真切体认到精神生命的永恒存在。这一课，也让我真

正走进了诗意语文、诗意课堂、诗意人生的堂奥。人课合一，高峰体验，全然进入，融为一体，语文从此成了我精神生命的图腾。

第五件事发生在 2005 年。在江苏无锡，又是应《小学语文教师》编辑部的邀请，我在全国首届中华经典诗文诵读观摩研讨会上作课《长相思》，引起全场的热烈反响。这一课被人们誉为诗意语文的经典之作、当代小学语文古诗文教学的第二座高峰。其实，我在上课之前，连教案都尚未完成，更别说"下水"试教了。而为了这一课的设计，我曾经苦苦琢磨了三个月之久。我一直试图在古诗文教学上有一点突破，但始终找不到灵感。我为这一课做了大量的案头工作，写了文本细读，研究了纳兰性德的生平，查找了大量的参考资料，认真研读了朱光潜先生的《诗论》和朱自清先生的《诗论》，到后来感觉材料很多、想法很多、思路很多，但就是苦苦梳理不出一个清晰、可行的思路来。第二天，在尚未形成完整、连贯、一气呵成的思路的尴尬中，我执教《长相思》。没想到，就在课的"行进"过程中，思路竟然自然地、悄然地流淌出来。这一次奇妙的教学体验，让我一下子体悟到很多东西。我惊喜地发现，我的课堂教学正在由必然王国走向自由王国。我突然清晰地看见，我过去许多刻意的需要强有力的意志去驾驭的教学行为、教学策略、教学模式、教学构架，已经完全内化为自己深层的、潜意识的、融入整体生命中的自然行为了。我的教学风格在灵动的、嬗变的课堂实践中宣告形成。由教学习性走向了教学率性，我进入了一种新的教学境界。

（六）父母是我永远的导师

问：在您的成长历程中，哪一个人（几人）对您产生了终身的影响？

答：父母。只有父母能对我产生持续的、终身的影响。

父母不仅给了我肉体的生命，亦且给我的精神生命奠定了独一无二的基础。母亲以她的善良、柔弱以及对我的无微不至的尊重和肯定，给我的精神生命以"上善若水"的濡染；父亲以他的克勤克俭和多才多艺以及对我严格的、近乎严厉的管束，给我的精神生命以"刚健如山"的熏陶。

人的一生，不过是他童年的全部记忆和影响的逻辑蔓延和全息伸展；人的童年，不过是他关于父母精神的无意识的熏习和折射。不管你愿不愿意，承不承认，在意识深处，父母其实都是你一生的启蒙老师和终身的精神导师。

二、诗意在彼岸永恒召唤

对"诗意"理解的多样性固然折射出诗意内涵的丰富性，但同时也增加了为"诗意"下定义的难度。从多种角度出发，我们看不清"诗意"的真面目，况且它尚处于生长发育阶段，将经过一个漫长的探索、研究和论证的过程，最终方能"修成正果"。（张利伟　文）

（一）从课品超越审视王崧舟的语文教学谱系

杭州市普通教育研究室

沈大安

人若想改变命运，就必须先改变自己，这是历史与现实、理性与生活共同诉说着的一个真理。改变自己，正是"超越"的生命逻辑。

审视王崧舟老师的语文教学谱系，"超越"作为他的一种生命根性，几乎渗透到了王崧舟的全部课品（课堂作品）创作过程中。作为一名直面课堂、直面学生的语文老师，改变自己，就是改变经由他自己创作的一个又一个的课品。从某种意义上讲，王崧舟的职业生命，正是由这样一个又一个充满着超越意识的课品层叠而成的。这种基于生命根性的超越，不但成就了王崧舟的语文教育专业，也成就了他自己精彩而独特的语文人生。

以下，我们以文献叙事的研究方式，着力解读不同时期王崧舟的典型语文课品，在一个相对明晰的叙事线索中，探寻他在语文专业成长历程中的超越意识和精神。

（1）读出画面——教学构思的超越

【课品】《万里长城》

【创作时间】1998 年

【背景】

其时，新一轮课程改革正处于萌芽状态，语文课正在将语言文字的训练推向极

王崧舟与浙江省小语会会长沈大安先生、浙江省教研室小学语文教研员滕春友先生在一起（中间为沈大安先生）

致，但训练的内容更多地指向相对机械的言语表达方式和读写方式。

【典型片断】

师：闭上眼睛，随着老师的描述，你的眼前仿佛出现了怎样的画面？在"成千上万"的参观者当中，有老人，有小孩；有中国人，有外国人；有普普通通的平民百姓，有地位甚高的国家元首；有肢体健全的人，也有残疾人。他们来到长城脚下，一步一步地开始了庄严地攀登。睁开眼睛！把你看到的画面写在练习题上。

生：（按照练习要求写话，教师巡视）

师：同学们，在这成千上万的参观者当中，你看到的是——

生1：（读话）一位双腿残疾、饱经风霜的八旬老人，在儿子的陪同下登上长城，目睹了长城坚强、刚毅、庄重的形象，情不自禁地发出赞叹："啊，确实了不起！"

师：写得好！你再想象一下，八旬老人、白发苍苍、饱经风霜，他会用怎样的口气赞叹长城？他的那些话该怎么读？

生 1：（读话）一位双腿残疾、饱经风霜的八旬老人，在儿子的陪同下登上长城，目睹了长城坚强、刚毅、庄重的形象，情不自禁地发出赞叹："啊，确实了不起！"

师：像个老人了。（笑）尽管声音低沉，感情却非常真挚啊。

生 2：（读话）一位环游世界的领导人，带着他的家人，随着人群满怀激情地登上长城，目睹了长城坚强、刚毅、庄重的形象，情不自禁地发出赞叹："啊，确实了不起！"

师：像一位领导人！还有不一样的吗？有说外国人的吗？

生 3：（读话）一群美国人跟着我国的导游登上长城，目睹了长城坚强、刚毅、庄重的形象，情不自禁地发出赞叹："啊，确实了不起！"

师：奇怪？美国人的汉语怎么这么好？（众笑）模仿模仿美国人说汉语的口气！

生 3：（模仿外国人的口气读话）一群美国人跟着我国的导游登上长城，目睹了长城坚强、刚毅、庄重的形象，情不自禁地发出赞叹："啊，确实了不起！"（众大笑）

师：还有不一样的吗？有说小孩子的吗？

生 4：（读话）一个年仅三岁的小男孩，在爸爸妈妈的带领下登上长城，目睹了长城坚强、刚毅、庄重的形象，情不自禁地发出赞叹："啊，确实了不起！"

师：不得了！肯定是一神童！（众大笑）三岁的小孩就能发出这样的赞叹，神童！也说明咱们的长城确实了不起啊！同学们，这就是咱们的长城，不管是小孩还是老人，不管是中国人还是外国人，不管是国家元首还是普通百姓，只要他们登上长城，就会情不自禁地发出赞叹——

生：（齐读）啊，确实了不起！

【评析】

任何课品，只有置身于特定的历史文化语境之中，才有课程教学的阐释意义。王崧舟的课品谱系，正是以这样一种历史文化的解读视角贯穿始终的。

《万里长城》是王崧舟的成名作，据他自己回顾，此课的创作数易其稿，涉及伤筋动骨的构思调整就不下七八次，这个典型片断正是他数易其稿的产物。将文中"成千上万"一词读出画面感，是此课的一大亮点。联系当时的创作背景，我们不难

发现，语言文字的训练依然是这个构思的基点，"按照练习要求写话"的安排，遗存的正是这种明显的训练痕迹。然而，这个片断的超越性恰恰在于，这种带有填充性质的句式训练被有机地整合到了"读出画面"的解读方式之中。显然，"读出画面"这一教学构思，是对该时期到处泛滥的机械语言训练的一种扬弃。这种扬弃，体现在将语言训练置身于整体语境之中，也体现在对"成千上万"这一词语的感性解读方式上。这种将言语还原成画面、场景和情节的解读方式，可能是一种更接近文学阅读、更贴近儿童言语学习的方式。

诗意语文被标举为一种感性的语文，尽管那时的王崧舟尚未扛起"诗意语文"的大旗，但敏感的读者已不难窥见，感性解读的端倪在《万里长城》中已经初步显露。

（2）让学生自己提问——教学模式的超越

【课品】《只有一个地球》

【创作时间】2003 年

【背景】

其时，语文课程新理念的传播正如火如荼进行，感悟、体验的学习方式遍地开花，研读、探究的学习方式正越来越成为某种教学时尚，但两种学习方式却有水火难容、背道而驰的态势。

【典型片断】

师：发现问题的请举手。因为时间有限，想提问的人又多，这样，给大家八次提问的机会。谁抓住机会提第一个问题。

生1：我不明白，为什么说没有适合人类居住的第二个星球？

师：（板书：第二个地球？）不错，从他的提问中，我们隐隐约约感受到了他有一种遗憾，也感受到了他对地球现状的担忧，他在找后路。但是，我要告诉你，书上没有答案。如果你真想研究这个问题，我建议你到课外去找一找资料，这个问题课堂上就不讨论了。但是我还是要感谢你第一个起来提问题，感谢你对人类和地球命运的关注。

师：谁来提第二个问题？

生2："慷慨"是什么意思？

师：（板书：慷慨？）建议你读一读"慷慨"所在的句子，你能读明白的，我相信。

生2：（读有关句子）

师：明白了吗？

生2："慷慨"就是"无私"的意思。

师：对，真好。第三个问题谁来提？

生3："这个地球太可爱了，同时又太容易破碎了。"这是为什么？

师：（板书：容易破碎？）这是一个非常有研究价值的问题（画上第二个问号），这是一个值得全班同学认真研究的问题（画上第三个问号）。

生4：地球既然这么美丽，为什么不去好好地保护它呢？

师：（板书：不保护？）是呀！一个如此美丽、如此温柔、如此可爱的星球，我们人类为什么不好好地去保护它呢？我想，你不光是在提问，更是在责问，在责问那些破坏地球的人们，是吧？

同学们发现没有，这个问题跟哪个问题是有联系的？（在第三、第四这两个问题之间画上记号）谁还有问题？

生5：这是宇航员目睹地球发出的感叹，请问宇航员发出了什么感叹？

师：读读那段话。

生5：（读有关段落）

师：读懂了吗？

生5：读懂了。

师：读懂了什么？

生5：我们的地球太容易破碎了，所以人类不该破坏它。

师：（作"恍然大悟"状）噢！我明白了，你是想问"宇航员为什么会发出这样的感叹"，是吧？（板书：感叹？）第六个问题谁来提？

生6：地球上有这么多的资源，人类为什么要破坏它呢？为什么不留住给后代来使用呢？

师：（作"困惑"状）这个问题，你们都听明白了吗？

生：（齐答）不明白。

师：你能不能再说一遍？

生6：水资源、森林资源、大气资源都是我们生活所需要的，为什么有些人要去破坏它呢？

师：用书上的一个词来说，就是"随意毁坏"。（板书：随意毁坏？）还有问题吗？

生：（无人举手）

师：一共提了六个问题。王老师很高兴，为什么呢？因为这六个问题都是你们自己发现的，而且每个问题都提得很有思考价值。当然，有些问题书上没有答案，可以放到课外研究，但是大多数问题书上有答案，就在字里行间。老师相信，这些问题，你们通过自己的阅读思考，一定能够解决。

【评析】

在这之前，《只有一个地球》的作课模式已经有过两个版本，但用王崧舟自己的话来说，两个版本的设计，采用的依然是他自己操纵自如、驾轻就熟的感悟式教学方式，阅读教学的深度和自由度都未能实现大的突破。到了第三版，也就是在这个典型片断中，我们却发现了一种此前王崧舟从未涉足过的阅读教学模式的楔入，这就是基于"学生自己提问"的质疑教学模式。显然，让学生自己提问，对王崧舟而言是一种超越，但这种超越尚不具备普遍意义上的典型性，因为尝试这种模式的毕竟大有人在。问题的实质在于，当学生提问之后，王崧舟做了些什么？这样做的真正意图又是什么？可能，真正意义上的超越蕴含于此。

王崧舟曾经认为：语文之问与科学之问迥异其趣。语文之问偏于审美，科学之问则重于理性。审美的问，自然以情感为逻辑之维，这是诗意语文的一种课堂主张。学生的种种叩问，其意并非在求得一明晰确凿之答案，从某种意义上讲，这些问实乃不问之问、问不在问，这是一种饱蘸情绪的问，问出一种情绪、情意和情味，也就宣告了"问"这一存在的终结。

"问出情绪"是否一定意味着"问"的终结，当可进一步商榷。但从学生提问的背后，倾听并理解他们的"问外之意"、"疑中之情"，将"问"引向深入，从而使"质疑"和"感悟"在言语的情味和意蕴的理解场中走向视域融合。也许，这才是某种洞达通彻的教学超越。

（3）情与情的谐振——教学艺术的超越

【课品】《一夜的工作》

【创作时间】2004 年

【背景】

其时，语文学习方式的转变已经成为某种课改的主旋律，自主研读、小组合作、协商建构、资源拓展等折射着新课改光芒的教学策略在各种观摩教学中你方唱罢我登场，好不热闹。然而，在方式转变的同时，语文也正在被逐渐异化为学生眼中的对象之物。

王崧舟执教《一夜的工作》

【典型片断】

师：（深沉地）是啊，正像你们所讲的那样，他的一生都是这样做的。让我们一起，走进总理生命的最后一段时光吧！

（课件呈现以下内容，教师以沉郁顿挫的语气和节奏朗读这段文字）

1972年，周总理被确诊患了癌症。

1975年，周总理的病情开始恶化。但他仍然拖着只剩30公斤的重病之躯，继续顽强地工作着。

6月7日，周总理会见菲律宾总统马科斯。

8月26日，周总理在医院会见柬埔寨首相西哈努克亲王。

9月7日，周总理不顾病情的严重恶化和医护人员的一再劝阻，坚持会见罗马尼亚党政代表团。

9月20日，周总理做第四次大手术。在进入手术室的前一刻，躺在推车上的周总理吃力地握住小平同志的手，鼓励他把工作做好。

10月24日，周总理做了第五次大手术。这次手术过后，他一再叮嘱邓颖超，死后不要保留骨灰。

12月20日，生命已经处于垂危状态的周总理，向应约前来的罗长青询问台湾的近况。谈话不到15分钟，周总理就昏迷了过去。

1976年1月7日11时，周总理从昏迷中苏醒，用微弱的声音对身边的医生说："我这里没有什么事了，你们还是去照顾别的生病的同志，那里更需要你们……"这是周总理生前留下的最后一句话。

1976年1月8日上午9时57分，周总理的心脏永远停止了跳动。

师：（停顿、静默）就这样，总理永远地离开了我们。（问一学生）你哭了，你为什么哭了？

生1：（哽咽着）因为周总理为了人民，他生病了也还是想着人民。

师：（对另一生）为什么你眼里饱含泪花？

生2：（拭泪）因为周总理为了国家，在生命的最后一刻还是关心着其他的人。总理生前留下的最后一句话就是："我这里没有什么事了，你们还是去照顾别的生病的同志，那里更需要你们……"总理也是病人呀，他为什么又要让护士去照顾别的人呢？

师：是啊，你想问问总理，为什么到了生命的最后一刻，你还不想想你自己啊！

生3：（抽泣着）我还想问问总理，为什么还要告诉邓颖超死后不要保留骨灰？

师：对呀！他连骨灰都没有留下来，撒向了碧蓝的大海！

生4：我想对总理说，总理啊，您已经尽职了，为什么还要对自己的身体不负责呢？

师：我知道，这不负责是带引号的。所以，同学们，了解了总理事迹的每一个人，都被他的人格深深地感动了。1998年3月5日，就在总理100周年诞辰的日子里，作曲家三宝怀着对总理的无限崇敬，为《你是这样的人》谱写了一首极其感人的曲子。来，全体起立，让我们在《你是这样的人》的感人旋律中，再次走进我们伟大的总理——周恩来。

（大屏幕播放总理一生的事迹片断，配有戴玉强原唱的歌曲《你是这样的

人》。师生肃立，凝神观看，泪眼婆娑）

【评析】

此课曾经轰动一时，用王崧舟自己的话来说，此课的创作，标志着"诗意语文"的诞生。让学生在语文课上深受感动已属不易，而让学生感动于早已远离他们的生活、至今依然被高度政治化的周总理的人格精神，平心而论，则是更加不易。此课的成功，是某种只可意会的、纵横捭阖的教学艺术的成功，它的成功，是对文本情感逻辑的一种自觉皈依，从根本上说，在于将"语文"由外在于学生的"对象之物"转化为内在于学生的"体验之物"。这种转化，正是"超越"这一生命根性在王崧舟的语文人生中的又一次澄明和敞亮。不管怎么说，师生在课堂上的泪眼婆娑至少是一种确证、一种心灵感应的确证。

诚如王崧舟所言：诗意语文，正是这种人与人之间的精神契合，是"我"与"你"的对话与敞亮。这种契合，是包括学生、教师、文本、作者在内的各自的精神被深深地卷入、沉浸和交融，是用生命阐释生命的意义，建构富有独特个性的生命化理解，创造精神领域的共识和同在。

（4）反教案——教学习性的超越

【课品】《长相思》

【创作时间】 2005 年

【背景】

其时，校本研修、专业成长已经成为新课改向纵深推进的又一个着力点。反教案教学，已经由某种理念开始走向实践尝试。一些具有高度学术敏感度的语文老师，开始在自己的专业发展中修炼"文本细读"的功夫。

【典型片断】

师：提两个问题，看看你们对这首词的基本意思读懂了没有。（板书"身"）第一个问题，作者的身，身体的身、身躯的身，作者的身可能会在哪些地方？

生 1：作者的身在山海关。

师：山海关，这是你的猜想。请站着，谁有不同的看法？

生 2：作者的身在前往山海关的路上。

师：路上。请站着。继续说。

生3：作者的身已经过了山海关。

师：又是一种猜想。你也站着。谁还有不同的猜想？

生4：他的身可能刚刚离开家乡。

师：好。读一读"山一程"，他的身还可能在哪儿？

生5：可能在山上。

师：怎么样的山上？用一个词来形容。

生5：悬崖绝壁。

师：好险。那么，"水一程"呢？他的身还可能在哪儿？

生6：在船上。

师：可能要经过险滩急流，可能要经受浪遏飞舟。是的，那么"夜深千帐灯"呢？

生7：他的身可能在营帐里。

师：孩子们，这里站着一二三四五六七位同学。作者的身在哪儿？七位同学所讲的就是作者的身经过的地方。他的身经过了崇山峻岭，他的身经过了急流险滩，他的身经过了荒郊野岭，他的身经过了悬崖绝壁……他的身还经过了许许多多的地方。一句话，纳兰身在征途。（板书："身在征途"）

师：已经读懂了一半，下面我提第二个问题。（板书"心"）纳兰的心，心情的心、心愿的心，心又在哪儿呢？

生1：他的心在故乡

生2：他的心在家乡。

生3：在家乡。

生4：在家乡。

生5：在家乡。

师：用课文里的一个词，一起说，纳兰的心在哪儿？

生：（齐答）心在故园。

师：好。（板书："心系故园"）孩子们，身在征途，心系故园。把它们连起来，（板书：在这两句上画了一个圆圈）你有什么新的发现？新的体会？

【评析】

此课被誉为诗意语文的经典之作，王崧舟曾经在《〈长相思〉的精神三变》一文中细述了此课的创作历程。据王崧舟自己回忆，此课是在尚未具有文本形态的教案情况下实施教学的。尽管这样的反教案在当时实属无奈之举，但事实恰恰是，此课教学取得了意想不到的成功。

我们以为，此课的成功，看似偶然，实属必然。诚如潘新和先生所言：教学是否有教案这不重要，重要的是教师是否具备了良好的教育和专业素养，是否有丰富的教学经验，是否有适应学生需求和教学情境的能力。

对教学习性（即：按精心预设的方案行事、业已养成的教学习惯、娴熟的师生应对模式等）的超越，应该是一个相当长期的砥砺过程。教师专业成长中常常遭遇的"高原现象"，其实就是某种教学习性所起的下意识作用。从此课的成功看，超越教学习性、突破高原现象，一在教师的细读功夫，通过细读将文本化为己有，由"文本语文"转化为"师本语文"；二在教师的倾听功夫，通过倾听捕捉学情，理解学情，适应学情，由"师本语文"进一步转化为"生本语文"。

反教案教学，反的是教师在课堂上的"牵而弗道"、"达而弗开"、"抑而弗强"，靠的则主要是教师丰厚的专业学养、开阔的课程视野和高超的实践智慧。

（5）归于平淡——教学风格的超越

【课品】《两小儿辩日》

【创作时间】2006 年

【背景】

其时，"诗意语文"已经广为人知，广受好评，但同时，批判之音、诟病之声也不绝于耳。诗意语文正在被越来越多的崇拜者、追随者模式化、刻板化。唯美、煽情、复沓、情境引读等教学风格元素充斥着所谓诗意语文课堂。

【典型片断】

生：（一对同桌上台，面向全班同学，朗读"辩斗"部分）

师：这是在辩斗还是在商量啊？（众笑）这样，请你留下，我跟你辩斗，害怕吗？

生：（低声的）不怕。（众笑）

师：听你的口气，看你战战兢兢的样子，我看你还是有点怕。到底怕不怕？

生：（坚定的）不怕。（众笑）

师：为什么？

生：你又不会吃人。（众大笑）

师：啊！对对对！我是老师，我不是老虎。不对！我现在还是老师吗？

生：你是一小儿。（众笑）

师：对！我是一小儿了。那，咱们现在就开始？谁先说？

生：你先说。

师：那我就当仁不让了。大家注意听，更要注意看，我们这两个小儿是怎样辩斗的。好！我这就开始了——我以日始出时去人近，而日中时远也。该你了！

生：我以日初出远，而日中时近也。

师：日初出大如车盖，及日中则如盘盂，此不为远者小而近者大乎？

生：日初出沧沧凉凉，及其日中如探汤，此不为近者热而远者凉乎？

师：（语速加快）此言差矣！日初出大如车盖，及日中则如盘盂，此不为远者小而近者大乎？

生：（一愣，迅速作出反应）此言差矣！日初出沧沧凉凉，及其日中如探汤，此不为近者热而远者凉乎？（众笑）

师：（语气加强）非然也！日初出大如车盖，及日中则如盘盂，此不为远者小而近者大乎？

生：（机敏的）非然也！日初出沧沧凉凉，及其日中如探汤，此不为近者热而远者凉乎？（众笑）

师：（摇着手）非也非也！日初出大如车盖，及日中则如盘盂，此不为远者小而近者大乎？

生：（抢上一步）非也非也非也！日初出沧沧凉凉，及其日中如探汤，此不为近者热而远者凉乎？（众鼓掌，大笑）

师：不跟你啰嗦了！反正日初出近，日中时远。

生：你才啰嗦呢！就是日初出远，日中时近。

师：你胡说！日初出近，日中时远。日初出近，日中时远。

生：你胡说八道！日初出远，日中时近。日初出远，日中时近。（掌声，笑声）

师：看到了吧？这才叫——

生：（齐答）辩斗！

【评析】

此课被誉为诗意语文的转型之作。如果我们从教学风格的层面解读这种转型的话，那是毋庸置疑的了。至少，在这个课品中，我们已经很难发现某种激情、某种唯美、某种言说的浪漫和雅致。我们能感受到的，更多的是一种言说的平实、氛围的平淡，贯穿其中的，则是一种"趣"的渲染和张扬。这种课堂之"趣"，既是对教学内容的一种自然呼应，更是王崧舟对诗意语文进行深刻反思之后做出的某种自觉回馈。此课对诗意语文的"唯美"、"雅致"的解构乃至颠覆，基于一种深刻的"游戏精神"。这种"游戏精神"，无论从课堂的表现形态还是从深层结构审视，都给诗意语文植入了某种更为本质、也更为强大的精神基因，那是一种心灵自由的教学境界。王崧舟曾经这样阐释自己的风格转型：绚烂也罢，绚烂之极归于平淡也罢，以风格视之，诗意语文的确在变。但这只是外相之变、皮毛之变，居于灵魂之所的境界却如如不变，所谓"寂寂孤月心，亭亭圆泉影"是也。

以上五个课品档案，是王崧舟不同时期语文教学专业成长历程的某种标识和象征，它们组成王崧舟诗意语文教学的一个连续谱系。贯通这个教学谱系的，是一种精神、一种境界，那就是对自己的永无止境地超越。在我看来，王崧舟既是一位超越者，又是一位被超越者。王崧舟超越着王崧舟，他在超越中死去，也在超越中获得新生。西哲圣埃克苏佩里曾经把创造定义为"用生命去交换比生命更长久的东西"，我以为，此处的"创造"当与"超越"是同义语。真正的超越，是不去计较结果的，它是一个人的内在力量的自然而然的实现，超越本身即是一种莫大的人生享受。是的，唯有超越，才是王崧舟能够建构、能够诗意栖居的永恒家园。

（二）"诗意语文"的教学论审视

浙江教育学院课程与教学系

汪 潮

"诗意语文"是当今中国小学语文教学领域的一个奇葩，其精神、其思想、其特点弥足珍贵，值得不断交流、反思、修正和提升。"诗意语文"的领军人物王崧舟认为"诗意语文是对语文教育理想境界的一种追寻，也是对语文教育本色和本真的一

种深刻自觉和回归"。所以很有必要对"诗意语文"进行理想和现实相结合的审视、文学艺术和语文教学相结合的解读。

（1）语文教学的本质和属性

从教学论角度审视"诗意语文"，首先要正确认识语文教学的本质、属性及其关系。本质指的是事物的根本性质，是事物之所以成为自身的独有的规定性。而属性指的是事物的本质在一定关系中的表现。换言之，本质是事物的内在规定性，而属性则是事物内在规定性的外在表现形态。两者之间的关系是：本质决定属性，是属性的根据，而属性反映本质，为本质服务。

纵观语文教学的发展历程，关于语文教学的本质众说纷纭，莫衷一是，有文学性、思想性、综合性、工具性、人文性等说法。理念决定行动，语文教学实践总是在一定的理念指导下进行的。所以，正确认识语文教学的本质，对于揭示诗意语文的真谛是有意义的。语文有三个层次：语言文字、语言文章、语言文化，其共性是"语言"。一般认为，语文教学的本质在于语言性，这比较接近对语文教学本质的认识。据此，语文教学的主要目标是指导学生掌握语言知识，发展语言表达能力。从属性看，语文有多重性：如语言习得、思维培养、人文渗透和常规训练等。诗意是感性的、抒情的、灵动的、文化的、精神的、意境的，它归属于人文。

"诗意语文"要直面语文教学本质和属性的关系，即语言和诗意的关系。海德格尔说过："言语即诗，诗与言语有着密切的联系性。"王崧舟也一再强调："诗意不是外加的"，"扎扎实实地把文字读细了，读深了，读美了，读化了"。就像"诗意地栖居在大地上"所说，这"大地"就是语言文字和现实生活。我们在欣赏"诗意语文"的时候，千万不要忘了，这是基于语言之上的"诗意"，这是基于现实生活之中的"诗意"。"诗意语文"不能游离语言之外，不能凌驾语言之上，应渗透语言之中。我们有理由相信，当"诗意"与"语言"融合之时，就是"诗意语文"大放光彩之日。作为重要属性，"诗意语文"功不可没。从语文教学规律看，语文教学必定需要诗意，但语文教学并非全部都是诗意的。可以认为，这是对"诗意语文"的基本教学定位。

（2）语文教学的狭义和广义

我们有必要从广域的角度审视"诗意语文"。当我们厘清狭义的"诗意语文"和广义的"诗意语文"的含义时候，其生存价值也就显而易见了。

①狭义的"诗意语文"。据查，《现代汉语词典》对"诗意"的解释是："诗意指

的是像诗里表达的那样给人以美感的意境。"由此可见,"诗意"关注文学的、美学的状态和感受。小学语文教学富有"诗意",充满"诗意",那是何等美妙的境界。但是,我们不能,也不应该简单地从诗情画意的手法甚至韵律、节奏上理解语文,进行语文教学。如果认为"诗意语文"就是要把学生培养成为诗人(像诗仙李白、诗圣杜甫、诗佛王维一样的人),就是学习和运用诗一样的语言,就是把所有的语文教学都套用学诗的模式,语文教学就是为了培养学生的美感,那就偏离了语文教学的正确方向。这种理解是狭义的、不完全的。

②广义的"诗意语文"。任何事物都是由外在元素和内在元素组成的,透过现象看本质,才是理智的。"诗意语文"有外在的"诗意"和内在的"诗意"之别。外在的"诗意"指的是语文课堂教学的氛围、节奏、动静、美感等显性的表现。对语文教学来说,这是重要的、必需的。有了这种"诗意",语文教学才有灵动和生气。但更为重要的是"内在的"。内在的"诗意"是一种精神上的、心灵中的文化语文。从文化学角度审视语文教学,可以提升语文教学的品质。王崧舟执教《普罗米修斯》,把课文主题确定为一个字"爱"。整堂课除课题外只板书一个"爱"字。这是他的教学理念和设计的缩影,尽管对此存有异议。在中央电视台播放的王崧舟"亲情测验"的栏目,就曾引起不少的轰动。那是亲情的洗礼、人生的考验。王崧舟说过:"你在成就诗意语文的同时,也成就了诗意人生。"从"诗意语文"到"诗意生活",又从"诗意生活"到"诗意人生",这是何等广阔的理想境界。王崧舟的"诗意人生"、张化万的"语文人生",都是一种人生价值的实现与升华。从广域的意义上说,"诗意语文"意义重大而深远,可谓"价值连城",王崧舟为中国小学语文教学做出了杰出贡献。所以,我们有理由:再读王崧舟,再解诗意语文。

(3)语文教学的内容和方式

语文教学的基本要素是内容和方式。众所周知,内容决定方式,方式为内容服务。当内容和方式和谐统一的时候,课也就精彩极了。

如何把握语文教学的内容?语文教学的内容具有很强的综合性,如果不加取舍,平均用力,势必降低教学效率。从思维方式上看,保存重要的、必要的,放弃次要的、不必要的,是一种教学智慧。例如,阅读教学的一般过程是从言到意(理解),又从意到言(表达)的过程。在这个过程中,教学主线应是语言,出发点是语言,归宿点也是语言。语文教学的主要内容应当是语言的理解和表达。在语文课堂上,

语言的才是最好的。应树立一种教学信念："把学生投入到语言的海洋"。记得温家宝总理 2008 年 9 月 10 日在北京听《新型玻璃》后评课说："词要多样理解，要学习语言表达。"所以，可以认为：判断诗意语文教学价值和效果的重要指标是学生语言知识的掌握和语言能力的提高，而不是别的。试问，"诗意语文"在语言习得方面是否有认识的必要、实践的空间？

如何选用语文教学的方式？诗意语文采用的基本教学方式是"举象"。举象就是显现形象的"象"，像电影里的一个个画面。这是诗意语文最精彩的课堂现象。这个"象"包括：表象、形象、意象等。王崧舟还提出"课象"的概念，诗情画意的课的状态应该是诗的语言、美的画面构建而成的"形象体"。例如，王崧舟执教《普罗米修斯》设计了两组画面：一组是第一自然段有火、没火完全相反的画面；另一组是第七八自然段两个惨不忍睹的画面（被死锁在山上、大鹰啄食）。一组是火，一组是人，画面清晰，对比鲜明，形象感人。又如王崧舟上五年级《慈母情深》："背直起来，我的母亲。转过身来了，我的母亲。褐色的口罩上方，一对眼神疲惫的眼睛吃惊地望着我，我的母亲……"一段时，将其转化为母亲形象的三个画面，进行反复朗读。通过画面的形象去理解课文，是诗意语文的显著特征。这种"举象"是有意义的，它进行了从语言到画面的转化。更为重要的是，教学并不停留在画面本身，而是深入到了语言及其表达之中。在《慈母情深》教学中还注意了"我的母亲"的句子倒装的表达作用：不用倒装句如何？少用一个倒装句可否？"我的母亲"置前又会怎样？这样，就更有助于学生语言表达能力的提高。

（4）语文教学的感性与理性

诗意语文认为，语文的形象意义远远大于语文的概念意义。所以，语文教学不仅要使学生有所知，而且有所感。王崧舟断言："我始终认为，诗意语文是一种感性的语文，感性的语文必须用感性的方式去学习。"

先说说诗意语文的"感"。一是"感性教学"。其基本策略是"还原"：还语文以画面，还语文以旋律，还语文以意象……这种教学以"感性"作为主要线索，立足于感性的渲染和感悟。二是"课感"。包括课的情味感、风趣感、层次感、节奏感等。课要跟着这种"感觉"走。三是"造境"。包括情境、语境、心境、意境等。诗意语文善于运用"造境技术"，营造和谐的课堂气氛，这是其独有、独到的做法。

再说说诗意语文的"情"。诗意语文与"情"是紧密相连的。王国维说过："一切景语皆情语"。王崧舟也认为："语文教育的灵魂就在于'情'字。"阅读，"披文以入情"；习作，"情动而辞发"。记得在 2004 年上海浦东庆祝《小学语文教师》杂志发行 200 期的大会上，王崧舟执教《一夜的工作》。课在戴玉强演唱的《你是这样的人》中结课。整个礼堂哭声一片。王崧舟也哭了。这是一种"情"的场。从那一刻开始，他走进了诗意语文。至今八年了，王崧舟对诗意语文情有独钟，情深意切。可以说，是"情"造就了"诗意语文"。

关于语文教学中的"情"的培养有"激情"与"煽情"之分。两者相同之处是"感动"。不同的是："激"与水有关，是一个渗透的过程，"煽"与火有关，是一个燃烧的过程。"激"是间接的、提升的。"煽"是直接的、平移的。少点"煽情"，多点"激情"，将会使诗意语文之路走得更快、更好、更高。

作为感性的诗意语文，只有"感"，只有"情"是不够的。如果诗意语文能倡导"中性之美"，促使语文教学的情趣与理趣有机统一，那该多好啊！我常说："语文课堂像剧院，但不是剧院；讲台像舞台，但不是舞台；师生像演员，但不是演员。"我们殷切地期待，诗意语文在教学的情趣与理趣的牵手中大胆向前走。

（5）语文教学的思想和技术

语文教学如果只从"术""法"入手，的确有利于操纵与把握，然而容易使教学失去灵气，也无法形成语文教学思想。其实，任何一种教学方法都有思想的底蕴。剥离了思想根基的操作方法，就像无根之花草、无源之水流。

思想是行动的指南。思想有多远，我们就能走多远。思想有多高，课就有多精彩。一个有思想的教师不会照本宣科，不会按部就班，不会人云亦云。巴尔扎克说过："一个会思想的人是力量无边的人。"王崧舟就是既有技术，更有思想的人。他提出"课堂修炼"一词，要上得了天（有思想），下得了地（有技术）。他追求"亦剑亦气，剑气合一"。剑宗偏于招式、技巧，气宗偏于内功、底蕴。

众所周知，诗意语文关于课堂的技术手段，如课的复沓技术、课的层递技术、课的渲染技术、课的通感技术等，都是有其独特的精彩之处和吸引力的。王崧舟上《两小儿辩日》，课始关于四个词的使用和巧妙处理，就是相当成功的一个教学案例。

要使语文教学的思想和技术上都得到升华，王崧舟的一些做法值得仿效、借鉴。一是"读书"。王崧舟认为，"一个人的思想境界从根本上说就是他的读书境界"，"底蕴是靠书堆起来的"。他"与书共舞"：为己读书、天天读书、随性读书。他向我

们推荐的语文教学方面的三部专著是：王尚文的《语感论》、潘新和的《语文：表现与存在》、王荣生的《语文科课程论基础》。二是"行动"（修行）。王崧舟说过："用行动去思考，在行动中思考，为了行动去思考，这样，我们才能修成语文教育的正果。"他倡导语文教师："沉到课堂里面去，沉到班级里面去，沉到学生中间去。"三是"深入"。诗意语文以文学批评理论的文本细读为其理论指导，对文本进行作者崇拜、读者崇拜、文本崇拜的细读。读出"别人所未说、别人所未想、别人所未做"的深刻含义。解读《小珊迪》，常人所读的是珊迪的贫穷和不幸。但王崧舟紧扣课题的"小"：年龄小、身体弱小、地位渺小，但精神形象高大。为此，他在课文上批注五次，写了五个"哭"。

王崧舟出席"浙江省十大育人先锋"表彰会（前排右四系作者　摄于2010年）

（6）语文教学的平凡和境界

在林林总总、形形色色的语文教学领域，诗意语文是一种境界语文，是一种教学的高境界。关于境界，禅宗讲修行的三重境界：看山是山，看水是水；看山不是山，看水不是水；看山还是山，看水还是水。《西游记》则认为，圣为入世的最高境界，佛为出世的最高境界。王崧舟认为，人生有四境界：功利、道德、科学、生命，这也就是他的语文人生轨迹。

特别是他对"课堂率性而为"的追求：和学生一起欢笑，一起流泪。于是，他就是课，课就是他，课如其人，人课合一。2005年10月23日，在无锡举办的全国首届中华经典诗文诵读研讨会上，王崧舟执教《长相思》，人课合一，教学无痕，引起轰动，成为诗意语文的经典之作。

王崧舟认为："语文课，在很大程度上教的不是知识，不是技能，甚至不是课程，而是底蕴。"这是何等深入！

"语文是我精神生命中的一种图腾"，"在流转不息的生命之轮中，我为语文而来！""我平庸的生命，因为语文而精彩！"这是何等深刻！

在朱光潜"诗不可解"和朱自清"诗可解"之间，王崧舟确立了"和解"之道。这又是何等境界！

语文教学大多是在平凡的课堂，由平凡的教师、平凡的学生，进行着平凡的教学活动。面对高境界的"诗意语文"，让我们记住哲学大师冯友兰的话："虽不能至，然心向往之。"

（三）超诣峭拔：王崧舟教学艺术美学解析

《四川教育》杂志社编辑

余小刚

我们都有这样的经历：泛舟于明净澄澈的湖面，陶醉于湖光山色的奇瑰，领略于"人在画中行"的和谐境界，我们会自然发出"诗情画意"的感叹；至于携春踏青，风垄雨畦，断桥拂柳，看"细雨鱼儿出，微风燕子归"的诗家新景，或见仕女执团，粉蝶翩翩，扑向的不是生灵，我们也会雅称"诗意"……对于教师来讲，进入书声琅琅、生命灵动、人文感光、智性流溢、潜心涵咏的课堂意境，我们也会由衷发出"诗意"的感叹。或许由于王崧舟老师"诗意语文"的先入为主，我对他的阅读是带着这些诗意的形象开始的。

去年5月，在成都西南财大体育馆，王崧舟以《两小儿辩日》一课，赢得全场近两千西部观摩教师雷鸣般的掌声，特别是带有浓郁的"以情带读，读中悟情"特质的导读环节，像钱塘潮，大有惊涛骇浪之势，把教与学的技巧的、节奏的、韵味的……一齐携挟，将课堂推向高潮。啧啧赞叹之余，我想，他是以形象的课堂，诠

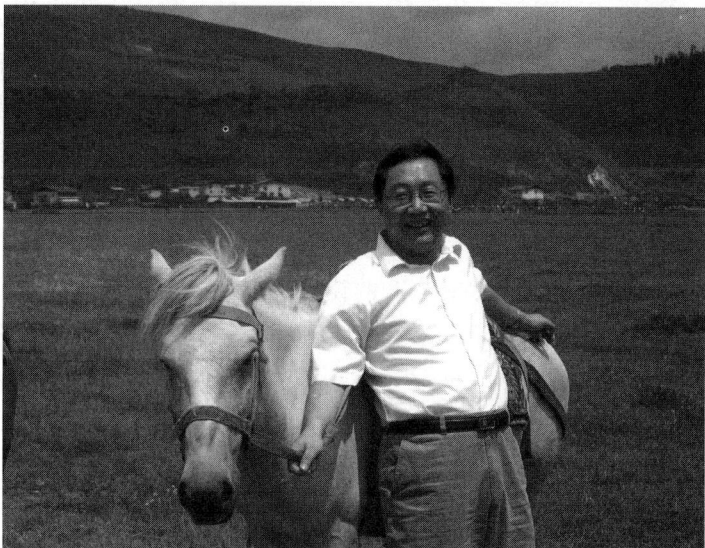

王崧舟在香格里拉（摄于 2006 年）

释他的"诗意语文"。

　　仔细研究王崧舟的教学思想和经典课例，我发现，他不是简单地把"诗意"与"语文"叠加，也不仅仅是在技巧娴熟的基础上，让课堂多出一分"诗意"，而是以一种近乎朝圣的虔诚，触摸语文的终极灵光，让学生在课堂上，享受生命成长的人文滋养，于是，他的课，总能让人对接多元的实像，也总能让人感动于一种精神的意会。超诣峭拔，是其课特有的美学表征。

　　（1）"诗意语文"的教学理想与语文教学之根

　　曾经有人把王崧舟比作小语界的李白，我不知道这样的比对是否源于王崧舟的"诗意语文"，但我极赞成这个链接关系。王崧舟与李白的确有类似之处，他们都受儒、释、道、法诸家思想的影响，并且在各自的"作品"中表现出来，让精神中的那朵莲花绽放得鲜艳夺目，绽放得超诣峭拔。

　　作为一名有思想深度的当代名师，王崧舟主要教学思想被归结其不遗余力地倡导的"诗意语文"。到底什么是"诗意语文"？

　　许多语文教师和专家试图去臆解"诗意"，王崧舟则以"说不清"予以回答。是的，"诗意"本身是一种意会，是一种"此中有真意，欲辩已忘言"的灵犀际会，仁者见仁，智者见智。我发现，王崧舟多处引用德国诗人荷尔德林的诗歌"人充满劳绩，但还诗意的栖居在大地上"，这倒启发了我想起海德格尔的"思维的说"和"诗意的说"的说法。海德格尔认为，只有诗意才能把人所体验到的完整世界表现出来，逻辑的、推理的语言，只能把握一些普遍的抽象的东西，对真意或境界只能间接地把握。这样的理解，我们似乎可以洞见王崧舟的苦心孤诣，所谓"诗意语文"，实质上就是可以体验到的完整的语文世界，它不是表面的、抽象的语文。这就否定了不少论者认为的"诗意语文"有"玄味"的说法。海德格尔所谓"诗意的说"，就是"给神圣的东西命名"，那么"诗意语文"也就是神圣的语文。这份"神圣"，是一种虔诚的情怀，而并非不可知者。

王崧舟在《诗意语文的理想和信念》一文中，把"诗意语文"诠释为"精神的语文""感性的语文""儿童的语文""民族的语文""生活的语文"。王崧舟指出"语文教育过程，是学生精神享受的过程，是为学生的精神生命打底子的过程，语文教育必须重视学生精神的熏陶和感染，而这一过程是在语言文字的实践中实现的；语文教育本质上是一种感性的教育，培养语感素养是感性教育的自己目的，学生是学习语文的主人，语文教育必须尊重学生的语文世界；语文教育必须重视民族优秀文化的传承，必须遵循汉语文的特点和规律；语文学习是学生的一种生存状态、生活方式、生命体验，必须引进生活与时代的源头活水。"我们能就其感知时代教育哲学的影子。

如果说，《诗意语文的理想和信念》是王崧舟对"诗意语文"作文本意义的阐释，那么他的《诗意语文的策略建构》则是其方法论取向，"诗意语文认为，感悟教学策略是语文教育的基本策略……主要策略有：潜心涵泳、诵读体味、联系语境、比较品评、激活想象、切己体察、质疑问难、创设情境、迁移运用、转换语境、移情体验、拓展资源等"。应该说，这些策略是对课程语境下，语文教育方法的认证和丰富。

王崧舟特别推崇语感在学生精神与语言双重建构中的作用，认为"语感是学生精神生命的原点"，他指出："语感是一种以精神直觉为内核的、裹挟着人的情感、想象、理性、意志乃至潜意识的精神形态和机制，是沟通学生的言语世界和精神世界的枢纽。就语文教育而言，诗意语文主张以发展学生的语感素养为核心，促进其语言和精神的协同发展。"把语感作为语言（语文）和精神（诗意）的扭结，这就为

诗意语文寻找到了一个意象式的实体。

作为王崧舟语文教育理想的大纛，他这样描述"诗意语文"的价值指归："我们怀着对生命的敬畏和尊崇，以热切而理性的思索，努力追寻着语文教育的本真：以培养真正的人培养具有'人的精神'的人，培养具有和谐的多方面精神生活的人。这就是语文的生命化教育，这就是诗意语文所要追寻的最高境界。诗意语文以价值引领为灵魂，以文化传承为血脉，以精神诉求为旋律，以生命唤醒为光华，以感性复活为情怀，以个性高扬为风采，以智慧观照为神韵，以心灵对话为境域，主张将生命融于语文教育，将语文教育融于生活，让语文教育成为生命的诗意存在。"

以上论述，既有理论主张，又有方法策略，大体可以让我们感知对"诗意语文"的文本界定。为更加明晰"诗意语文"的文本意义，王崧舟在《语文的诗意之思》一文中说："'诗意语文'实乃语文哲学之'体用观'的生动体现。'诗意'为其'体'，'语文'为其'用'。'体'以驭'用'，'用'以健'体'。从语文哲学的高度看，藉语文以育人，才是诗意语文的终极关怀。"这就是说，诗意语文之根，还是在"语文"，也即语文本身的功利性，"让语文教育成为生命的诗意存在"。

王崧舟认为，语文教育的根在文化，"语文是文化，语文教育是文化孕育的过程。文化就是'人化'……文本是人的思想、情感、灵感、精神化作的语言文字，背后依然是人。我们老师用文本去化未来的人、自然人、未来的具有社会文化人的人。"并分析了文化解读的技术：体验、探究、感悟、想象。可以说这些语文教育思想，触及本质，既有高视点，又能烛照细微，对一线教师把课程理念内化为教学行为有形象的启迪意义。

（2）研读文本的功力和课堂呈现

采访王崧舟，他多次提到，语文教师应该首先加强对文本的阅读能力。在《与文字之灵对话》一文中，王崧舟这样描述读书之趣："一切优秀的文字，都是心灵绽放的花朵。一字即一花，或素洁、或雍容、或清丽、或娇媚、或矜持、或潇洒、或典雅、或质朴，字字显花容，句句展花枝。读书是一个发现的过程，发现精神的'千钟粟'，发现心灵的'黄金屋'，发现生命的'颜如玉'。"他说，读书的要旨在于养气，对于教师来讲，读书可以养浩然正气，教师有了浩然正气，便能缘情入境，这是课堂有境界的教师所必需的。

王崧舟说，教师在备课之初的阅读教材，也要潜心阅读，读出文本意味，读出文本的自如开合，读出可资破解的关节所在，读出蕴情涵理的内核实体，"没有读教材读出不一样来，就没有耳目一新的课堂，能够读出不一样，这就是阅读教材文本的功力"。

王崧舟列举了上《草船借箭》时，自己阅读教材的情景。他说，一般教师教这一课，可能都是引导学生分析诸葛亮怎样知天时、知地理、知敌人，从而突出诸葛亮的过人智慧，"我在上这课之前，反复阅读教材几十遍，还是没有突破，后来仔细阅读全文，发现课文中写到了诸葛亮与三人的 11 处对话，只有一次在说话前加了一个'笑'字。这个'笑'一定有什么意味。仔细研读，我发现，这正是可以破译诸葛亮智慧的密码。"

《草船借箭》一课，王崧舟抓住这个"笑"，让学生体会"诸葛亮在笑谁"，然后师生对读，在读中把文本内涵挖掘到极致，给听课教师以强烈的震撼。课堂上学生生成的"笑鲁肃，他根本就不了解诸葛亮草船解箭的意图（宽厚的笑）"，"笑曹操，对曹操了如指掌（讽刺的笑）"，"笑自己，充满希望（成功的笑）"，"笑周瑜，想要害我？看你怎么办？我气死你（胜利的笑）！"将语文的"诗意"之花绽放得如此精彩，如果没有教师对"笑"这一字的独特解读，是不能收到这一奇效的。

应该说，每篇课文都有这样的关节点，关键是我们是否有沉下心去解读、去发掘的习惯和能力。

王崧舟的许多课，都能够抓住这些关节点，让课堂活起来，像《一夜的工作》一课，对"极其简单"这四个字的品读，从而让学生领略周总理这位"大地的儿子"朴实无华的伟大人格，像《两小儿辩日》一课，以"辩"统摄全文的读，无不体现了王崧舟研读文本的功力，并在课堂上呈现出来的能力。

有人说王崧舟的课，总是给人出其不意的惊喜，我想说，这份出其不意的惊喜，首先得益于王崧舟研读文本的功力。进一步说，我们学习名师，首先应该学习他们对文本阅读的态度。有人说，没有阅读过名著的心灵是粗鄙的，套用过来，我想说，没有仔细阅读过文本的课是粗糙的。

（3）从形象入手的"以情带读，读中悟情"课堂构建

我以为，王崧舟对语文教育的另一贡献是放大感性，"语文用形象作词，用感情谱曲。语文看上去是一幅幅多姿多彩形象鲜明的画，读出来是一首首情真意切、感人肺腑的歌。语文说到底是一种感性的存在。感性的语文只有用感性的办法来学才

能使孩子们的语言与精神如甘泉般盈活"。我说这是王崧舟的贡献，源于王崧舟把语文教育负载的多元属性集合在感性上。

我以为，强化语文的感性，就为课堂注入了灵魂，按我的理解，语文教育的感性意义起码有两层意思：一是语文本身的属性决定了语文教育被打上感性的烙印。我们知道，语文以语言文字为中介，为读者提供形象的影响，为此，语文教育必须充分依靠这些形象来完成对读者的精神层面的作用。二是语文教育目的的感性意义，教育的目的就是培养人，语文教育的目的也不例外。马克思认为，人的感性是人的本质力量已经打开了的书卷。任何人的活动，最原初的形态是感性，从这个意义上讲，语文教育首先要做的是对学生感性的唤醒。

把语文教育的本质归结于感性教育，就会"用感性的办法来学才能使孩子们的语言与精神如甘泉般盈活"，就不会在语文教育过程中，把主体与客体割裂开来，就不会把形象的语文肢解，去做理性的概括与抽象的分析。

王崧舟所谓"感性办法"在前面已经提及，这里我想进一步解读的是比较稳定呈现在他课堂中的"以情带读，读中悟情"。

说到底，"以情带读，读中悟情"，还是他的"诗意语文"的具体化。诗歌以意象为其基本元素，意象是主体之情与客观之景的融合体，从某种意义上讲，作诗的过程就是寻找意象的过程。似乎，王崧舟把语文教育的过程当作了这样的过程。在具备最初的情感指向的基础上读文本，就是一种情向景的第一次谐和，在经历多次"读"后，"悟"是主体经历哲学意义的否定之否定，而这时的"情"，已经有意象意义了。这样的"情"，便是学生习得的、对生命成长可资"栖居"的精神家园。

语文的课堂，"读"的意义何在？我想，在这里我们应该有所明了，那就是，学生由"悟"及"情"的过程，"读"是对学生感性区域的开掘，像王崧舟这样的语文大家，不但重视"读"，而且选得准"读"之点，让学生含英咀华，这是我们一线教师可以学习的。

在这个过程中，教师的"导"十分重要，我们至今记忆犹新的《两小儿辩日》一课上，王崧舟或以对白激活学生的语感，或以手势引领学生语调的高昂，像一个出色的指挥家，将一阕生命勃动的旋律，指向诗意的极致，给人留下经久不息的感动。

（4）人课合一的课堂境界与超诣峭拔的课堂审美特征

我个人觉得，王崧舟是我国当代小学语文界集文化积淀之厚、教学思想之深、

王崧舟特级教师工作室成立十周年

课堂展现之精、语言表达之美于一体的大成者之一。而且，他也属于教育追求"尚意"取向的先驱，与"尚法""尚技"名师有质的不同，他的课堂境界追求一种"人课合一"的谐和。

所谓"人课合一"，就是经历了"过去许多刻意的、需要用强有力意志去驾驭的教学行为、教学策略已经内化为自己深层的、潜意识的、融入整体生命中的自然行为"的历练后，达到一种"人即是课、课即是人"的境界，这样的境界，人和课完全融为一体，教学诸因素高度统一，教学目标完全隐藏，智慧之花完全开放，生命的鲜活与灵动完全处于自由舒展的境地，此时的语文，真正表现出诗意的"栖居"，每一个生命都在进行一次灵魂的漫游。

"人课合一"中的教师，享受于职业生命带来的幸福以及持续生成的高峰体验，每一个动作、每一句话都出于自然而又具备强健的教育力。

"人课合一"中的学生，在诗意的灵光感召下，天马行空，想入非非。

按照王崧舟的说法，这样的"人课合一"，是一种理想的境界，但同时也在彼岸，它的存在，是一种方向性的召唤。我有理由相信，王崧舟正在飞渡。

正是由于这样的境界追求，他的课表现出一种"远引若至，临之已非；少有道契，终与俗违"的超诣，而他自觉地把个人教学风格融入了一份"精致、和谐、大气、开放"特色，而得"宝塔凌云，尖锐如笔；置身绝顶，遐睎八极"的峭拔。

关于王崧舟老师语文教学艺术的分析，众多论家有精到的论述，于我，只是以美的名义，描述我的理解，并且还囿于篇幅，难免兴犹未尽，我只想说，仅王崧舟老师那份对语文的虔诚，就足以感动我一生。

（四）"诗意语文"理论体系的中国古代文论资源

广东佛山科技学院

孙琪　崔敏芝

小语名师王崧舟的"诗意语文"教学理论建基于中西方文艺理论及美学。他在谈到"诗意语文"诞生的历史背景时指出："中国是一个诗的国度，诗教有着悠久的文化传统，'不学诗，无以言'。"以此明确"诗意语文"源自中国诗教传统。也即是说，西方文论主要是"诗意语文"的理论武器、方法和策略，中国古代文论及美学则不仅是其方法，更是其思想、精神、理论之根。

（1）"诗意语文"的思想基础：儒道释

王崧舟曾就《论语》中《子路、曾晳、冉有、公西华侍坐》的典故表达出对"东鲁春风吾与点"的诗意教育的向往，认为孔子的闲适、恬淡、自然、真诚的人格思想为教育的真意。因此"诗意教育乃至诗意人生的源头，就在孔子那里"，也就在儒家思想那里。他相信诗意人生"止于至善"（《礼记·大学》），此乃儒家最高的道德境界。

王崧舟指出：心灵自由，着一"真"字，是诗意人生的信仰……体验幸福，贵一"适"字，是诗意人生的境界……"诗意语文"对"真""适"的追求，乃源于以"法天贵真"、忘我自适为主要思想的道家。《庄子·渔父》篇曰："真者，精诚之至也。"《达生》篇曰："知忘是非，心之适也。"有了性之真、心之适，精神便自由了。王崧舟以真性真情引领学生体会、挖掘文本内藏的情感真实、人性真实，在这种"精诚之至"的体验中直达心灵的"自适"的状态。

王崧舟的博客中有一篇文章《安顿生命的痛感》，说到他因机缘巧合开始习禅，自此"照见自己的灵魂，并踏上了安顿的路"。也自此，王崧舟的课越来越透出一种深刻的生命精神，一种能触碰灵魂、触动心灵的力量。而这种发自灵魂和生命深处的感染力、震撼力，往往是其他语文名师所没有的。这种深度，只能来自无量慈悲的佛学。佛学精神及思维方式在王崧舟心灵中的渗透集中体现在《桃花心木》一课的教学中。

（2）"诗意语文"的核心：源自"中国抒情传统"

王崧舟强调"诗意语文"的核心和灵魂是"情"，是融入理性思考、审美品格、语文特质、生命关怀的至情。此一理论核心显然源于"中国抒情传统"。"中国抒情传统"取华人学者高友工在《中国文化史中的抒情传统》一文的说法，指中国自有历史记载以来以抒情诗为主所形成的一个艺术传统。在中国抒情传统中，创作者以瞬间的美感经验为基点，以象意为主要描写手法，以语言文字为媒介创作出体现作者当时心境的艺术形式。"中国抒情传统"之"情"，从狭义的角度理解是情感，从广义来看则包含了人的各种生命体验和顿悟。在中国古代，一个抒情者往往在与物相遇的某个瞬间，当下体悟，直透本质。王崧舟以情感为基础的诗意引领，即是指向教师和学生的当下体悟，不同程度地了悟文学和人生。

"诗意语文"的审美解读"以观照和体认文本的情感境界为旨趣，最终走向自我理解"。王崧舟始终坚持以情感体验丰富学生的精神生命，在他所有的经典课例中，"情"往往都是其核心的"场"。《一夜的工作》《长相思》《慈母情深》……都可以看到王崧舟"情之所至"的解读和引领，可以看到学生随着情感的生发沉入文本、融入课堂的渐进过程。学生在情感和审美体验中重新捕捉创作者当时的美感体验，与文本之情、作者之情实现了美妙的契合。

"诗意语文"是以"情"为核心的感性教育，其感性陶冶以学生的直觉顿悟为方式，自觉地融入语言情感；"诗意语文"的多维对话注重心与心的思想交流，强调精神的自由、情感的自由；"诗意语文"的节奏建构以情的高低起伏为准的，最终形成强大的"情场"。除此以外，"诗意语文"的六大策略——"举象""造境""入情""会意""求气""寻根"都是在把握文本的情感基调的基础上，更好地让学生进入文本悟情、体情。"情"是"诗意语文"的教学手段，当学生的生命情感之门打开之后，才能更好地感受语文的人文魅力；但"情"更是"诗意语文"的目的，新课标强调语文人文性与工具性的并重，其"人文性"教育即是立足于对人的情感的陶冶

和熏陶，学生的审美体验和人生体验都立足于情感，无情则无文，无情则无人，在语文学习中实现学生情智的提升，这才是语文的"大用"。

（3）"诗意语文"的传统策略：言、象、意、境及其他

"言—象—意"观是中国最早的文艺批评方法之一，它早于西方的"细读"批评理论，可以给我们如下启发：从创作的角度来说，表"意"需借助语言，"言"在一定程度上可达"意"，但遇到最精妙之处却无法尽"意"；从接受的角度来说，利用语言捕捉"意"是一个途径（"言—意"路径），借助"象"来捕捉"意"（"言—象—意"路径）也是一个途径。王崧舟把"言—象—意"观运用到语文教学中，认为语文教学过程是一个"由言到意"再"由意到言"的过程，"象"参与其中。

①"会意"——文本与课堂的最终指向

"诗意语文"的教学过程也是文本欣赏及解读的过程，无论是"言—意"路径，还是"言—象—意"路径，其最终指向都是"意"，此"意"可能是意象、意境、意蕴，也可能是情感、思想、道理、真谛，又或是文化、精神……只有意义生成了，文本解读才算成功，教学过程才能终结。所有教学策略的最终指向都是"意"："举象""造境"是为了制造适合"意"呈现的情境、意境，"求气"是利用"意"所特有的声气、节奏、神韵来追"意"。"会意"的"会"是咀嚼、品味，是在"举象""造境""求气""入情"过程中对重要语言琢磨后的一种会心、会意。当"会意"生发时，它一定充满直觉顿悟的诗性智慧，一定有发自内心的表达冲动，一定是充满形象的看见，一定是一种充满幸福的体验。

②"言—象—意"路径："举象""造境"策略

王崧舟说，汉语文字的背后向我们展现的是一个个生动活泼的"象"，回到"象"，就是回到语文的源头活水。"举象"的本质是"言"的呈现，所举之"象"是贴合学生生活体验、与学生生活密切相关的事件、人物或情节之象。只有当汉语文字的"象"被还原，学生才能实现语言视域与生命视域的融合，真正掌握语言背后的"意"。比如他讲授《两小儿辩日》时引导学生对"车盖""盘盂""沧沧凉凉""探汤"几个词所做的形象化理解。当然，"举象"并不只限于对词语的理解，还可以针对某种情境，例如《长相思》课例中王崧舟引导学生想象作者"身在征途""心系故园"的矛盾，体会其"梦碎"的痛苦，也是利用"举象"来达"意"的过程。在这种情况下，"举象"往往就与"造境"相连了。

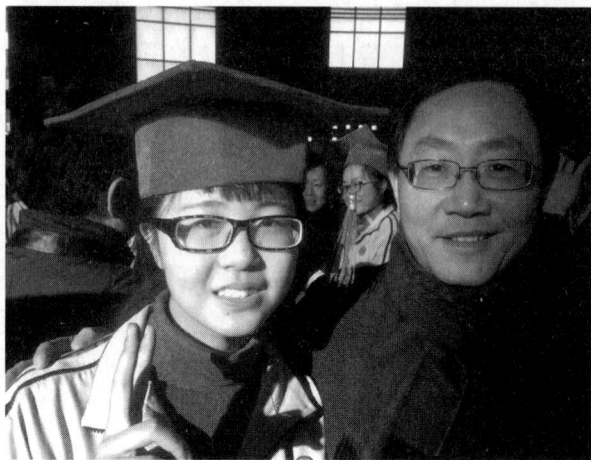

王崧舟参加女儿的成人礼

　　"境"是各种"象"的融合所形成的一种特定的场、氛围，而"造境"是"在举象的基础上，引导学生借助语言文字创造出某种特定的情境、意境和心境"。情境指向课堂，亦即在课堂上还原文本中的情境，形成在场的感受，它可以是情景的再现，是设身处地的内心对话，亦可是音乐声中的"追体验"……意境指向文本，亦即借助形象或意象进入作者在文本中所独创的意境。情境和意境的最终指向是学生的心境。因为教学的最终目的一定是意义当下在学生内心生成，心境就是那个"会意"的结果。

　　③"言—意"路径："因声求气"策略

　　"因声求气"说乃清代桐城派刘大櫆提出的以揣摩诗文音节来领会其"神气"的方法。王崧舟将其借用到语文教学中，指出"因声求气"即是"在特定的情境中，通过诵读品评，探求语言文字的声气、节奏和神韵"。相对而言，这是较为直接的"言—意"领悟过程，不强调或者不一定需要"象"这个中介。

　　"因声求气"强调反复诵读的重要性，因为诵读是"把无声文字还原为有声语言，在这还原过程中就有可能比看更容易、更快捷、更全面地把握语言的思想内涵，特别是进入语言的情感状态和精神状态"。比如，在《小音乐家扬科》中有这样一段话："扬科躺在长凳上，屋子前边有一棵樱桃树，燕子正在树上唱歌。姑娘们的歌声为他送行，笛子演奏的声音为他送行。就这样，他听村子里的演奏，这是最后一次

了。""这是最后一次了"在这段话中是一种殿后强调，突出了扬科即将离世的伤感以及作者对扬科的同情和对社会的控诉。为了让学生明白"这是最后一次了"所体现的意蕴，王崧舟分别引读以"燕子""姑娘""笛声"为主的充满情感张力的句子，学生在其后只读"这是最后一次了"。读完后全班再齐读整个句子。课堂的韵味就在这样一唱三叹的入情朗读中生成，学生也于"言"的声气中自觉悟得文本的"言外之意"。

（4）"诗意语文"的审美追求："全人"之化境

王崧舟曾多次提到"诗意语文"的最高境界，其特征是心灵自由、互相敞开、全然进入、物我合一、审美自失，简言之曰"全人"之化境。这种境界非常像《论语》中孔子问曾点之志时所向往的人生境界。对于这个典故，朱熹如此解释："曾点之学，盖有以见夫人欲尽处，天理流行，随处充满，无少欠阙，故其动静之际，从容如此……而其胸次悠然、直与天地万物上下同流，各得其所之妙，隐然自见于言外。"这是一种心灵自由、物我和谐、天地各得其所的美好境界，与审美境界极似，与庄子之"物化"境界亦极为相通。《庄子·齐物论》："昔者庄周梦为蝴蝶，栩栩然蝴蝶也，自喻适志与！不知周也。俄然觉，则蘧蘧然周也。不知周之梦为蝴蝶与，蝴蝶之梦为周与？周与蝴蝶，则必有分矣。此之谓物化。"庄周为"我"，蝴蝶为"物"，物我不分，即我与天地万物上下同流，是之谓"物化"。王崧舟说，"语文之道是主客融合之道，主体进入客体，物我同一，甚至物我两忘，不知是庄周化蝶还是蝶化庄周"。

"全人"之化境可从教师和学生两个方面来理解。就教师而言，首先是文本解读时教师要保持一种全然进入的敏感和自觉，其次在课堂中要"全然进入课的每一个当下，和学生情情相融、心心相印，让生命中的每一个细胞、每一寸肌肤去感受、去体认课的每一个当下，和学生一起欢笑，一起流泪，一起沉思，一起震撼"。也即是说，教师必须先与文本合一，然后再悄然引学生进入文本，如此形成一个教师、学生、文本、作者精神默契的"场"，或曰"境"，此一场一境，即是一个世界，即是一个永恒。就学生而言，王崧舟认为儿童天性爱游戏，因此"全人"之化境状态即是学生在游戏下的"全人"状态，"这种状态，是不计功利、剪除压力的自由状态，是全然进入、全心投入的忘我状态，是无中生有、化虚为实的想象状态，是物我同一、主客双泯的解脱状态"。在语文课堂上尊重儿童的游戏天性就是让他们自由地想、自由地写、自由地说、自由地演，消除教师在课堂上的话语霸权，拒绝程式化的教学模式。

综上，"全人"之化境实乃教师、学生当下自在、超越自我、上下与天地同流的无"我"状态。这是一种至高的审美境界，亦是一种至上的道德境界，虽然只是当下生成、稍纵即逝，但也是当下永恒、意义非凡。相信这种当下的美好，会沉入教师和学生的潜意识，为他们未来的诗意人生，埋下善根，种下希望。

王崧舟在王羲之故居（摄于 2004 年）

王崧舟曾说过，"每每在诗意语文实践中遭遇困顿和彷徨时，我便渴望着理论的强有力支撑和引领"。可见，不管是语文教学理论还是实践，都需要一种更高的理论支撑和引领。"诗意语文"在中国古代文论、文化的土壤中培植强健的根基，又汲取西方文艺理论、文化中的养料，才养得它枝繁叶茂。笔者望以此文引起同行对"诗意语文"更为深入的关注和研究，进而引起中小学语文教师对提升自身文艺理论修养乃至文化修养的重视。